U0553956

古希腊的妇女

——文化视域中的研究

裔昭印 著

2019年·北京

图书在版编目(CIP)数据

古希腊的妇女:文化视域中的研究/裔昭印著.—北京:商务印书馆,2001(2019.9 重印)
ISBN 978-7-100-03246-9

Ⅰ.古…　Ⅱ.裔…　Ⅲ.妇女—社会生活—研究—古希腊　Ⅳ.D445.459

中国版本图书馆 CIP 数据核字(2000)第 74002 号

古 希 腊 的 妇 女
——文化视域中的研究
裔昭印　著

商　务　印　书　馆　出　版
(北京王府井大街 36 号　邮政编码 100710)
商　务　印　书　馆　发　行
北京艺辉伊航图文有限公司印刷
ISBN 978-7-100-03246-9

2001 年 1 月第 1 版　　开本 850×1168　1/32
2019 年 9 月北京第 2 次印刷　　印张 9⅝　插页 4
定价:35.00 元

雅典卫城的厄瑞克忒翁神庙女神柱

雅典卫城

奥林匹亚的赫拉神柱

德尔斐的剧院

断臂的阿佛洛狄忒

三女神

希腊妇女献给阿耳忒弥斯女神的项链

婚礼游行场面

希腊少女

妇女沐浴浮雕

妇女梳妆图

爱神厄洛斯睡眠图

目　录

序 言

妇女无史，占人口一半的妇女在传统历史的研究中，曾长期处于被埋没的状态。在以往许多历史学家的笔下，人类的历史只是一部以男性的活动为中心的社会演进史。20世纪六七十年代以来，由于强调重视普通人在历史中的作用的新社会史的兴起和欧美妇女运动的发展，妇女史，尤其是西方妇女史成为研究中的一个令人瞩目的学术领域。

西方妇女史的研究经历了一个发展过程。在本世纪70年代以前，史学家有少量的妇女史著作出版，但是研究的对象大都是历史上一些著名妇女或上层妇女，如埃及女王克利奥佩特拉和英国女王伊丽莎白等。因此平心而论，它们更像是历史上有影响的妇女的事迹汇编。尽管如此，撰写这些著作的史学家作为西方妇女史研究的先驱和拓荒者，仍然对这方面的研究作出了不可磨灭的贡献，也为后人开辟了前进的道路。

70年代以后，西方妇女史的研究对象开始由知名妇女转向“普通妇女”，其研究范围也逐步扩大，研究者把注意力从政治领域扩展到妇女的日常生活、宗教体验、家庭、心理等更广阔的领域，使西方妇女史汇入了新社会史的洪流之中，从而开创了真正意义上的妇女史。学者们在研究妇女对西方文明的贡献和创造，以及妇女在历史上的地位等方面出版了一大批有影响的学术著作和论文。其中美国学者波梅罗伊发表的《女神、妓女、妻子和奴隶》，可以说是研究西方妇女史的开拓性著作。作者依据丰富的考古证据和文献资料，从城邦的公共生活和私人家庭生活等不同层面，对古希腊罗马各类妇女的形象进行了探讨。她在该书的导言中明确讲道："我感到，我的任务是考察所有妇女的历史，避免把重点放在上层妇女和她们的文学作品上。"《纽约时报书评》称赞该书是一部绝佳的著作，说它不仅是一本关于古典史和妇女史的教程，而且也是西方文明史不可忽略的参考书。[①]

80 年代开始，西方妇女史的研究经历了新的转折，学者们注意到了以往孤立地研究妇女史，将妇女史简单地纳入既定框架之中进行填空式叙述的方法的缺陷，提出了对妇女的研究要与对男性的考察结合起来，强调把研究的重点放到探讨男女两性的关系上，出版了不少从这个角度出发研究问题的著述。其中，美国学者艾斯勒于 1988 年出版的《圣杯与剑——男女之间的战争》引起了学术界的普遍重视。作者着重对西方史前男女两性关系进行了考察，富有创意地提出了在人类社会中存在着伙伴关系和统治关系两种组织模式的设想。美国人类学家蒙塔古认为，该著作是自达尔文《物种起

① 波梅罗伊：《女神、妓女、妻子和奴隶》(Sarah B. Pomeroy, *Goddesses, Whores, Wives and Slaves*)，斯科肯书社，纽约，1975 年。

源》以来最重要的一本书。[1]不过，在笔者看来，艾斯勒在书中把欧洲的统治关系，也就是男性中心模式的确立，完全归咎于蛮族入侵的外部因素，忽视了史前欧洲的内部矛盾，这种观点值得商榷。

80 年代末至 90 年代，西方史学界开展了社会性别（gender）史的研究，学者们开始把妇女置于重要的社会、经济和政治进程和知识发展的中心地位来进行历史研究，从而把妇女史的研究推进到了一个新的阶段。早在 1974 年，盖尔·卢宾就在提出了“性 / 社会性别制度”的概念。1988 年，美国著名女性主义史学理论家琼·斯格特发表了《社会性别：一个有用的历史分析范畴》一文，主张把社会性别作为一个社会和历史研究的重要范畴，并把女性作为历史的主体来研究。此后，不少妇女史学家从社会性别研究的视角来研究历史，撰写了许多很有分量的著述。在 90 年代出版的有关西方妇女史的著作中，由乔治·杜比等 75 名杰出的历史学家共同撰写的五卷本《西方妇女史》是一部很有影响的力作。该书打破了历史编纂的传统方法，以若干专题论文的形式，探讨了史前到现代与西方文明进程密切相关的女性活动与体验，考察了在不同历史时代“妇女”这个术语变动的范围，论述了性别建构的方式以及它对于社会、政治和经济生活的组织过程。该书的作者们在研究西方妇女史时，不仅把妇女看作话语的客体，也将她们视为积极的主体。他们不但注意女

① 里安·艾斯勒：《圣杯与剑——男女之间的战争》，程志民译，社会科学文献出版社，1995 年版。

性对本身的看法，还注意男性对女性的态度，并从男女两性观点的差异中探讨历史的本来面目。劳伦特·西斯认为，这部书作出了勇敢新探索，它无疑会成为欧洲史的里程碑。[①]

社会性别的观念抵制了建立在生物性别(sex)差异上的生理决定论，从这个角度切入的妇女史和各国历史的研究，呈现出了崭新的面貌。然而，社会性别的视角有时容易将妇女看作一个没有差别的统一体。不久，西方女性主义史学家就察觉到了这一问题。1996年，斯格特在她主编的《女性主义与历史》的序中强调了研究“差别”的重要性以及社会性别与阶级、种族、政治、宗教等差异的交叉互动关系，并指出对妇女史的研究不应仅限于社会性别上。[②] 这一认识反映了国外妇女史研究在理论上的深化和发展。笔者同意社会性别不是唯一的分析范畴的观点，认为从文化的视域进行妇女研究，将有助于勾画出社会和妇女史的全貌。诚然，社会性别观念已经意识到了文化对女性社会角色的影响，但笔者更加注重直接从文化入手研究妇女史。这里所说的“文化”是一个广义的范畴，也就是经济、政治、法律、意识、宗教、语言、社会制度、人们的行为模式和风俗习惯多种因素的综合。妇女的地位是多种文化因素相互作用的结果。因此，对某一社会妇女史的研究，必须从考察社会的整个文化背景着手，站在更高的立足点上来分析问题，从这一视域出发的妇女史研

---

① 乔治·杜比、米歇尔·佩洛特总主编:《西方妇女史》(Georges Duby and Michelle Perrot, *A History of Women in the West*)，哈佛大学出版社贝尔克内帕分社，1992-1994年。

② 王政、杜芳琴主编:《社会性别研究选译》，三联书店，1998年，第376页。

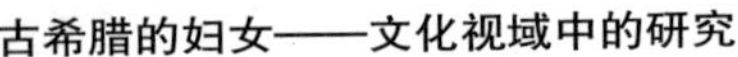

究也将有助于我们更好地理解人类的历史文化。在本书中，笔者力图强调的是，对于一个社会妇女史的研究，不仅要结合男性或从性别的角度来考察，更要从该社会广阔的文化背景着手，来探讨各种妇女问题。历史的过程是人类社会各个方面相互联系、无法分割的过程。妇女的处境是各种文化因素，也就是说，是经济、政治、法律、意识、宗教、语言、社会制度、生态环境、人们的行为模式和风俗习惯等多种因素互相作用的结果。经济地位对于妇女在家庭和社会中的位置至关重要，但我们绝不能忽视其他文化因素。正是基于这种认识，笔者在本书中对雅典和斯巴达城邦的特征进行了详细的阐述，认为雅典城邦是一个逐步实行了民主制的男性公民的集体，又是一个封闭的宗教祭祀团体，而斯巴达城邦是一个严密组织起来的军事共同体和平等形式下的不平等公社，并分析了这些特征和各种文化因素对妇女地位的影响。这也是为什么笔者把本书的副标题叫做“文化视域中的研究”的原因。

在笔者看来，搞清妇女的历史，或者说妇女在某个历史阶段或事件中的状况和作用等，并不是我们研究的最终目的。通过妇女史的研究，是要更好地理解人类的历史和文化，并为历史和文化的研究增添一个新的视角。例如，雅典的民主政治往往被人们认为是希腊人留给西方的最重要的遗产之一，现代国内外学者对它的评价一般都持赞扬和肯定的态度，本书从研究雅典妇女的地位入手，发现在古典时代达到全盛的雅典民主政治，仅仅只是占雅典人口少数的男性公民的民主，它把广大妇女、外邦人和奴隶排除在外，而且为了消除男性公民之间的纷争，缓和平民与贵族之间的矛盾，民主政治加强了对妇女的控制，从而使雅典妇女的地位比先前时代更为降低。因此雅典民主政治的发展，也是以牺牲妇女的利益为代价的。这一发现促使我们反思对雅典民主政治的认识。

再如，妇女与婚姻问题可以反映出一个社会的财产制度、公民权制度和社会各集团之间的关系。或者我们可以说，与妇女密切相关的婚姻问题是财产、公民权和各种社会关系的交合点。在第四章中，笔者探讨了斯巴达的财产制度与妇女的婚姻、嫁妆、继承之间的联系，从而使我们对斯巴达城邦有限的、不完备的私有财产制度的历史影响有了更深刻的认识。因此，通过对妇女史的研究可以开阔历史研究的视野，加深对历史问题的理解。

古希腊妇女史是西方妇女史的源头，正像希腊文化是西方文化的一个重要的来源一样，古希腊人对妇女的态度，对西方人的妇女观及西方妇女的处境产生了深刻的影响。近年来，古希腊妇女研究在国外史学界蓬勃发展，出版了一大批有影响的学术著作和论文，其中，前文提及的波梅罗伊的《女神、妓女、妻子和奴隶》可以说是古希腊罗马妇女史的开拓性著作。拉塞的《古典希腊的家庭》是受到史学界重视的另一本著作，当代法国著名学者福柯在他的著作《性史》中，多处引用了这本书提供的材料。[①] 贾斯特的《雅典法律和生

---

① 拉塞:《古典希腊的家庭》(W. K. Lacey, *The Family in Classical Greece*),康奈尔大学出版社,伊萨卡,1968 年。

活中的妇女》是一部从法律着手研究雅典妇女状况的力作。[①] 乔治·杜比总主编的《西方妇女史》的第一卷，提供了有关古希腊妇女生活的丰富资料。笔者从这些论著中受到了很大启发。应当指出的是，西方学者对古希腊妇女史的研究尚存在一些不足，有些学者偏重于对某一问题的具体研究，而缺乏理论概括和分析。有些学者注意对古希腊妇女一般历史的描述，忽视对于古希腊不同历史发展阶段、不同城邦和不同阶层妇女的差异性的深入研究和探讨。

近年来，在国内史学界，中国妇女史的研究发展迅速，取得了可喜的成果，李小江主编的《妇女研究丛书》引起了国内外学者的关注，杜芳琴等人为中国妇女史学科化建设作出了积极的努力。[②] 国内西方妇女史尤其是古希腊妇女史的研究，由于受到资料等各方面条件的限制，著述极为有限。[③] 总的说来，国内古希腊妇女史的研究尚是一片未开发的处女地，基本上没有人对此作过专门系统的研究，本书第六章所讨论的古希腊妇女与宗教问题，也是国内古代史研究的空白点。笔者有志在这一方面作一尝试，探讨的重点是古希腊妇

---

① 贾斯特：《雅典法律和生活中的妇女》(Roger Just, *Women in Athenian Law and Life*)，伦敦和纽约，1989 年。

② 关于近年来中国妇女史的研究成果，可参考杜芳琴：《发现妇女的历史——中国妇女论文集》，天津社会科学院出版社，1996 年，第 13-15 页。

③ 张树栋的《性沟分析》(江苏人民出版社，1990年)、李平的《世界妇女史》(香港书环出版社和海南出版社，1993 年)和李雪季主编的《世界女性历程图说》(中国文联出版社 1999 年版)有关章节的内容涉及了古希腊妇女，郝际陶和那志文合写的一篇文章("古代雅典和斯巴达妇女"，见《东北师大学报》1997 年第 4 期)介绍了古希腊妇女的一些情况。

女的地位问题。

关于古希腊的妇女，尤其是雅典妇女的地位问题，是古希腊妇女史研究的热点。赖特、罗斯托夫采夫和芬利等人对古希腊妇女的地位持悲观的看法，认为妇女深受社会歧视。芬利说过："荷马充分展示的是一个绝对无误的事实，那就是妇女被认为是天生低下的，因而她们的作用被限于生养子女和履行家庭职责，这在整个古代仍然是真实的。"[①] 戈梅等学者对此持乐观态度，强调古希腊妇女受到尊敬；而埃赫伦伯格等人则对这个问题采取中间立场。[②]

笔者认为，对古希腊妇女的地位不能一概而论，在不同的历史阶段，不同城邦、不同领域中妇女的地位是有较大区别的，而这些差异性恰恰反映了希腊各城邦文化传统的差异和变迁。在希腊文化史中，具有尊重妇女和歧视妇女的两种思想传统。有史以来，古希腊人尊重妇女的传统起源于荷马史诗，在萨福和阿克曼的诗中有了一定的发展，并在柏拉图的《理想国》中得到了充分体现。古希腊人轻视妇女和强调男性统治的思想同样也起源于荷马史诗，在赫西俄德和塞蒙尼德斯的诗中得到了集中反映，并在色诺芬和亚里士多德的理论著作中得到了系统的表述。亚里士多德所代表的轻视妇女的理论和传统，较多地反映了雅典妇女的处境，柏拉图在

① 芬利:《奥德修斯的世界》(M. I. Finley, *The World of Odysseus*),企鹅丛书,1962 年,第 149 页。

② 关于这方面的讨论情况,详见本书第二章和乔治·杜比的《西方妇女史》第一卷,第 464-465 页。

《理想国》中提出的给予妇女同等受教育和参政权力的主张，则是以斯巴达城邦为原型的，而古希腊妇女在宗教领域中的地位也较多地反映了古希腊文化中尊重妇女的传统。

本书共分六章。第一章通过对古希腊人妇女观衍变的追述，考察了古希腊人妇女思想的两种传统，并对观念中反映出来的不同时期妇女地位的变化作了分析。第二章至第四章主要是通过对雅典（爱奥尼亚人的城邦）和斯巴达（多利亚人的城邦）妇女地位的个案研究，说明在不同文化传统中，妇女地位有很大区别。其中第二章是从公共生活的层面，通过对雅典城邦特征的分析和对政治、法律、婚姻和财产继承等方面的考察，说明了雅典妇女的地位及其被保护的实质。第三章则是从家庭和私人生活层面，通过对围绕着雅典男性的不同类型妇女的分别研究，进一步说明了雅典妇女的处境，并探讨了导致雅典妇女地位低下的各种文化因素。第四章从分析斯巴达城邦的特征入手，阐述了斯巴达妇女的境况，并分析了她们地位较高的原因。第五章阐述了希腊化时代东西方文化交融对妇女地位的影响。第六章着重研究了古希腊妇女在宗教领域中的地位，并对她们被包括在城邦宗教生活中的原因进行了探讨。

本书依据的史料可以分为古典（希腊、罗马）史料、现代英文史学著作、中文译著、考古和铭文资料等几类。在运用古典史料时主要依据《罗叶布古典丛书》，也参考和引用了部分中文译著。在本书中，笔者注意吸收国外希腊妇女史研究的最新成果，同时也翻译并援引了不少古典作家的诗歌、戏剧、政治、道德等著作中的有关内容和法庭演说家的演说辞，力图通过对丰富翔实的史料的梳理和研究，得出自己独特的见解。

在研究方法上，笔者运用社会学、宗教学和心理学等方法，在宏观的背景下，对个案进行了深入细致的分析，力求对希腊妇女在历史上的地位有较为全面的认识。笔者根据社会学家庭功能的理论对雅典妇女在家庭中的地位进行了讨论，并运用宗教心理学和宗教社会学的方法，对受到社会压迫并被排斥在政治生活之外的古希腊妇女为什么会被包括在城邦宗教生活之内，并在宗教领域内保留了较大权力的问题，进行了探索。笔者指出，对丰产的期盼、对死亡的恐惧、对“不洁”的禁忌和对神的敬畏，是古希腊男性吸纳妇女参加城邦与宗教仪式和活动的原因，而宗教所具有的补偿功能和社会交往等作用，则是古希腊妇女热衷于参加宗教仪式和活动的重要心理因素。“他山之石，可以攻玉”，随着信息时代各学科知识的相互渗透影响和史学革新的发展，运用相关学科的理论和研究方法有助于我们将历史研究推向新的高度。

本书是从文化的视域对古希腊妇女史进行探索的结果。由于笔者学术水平的限制，书中必有疏漏和不妥之处，恳请各位专家、学者给予批评指教。

第一章

古希腊人妇女观的衍变

法国著名哲学家西蒙娜·德·波伏娃指出:“女人并不是生就的,而宁可说是逐渐形成的。”[①] 从一定意义上说,这句话深刻地揭示了生理上与男性差别不大的女性长期屈从于男性统治是文化的产物这一真谛。因此,对某一个民族的妇女地位的研究必须从这个民族整体的文化背景来考察。在邈远的史前时代,女性与男性处于平等的地位,为维持生存而共同与自然作斗争。原始社会末期,随着社会生产力的发展,私有制的出现,父权制开始产生,社会组织、财产继承制度、风俗习惯和意识形态等方面发生了一系列的变化,妇女权力逐渐受到剥夺。然而,父权制从产生到确立需要一个漫长的历史过程,妇女权力受剥夺的情况,在具有不同文化传统和社会结构的各个民族和地区是不一样的,特点也各不相同,这就造成了世界各民族各地区妇女地位的差异。而且在历史发展的进程中,随着文化环境的变迁,妇女的地位也会进一步发生变化,古希腊的情况也不例外。

---

① 西蒙娜·德·波伏娃:《第二性》,陶铁柱译,中国书籍出版社,1998年,第309页。

古希腊社会是由众多城邦构成的，在不同历史阶段、不同城邦以及不同领域，妇女的地位有很大差别，因此，对希腊妇女地位我们不能一概而论。希腊人的妇女观念是对希腊妇女地位的反映，反过来又影响到妇女的处境。在古希腊人留给西方的遗产中，具有尊重妇女和歧视妇女两种不同的思想传统，但在古代和中世纪，后一种传统渐渐占了主导地位。在本章中，笔者试图通过对古希腊人妇女观衍变的追溯，考察两种传统的基本发展线索，从而对不同时期希腊妇女地位的变化作出推论。

一、荷马时代希腊人妇女观念的萌芽

荷马史诗是西方哲学、文学、伦理学等领域内一切重要学说和思想的源头。[①] 同样，古希腊人的妇女观念也萌芽于这部不朽的诗篇。《伊里亚特》和《奥德赛》不仅详细叙述了

① 对于荷马史诗是否由荷马所作，学者们众说纷纭，莫衷一是。希罗多德、修昔底德、苏格拉底、柏拉图等西方古典作家都认为古希腊历史上确有荷马其人，他是荷马史诗的创作者。但是到了 18 世纪，意大利学者维柯和德国学者沃尔夫等人对此表示怀疑，引起了争论，学术界对荷马问题产生了“小歌说”、“核心说”和“统一说”等不同说法。关于荷马史诗所反映的年代，学者们也看法不一。芬利认为荷马史诗反映了公元前 10–前 9 世纪希腊社会的情况。罗斯则主张史诗描述了公元前 8 世纪希腊的社会现实。在本书中，笔者采用了芬利的观点。对这个问题的讨论可参见芬利：《奥德修斯的世界》(M..I. Finley, *The World of Odysseus*)，伦敦，1956 年，第 56 页；张广智：《克丽奥之路》，复旦大学出版社，1989 年，第 5–8 页；黄洋：《古代希腊土地制度研究》，复旦大学出版社，1995 年，第 23 页。

特洛伊战争的恢宏场面和希腊英雄返回故乡的曲折经历，而且也生动地描述了天上人间许多家庭悲欢离合的故事，从中可以窥见希腊英雄时代男女两性之间的关系，以及当时希腊人对妇女的看法和态度。

对于荷马史诗表达的妇女观，古代史学家有两种不同的评价：坎特瑞拉把荷马史诗看作是西方厌恶妇女思想的根源。[①] 而阿瑟则坚持说，在《伊利亚特》或者《奥德赛》中，我们没有发现任何轻视妇女的言论，史诗集中谈论的几乎都是妇女的积极作用。[②] 笔者以为，荷马史诗既包含了尊重妇女的因素，又包含了歧视妇女的成分，希腊人两种妇女观念的传统都与荷马史诗结下了不解之缘。

荷马时代，希腊处于由野蛮向文明过渡的历史阶段，这个时期的社会文化系统全面地呈现出过渡的特征。土地所有制正在由公有制向私有制过渡，公有土地与私有土地并存。一般说来，荷马社会的土地为私人占有和使用，并由儿子继承，但集体也拥有部分土地，并且时常把它赏赐给对集体有功的个人。当时还没有出现有关土地所有权的法律，个人所占有的土地有时为权贵所强占或侵犯。[③] 在荷马时代，希腊的氏族制度已经解体，阶级分化产生，出现了自由民、忒提

① 坎特瑞拉：《潘多拉的女儿们》(Eva Cantarella, *Pandora' s Daughters*)，约翰斯·霍普金斯大学出版社，巴尔的摩和伦敦，1987年，第24-33页。

② 阿瑟(M. B. Arthur)："希腊：西方对妇女态度的起源"，载佩雷多托和萨利文主编：《古代世界的妇女》(J. Peradotto and J. P. Sullivan eds, *Women in the Ancient World*)，纽约州立大学出版社，阿尔巴尼，1984年，第13-14页。

③ 黄洋：《古代希腊土地制度研究》，第40页。

劝阿基琉斯返回战场的使者　陶瓶画
（约公元前 485–前 475 年）

斯(thetes)和奴隶等不同阶级，[①] 氏族公社内部产生了贵族和平民的划分。一些失去份地和氏族联系的平民沦为雇工、奴隶或者乞丐。《伊利亚特》描述了手持锋利镰刀的受雇割麦人在王家麦田进行劳动的情景，《奥德赛》提到了带领奥德修斯进城的牧猪奴，奥德修斯本人是装扮成乞丐回家的。在普通氏族平民生活日益恶化之时，氏族贵族则利用职权占据了公社肥沃的土地，并获得了首先挑选战利品、分得最好的食物、喝酒时使用大酒杯等特权。不过，虽然荷马时代的希腊社会已经产生了阶级分化，但阶级矛盾还没有达到以后的

① “忒提斯”(thetes)通常指雇工。在荷马时代，他们中许多人是失去了氏族关系的贫民。梭伦改革后，“忒提斯”构成了雅典四个公民等级中财产最少的最低等级。

古风时代那样尖锐的程度，当时奴隶包括在扩大型的家庭之中，贵族与平民一样参加生产劳动。奥德修斯曾经在法伊阿基人（Phaeacians）的国王阿尔基诺奥斯面前夸耀自己的劳动本领，他的妻子帕尼罗佩则是织布能手。当时的军事首领或者国王并不具有后来的国王那样绝对的权威，阿基琉斯为了争夺女俘布里塞伊斯敢于与迈锡尼王兼希腊远征军统帅阿伽门农分庭抗礼，并退出战争。

与荷马社会的过渡性质相对应，希腊社会的男女关系也处于一个转变时期。一方面父权制已经产生，在军事战争频繁的情况下，妇女日益依赖男性；另一方面，母权制的影响并没有消失，①妇女在社会和家庭事务中仍然起着一定的作用。荷马史诗的妇女观充分体现了这种时代特征：史诗既强

① 19世纪后半叶，巴霍芬发表了《母权论》，摩尔根出版了《古代社会》，恩格斯写了《家庭、私有制和国家的起源》，提出了原始社会曾存在过母权制的理论，他们的观点被学术界普遍接受。近年来，由于考古学和人类学研究的发展，学者们对史前是否有过母权制的问题产生疑问，因此而展开了热烈的讨论。在拉塞看来，母权制社会组织的理论完全是建立在错误的前提基础上的。里安·艾斯勒提出，史前并不存在妇女统治男人的母权制社会，那时男女两性之间的关系是一种伙伴关系。汤姆逊认为，史前经历过母权制阶段，人们对女神的崇拜体现了妇女的地位。母权制社会最后消失了，但是，它到处留下了痕迹。坎特瑞拉则强调说，问题的关键在于怎样理解“母权制”这个术语。如果说，母权制是指女性的政治权力，那么，没有证据能够说明史前存在过这样的母权制。如果说，母权制是指母亲法则，或者是指妇女在社会和宗教中占有突出的地位，那么，在某些原始人中间存在母权制则是可以肯定的。目前学者们对这个问题还没有达成共识。在没有更多的证据推翻恩格斯等人的观点之前，笔者在本书中仍采取史前存在过母权制的说法。对于这个问题的不同看法可参见拉塞：《古典希腊的家庭》，第 11 页；乔古狄（S. Georgoudi）：“创造一个母权制的神话”，载乔治·杜比总主编：《西方妇女史》第 1 卷，第 459 页；坎特瑞拉：《潘多拉的女儿们》，第 13-14 页；里安·艾斯勒：《圣杯与剑——男女之间的战争》，第 33-39 页。

赫 拉 像

调男性的统治权威，又承认女性的社会作用；史诗一方面主张把男女分隔在不同的社会活动领域，另一方面又赞美男女结合的美好婚姻；史诗虽然赞同性的双重道德标准，但又并不十分强调性贞洁。

荷马史诗强调了男性的统治权威。在史诗叙述的故事中，我们看到女神几乎占奥林波斯神族的一半。她们中间有：富于心计的天后赫拉(Hera)，全身戎装的智慧女神雅典娜(Athena)，深居山间的狩猎女神阿耳忒弥斯(Artemis)，安静地守在炉边的女神赫斯提亚(Hestia)，充满诱惑力的爱情女神阿佛洛狄忒(Aphrodite)等。按照希腊神话的说法，这些女神都很有本事。天后赫拉是克洛诺斯和瑞亚的长女，宙斯(Zeus)的妻子和姐姐。与她的丈夫一样，她也能呼风唤雨，主宰乌云、风暴、闪电和雷霆，赐予人间雨水和收成。她还是司婚姻与夫妻恩爱的女神，负

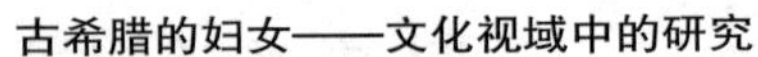

责保护妇女。雅典娜是智慧女神和雅典城的保护神，还是科学、音乐与和平劳动的庇护者，她教会人们制造车船和纺织，还把法律赐予人类。据说，阿佛洛狄忒是从大海的浪花里出生的。她是司爱情和美的女神，还是丰饶女神和庇护航行的镇海女神。尽管如此，这些女神谁都没有最高天神宙斯那样大的权力。荷马史诗告诉人们，尽管"牛眼睛"的赫拉常常与宙斯争吵，还常常欺骗他，但她最终还是屈服于宙斯的统治之下。在特洛伊战争中，赫拉站在希腊人一边，与特洛伊人作对。当她看到希腊英雄连连失利、受到重创之时，她与爱情之神阿佛洛狄忒和睡眠之神（Hypnus）联手，诱使宙斯与她同床合欢，进入酣睡之境，致使战局发生变化，特洛伊人溃败逃窜。[①] 然而，宙斯睡醒后发现真相，勃然大怒，对着赫拉破口大骂，提醒她注意自己那至高无上的权力：

赫拉，坏东西，这又是你的恶毒诡计，
使神样的赫克托尔停战，使特洛伊人溃退。
只是不知道，我要是为此用霹雳打击你，
你是不是第一个品尝搞阴谋的恶果！
或者你忘了我有次怎样把你吊起来，
把两个铁砧挂在你脚上，
手上捆了根永远挣不断的金链子？
你吊在太空和云气里，

① 荷马：《伊利亚特》（Homer, *Iliad*），XIV，160–360。

众神来到高耸的奥林波斯，
又不敢上前解脱……。[①]

此时神情沮丧的赫拉只能俯首遵从宙斯的命令，并对所有的神祇说："我们都是傻瓜，试图和宙斯作对，简直是昏了头！"[②]这说明，即使是在奥林波斯众神中地位显赫的天后赫拉也不得不承认宙斯的权威。不仅天上的女神要服从最高男神的命令，人间妇女的命运也由男性决定。《奥德赛》提到，特洛伊战争结束后，奥德修斯在海上遇到风浪，滞留异乡。在这期间，一群求婚者缠着他的妻子帕尼罗佩，并赖在他的家中挥霍他的家产。对丈夫十分忠心的帕尼罗佩竭尽全力拖延时间，等待丈夫的归来。最后，在无计可施的情况下，同意求婚者举行比武以决定谁将是她的丈夫。在该书的第二十一卷中，帕尼罗佩的儿子特雷马科斯阻止母亲进一步参与或亲眼目睹这场决定性的比武，并告诉母亲说："在这个家里我是权威。"[③]更加值得注意的是，荷马史诗对杀死母亲为父亲报仇的奥瑞斯提斯表示钦佩，称赞说："儿子确实报了父仇，阿开亚人会到处传播他的美名，后代人将知道他的事迹。"[④]奥瑞斯提斯是阿伽门农与克吕泰美斯特拉的儿子，阿伽门农从特洛伊归来后，被其妻子及其情夫埃葵斯托斯杀害。后来，奥

① 荷马：《伊利亚特》，XV，14-23；译文见罗念生、王焕生译本，人民文学出版社，1997年，第378-379页。

② 荷马：《伊利亚特》，XV，104。

③ 荷马：《奥德赛》（Homer，*Odyssey*），XXI，353。

④ 荷马：《奥德赛》，III，203-204。

瑞斯提斯又杀死了母亲及其情夫，报了杀父之仇。从史诗提到的这个杀母替父报仇的故事里，我们看到的是父子的姻亲关系战胜了母子之情，这表明史诗赞成男性居主宰地位的立场。

尽管荷马史诗维护男性的统治权威，但它仍然承认女性的社会作用。当《奥德赛》的帷幕拉开之时，奥德修斯正被统治着俄古癸亚岛的仙女卡吕普索扣留，经过雅典娜的调停，他才离开了这个岛。从荷马史诗述的故事中我们还知道，阿伽门农和奥德修斯远航到特洛伊时，都毫无疑虑地让他们的妻子管理自己的王国。荷马在史诗中不仅提到了勇武的阿玛宗（Amazones）妇女族，而且还生动地刻画了法伊阿基人的王后阿瑞塔的形象。

阿玛宗人是希腊神话中尚武善战的女战士。据说她们生活在安纳托利亚北部，或者是东方的"蛮族世界"。在公元前480年之后的阿提卡瓶画中，她们时常穿着波斯服装。[①] 虽然历史上没有确凿的证据证实这个妇女社会的存在，但希腊的文学、艺术和史学作品都描绘过她们的事迹。雅典卫城和帕特嫩神庙的中楣上刻着阿玛宗人的形象，人们认为她们在公元前1200年左右包围过雅典。[②] 据古代传说，阿玛宗人为了便于拉弓射箭，将女孩右乳烙去，因而有人把阿玛宗这一名称解释为希腊语"无乳者"。希腊神话提到：赫拉克勒斯弄走了阿玛宗女王希波吕忒的宝腰带；忒修斯拐走了阿玛宗女王

① 莱夫科维兹:《希腊神话中的妇女》（M. R. Lefkowitz, *Women in Greek Myth*），伦敦，1986年，第20页。

② 安德森、津泽:《她们自己的历史》（B. S.Anderson and J. P.Zinsser, *A History of Their Own*）第1卷，纽约，1988年，第55页。

安提俄珀，并同她结了婚；支援特洛伊人的阿玛宗女王彭忒西勒死于阿基琉斯之手。[1]希罗多德在《历史》中详细叙述了阿玛宗妇女族与斯奇提亚人结合的有趣过程，把他们描写成撒乌罗玛泰伊人的祖先。[2]荷马在《伊利亚特》中两次提到了阿玛宗人，并说她们可以与男人匹敌。[3]荷马在诗中丝毫没有流露出对她们任何指责和贬低之意，这与后来一些古希腊演说家对阿玛宗女战士所持的谴责态度形成了鲜明对比，不论阿玛宗人在历史上是否存在过，荷马及古典作家描绘的阿玛宗妇女战士的形象为后人研究母权制社会和古希腊人妇女观念提供了生动的素材。

荷马在《奥德赛》中还通过雅典娜女神之口高度赞扬了阿瑞塔：

阿尔基诺奥斯娶她作妻子，无比尊重，
超过世上任何一个受敬重的女人，
那些受丈夫约束，料理家务的妇女们。
阿瑞塔往日备受敬重，现在也如此，
受到他们的子女，阿尔基诺奥斯本人
和人民真心诚意的尊敬，视她如神明，
每当她在城中出现，人们问候表敬意。
只因她富有智慧，心地高尚纯正，

① M.H. 鲍特文尼克等编著:《神话辞典》,黄鸿森、温乃铮译，商务印书馆，1985年，第26页。

② 希罗多德:《历史》(Herodotus, *Histories*), IV, 110-117。

③ 荷马:《伊利亚特》, III, 189; VI, 186。

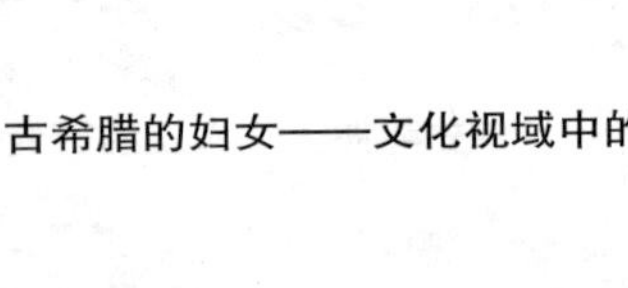

忒修斯诱拐阿玛宗女王安提俄珀　陶瓶画（约公元前 510 年）

为人善良，甚至调解男人间的纠纷。[1]

在这里，我们看到阿瑞塔在人民中享有很高的威望，她的意见受到重视。当奥德修斯想请求国王阿尔基诺奥斯帮助

① 荷马：《奥德赛》，VII，66–74；译文见王焕生译本，人民文学出版社，1997 年，第 133 页。

他返回家乡时，国王的女儿瑙西卡就为奥德修斯出主意说，要想得到她父亲的赞助，应当先见其母亲，只要博得她的好感，他就有希望见到自己的亲人[①]。阿玛宗与阿瑞塔的故事表明男性虽然已经成为荷马时代希腊社会的主宰，但母权制的影响依然存在，妇女还享有较大的权力，作为史诗编创者的荷马对妇女仍然保持着一定的尊重态度。

值得我们注意的是，荷马史诗肯定了性别分工和男女不同活动领域的区分。男子外出打仗、谋生，女子在家纺织、料理家务，这种划分男女不同活动领域的做法在荷马史诗中俯拾即是，到处可见。在《伊利亚特》中，特洛伊英雄赫克托尔的妻子安德洛玛刻请求丈夫为了妻儿把自己留在护墙内，并对丈夫的军事行动提出建议："叫你的人马停留在野无花果树旁边，那个城段防守最弱，敌人最容易攻上城垣。"[②] 安德洛马刻这种出于对丈夫的爱而超出女子活动领域的建议，受到丈夫的劝阻：

> 你且回到家里，照料你的家务，
> 看管织布机和卷线杆，打仗的事，男人管
> 每个生长在伊利昂的男人管，尤其是我。[③]

在《奥德赛》中特雷马科斯两次对母亲说，让她回去操

① 荷马：《奥德赛》，VI，313-315。

② 荷马：《伊利亚特》，VI，434-436。

③ 荷马：《伊利亚特》，VI，490-493；译文见罗念生、王焕生译本，人民文学出版社，1997 年，第 167 页。

持自己的纺织和监督女仆的活计，而把辩议和摆弓弄箭这样的事留给男人去做。[1] 如果细心阅读荷马史诗，我们会发现，它总是用“白臂膀”来形容女神或女人，在他的笔下，男人的皮肤则是铜色的，这无疑是对荷马时代男女分工的实际状况的反映。不过从史诗中我们也应该看到，这时的妇女还没有与男性社会隔绝，安德洛玛刻和海伦可以自由地在特洛伊大街上行走，阿瑞塔和帕尼罗佩仍然活动在有男人在场的场合。

以性别为基础的家庭自然分工早在原始时代就已经确立。男子外出谋生和打仗，女子管家和生育孩子，这种分工曾经使妇女在家中占优势地位。然而，随着生产力的发展，社会大分工和阶级的产生，妇女家务劳动的价值下降了。频繁的战争又常常使妇女有沦为女奴的危险。在这种情况下，荷马史诗对于男女家庭分工的强调必然会加深女性对男性的依附，安德洛玛刻希望在赫克托尔阵亡之后自己也去死就是有力的证明。

尽管荷马史诗强调性别分工，但史诗仍然把男女结合的婚姻看作是人世间最美好的事情。当奥德修斯遇到美丽的瑙西卡公主时，马上给予她良好的祝愿：

> 我祈求神明满足你的一切心愿，
> 惠赐你丈夫、家室和无比的家庭和睦，
> 世上没有什么能如此美满和怡乐，
> 有如丈夫和妻子情趣相投意相合，

① 荷马：《奥德赛》，I，356-359；XXI，350-353。

家庭和谐，令心怀恶意的人们憎恶，

亲者欣慰，为自己赢得最高的荣誉。[①]

荷马史诗细腻而生动地描述了赫克托尔和安德洛玛刻以及奥德修斯和帕尼罗佩之间的亲密关系。在与希腊联军交战的关键时刻，赫克托尔和安德洛玛刻考虑的都是对方的安危，两人都是同样的情意绵绵，难舍难分。安德洛玛刻对丈夫深情地说道："赫克托尔，你既是我体贴入微的丈夫，又是我的父亲，我尊贵的母亲和我的兄弟。"[②] 赫克托尔想到特洛伊一旦被毁灭后妻子将面临的厄运而感到悲伤万分，痛心疾首：

然而，特洛伊将来的结局，还不至于使我难受得痛心疾首，

即便是赫卡贝或是国王普里阿摩斯的不幸，

即便是兄弟们的悲惨，他们人数众多，作战勇敢，

我知道他们将死在敌人手里，和地上的泥土作伴。

最使我难以忍受的，是想到你的痛苦：

你将流着泪被某个披铜甲的阿开亚人带走，

强行夺去你的自由。[③]

由此可见，赫克托尔对妻子的爱与怜惜超过了他对父母

① 荷马：《奥德赛》，VI，180–185；译文见王焕生译本，第123页。

② 荷马：《伊利亚特》，VI，429–430。

③ 荷马：《伊利亚特》，VI，448–455；译文见陈中梅译本，花城出版社，1994年，第148–149页。

和兄弟的感情，夫妻之爱上升到家庭关系的首位。奥德修斯和帕尼罗佩也是夫妻恩爱的典范，前者坚毅顽强，抱定回归家园的信念，后者忠贞不渝，千方百计与求婚者周旋。史诗提到，当婚床的秘密被揭穿后，帕尼罗佩确信眼前之人就是自己日思夜想的丈夫奥德修斯时，与丈夫紧紧拥抱，而后上床"享受性爱的愉悦，领略谈话的欢畅，诉说各自的既往。"[①] 荷马史诗着力渲染了夫妻之间的浪漫关系，表现了当时希腊人的婚姻理想。

荷马史诗赞同性的双重道德标准，但并不十分强调性贞洁。在父权制价值观念影响下，史诗对男女两性提出了不同的道德准则。在史诗中我们发现，妇女遵守一夫一妻制，男人却可以实行一夫多妻制。特洛伊的国王普里阿摩斯有几个妻妾，而他的妻子赫卡帕只有一个丈夫。史诗中的男性享有性自由，对女性却提出了贞洁的要求，阿伽门农在特洛伊的军营时拥有奴隶侍妾，而当他被克吕泰美斯特拉和埃葵斯托斯谋害后，荷马让他的亡魂对妻子的不忠实进行了严厉谴责：

> 可见没有什么比女人更狠毒、更无耻，
> 她们心里会谋划出如此恶劣的暴行，
> 就像她谋划了如此骇人听闻的罪恶，
> 杀死自己高贵的丈夫。
> 我原以为会如意地见到自己的孩子们和众奴仆，

---

① 荷马：《奥德赛》，XXIII，300–302；译文见陈中梅译本，花城出版社，1994年，第433–434页。

幸得返家园。
她犯下如此严重的罪行，
既玷污了她自己，也玷污了后世的温柔的妇女们，
即使有人行为善良。[①]

虽然荷马对女性提出了贞洁的道德要求，但除了对与人通奸谋害自己丈夫的克吕泰美斯特拉表示义愤之外，他对失去贞洁的女性没有过分批评。荷马提到过两个女孩有了非婚生的孩子，声称是神使她们怀了孕，因而未对她们进行任何指责，女孩们随后便与英雄结婚，还收到了难以计数的聘礼。[②]在他的史诗中，对特洛伊战争负有责任的美丽少妇海伦，在战争中受的痛苦最少。被她抛弃的前夫墨涅劳斯在与特洛伊人对阵时，仅仅是对拐走海伦的帕里斯表示愤慨，而未对海伦的不忠进行过谴责。在特洛伊被占领之时，墨涅劳斯也没有对海伦进行报复。而后，他们又结合在一起，共度幸福的婚姻生活。荷马的性道德观念实际上体现了英雄时代这个过渡阶段的伦理特征。

荷马的妇女观包含了歧视妇女和尊重妇女两种不同思想传统的萌芽，后来希腊的作家和思想家从不同方面继承和发展了他的妇女观念。荷马史诗中矛盾的妇女观念反映了荷马时代妇女的地位：一方面男性统治已初步确立，女性开始处于屈从的地位；另一方面，母权制仍有一定的影响，妇女的

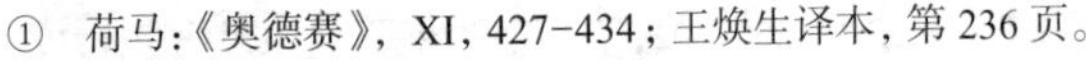

① 荷马:《奥德赛》，XI，427-434；王焕生译本，第236页。
② 荷马:《伊利亚特》，XVI，175-192。

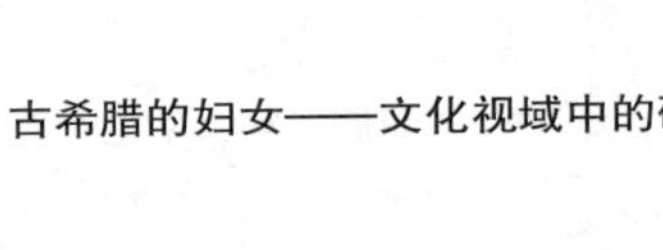

地位与后来时代相比还比较高。

二、古风时代希腊人妇女观念的发展

公元前8-前6世纪的古风时代是希腊奴隶制城邦形成和希腊大殖民时期。在这个时期，希腊社会的社会生产力获得了较大发展。在农业上，随着铁器的广泛应用，荒地得到开垦，耕地面积扩大。在长期的生产实践中，农民的生产技术也有了很大提高。他们在选种、播种、田间管理和收割、打谷等方面都积累了丰富的经验。由于希腊本土和殖民地对葡萄酒和橄榄油的需求增加，公元前7世纪左右，希腊农业由收入十分有限的谷物种植转向比较有利可图的园圃业。农业的发展为社会分工的扩大以及手工业和商业的发展创造了条件。在古风时代，希腊一些城邦的采矿、锻造、造船和制陶业比较发达，出现了一些手工业作坊，并产生了一些专门或部分时间从事手工业劳动的工匠。大约在公元前7世纪时，科林斯和雅典等希腊城市开始制造自己的钱币，并出现商业集中点——市场(agroa)。商人阶层在古希腊社会中发展起来。希腊语言承认三种不同类型的商人：kapelos指当地小贩，naukleros和emporos意为“船主”和“商人”，都涉及对外贸易。[①]生产力的提高和商品货币经济的发展加速了希

① 参见哈塞布洛克：《古代希腊的贸易和政治》(Johannes Hasebroke, *Trade and Politics in Ancient Greece*)，芝加哥，1933年，第1-3页。

腊社会的内部分化，使奴隶制进一步成长，自由民之间的财产不平等扩大。富有的贵族阶级的利益得到巩固，他们侵吞了一些平民的土地，并通过战争、购买和债务奴役的手段获得了奴隶。贫穷的平民常常由于负债而失去土地，沦为雇工、佃农、债务奴隶，或者离乡背井到海外当雇佣兵。因此，平民和贵族之间的矛盾日益尖锐。在社会竞争空前激烈的情况下，希腊社会中个人主义的倾向加强。而希腊人在这个时期开展的大殖民活动，使希腊各地的联系日益密切，人们之间的思想交流与影响不断扩大。与此相对应，希腊人的妇女观也发生了整合与分化：有人厌恶妇女，把女人看作祸水；有人热爱妇女，歌颂男女之间的纯真爱情。从古风时期的诗歌与神话作品中，我们可以清楚地看到这一点。

1. 赫西俄德和塞蒙尼德斯

公元前 8 世纪希腊的农民诗人赫西俄德，可以说是古风时代希腊人中厌恶妇女的思想代表。赫西俄德出生于中希腊彼奥提亚的一个农民家庭，他的父亲原是小亚细亚爱奥尼亚殖民地库麦城人，种田之外常常驾船出海从事海上贸易，后来迫于贫穷，迁到希腊大陆彼奥提亚的阿斯克拉村。

赫西俄德创作的《神谱》和《工作与时日》两篇作品都谈到了神创造第一个女人的故事。赫西俄德告诉我们，出于对普罗米修斯偷盗天火行为的气愤，宙斯决定通过给予人类一件他们都为之高兴而又导致厄运的不幸礼品来惩罚人类，这就是第一个女人潘多拉。她的名字意思是“被赐予一切的”。据说，奥林波斯山上的每一个神都送给她一份礼物——美丽、迷人、优雅、长于女工，但却具有一颗不知羞耻的邪恶之心和欺诈的天性。当潘多拉来到人世并揭开装满灾难的盒盖之后，人间的一切都发生天翻地覆的变化。在这以前，人类幸福地生活着，没有邪恶、劳累和疾病，但从那一刻起，“其他一万种不幸已漫游人间。不幸遍布大地，覆盖海洋。疾病夜以继日地流行，悄无声息地把灾害带给人类。”[①] 赫西俄德讲述的潘多拉的故事清楚地表达了他“女人是祸水”的思想。不仅如此，赫西俄德还把潘多拉一类的娇气女人比作游手好闲的雄蜂。“就像有顶盖的蜂箱里的工蜂供养的雄蜂一样——工蜂白天里从早到晚采花酿蜜，为储满白色蜂房而忙碌不停，雄蜂却整天待在蜂巢里坐享别的蜜蜂的劳动成果——在高空发出雷电的宙斯也把女人变成凡人的祸害，成为性本恶者。”[②] 字里行间透露出他对于女性深深的厌恶和敌视。

正是这种厌恶女性的看法使赫西俄德对男女结合的婚姻抱着与荷马相反的悲观看法：“如果有谁想独身和逃避女人引起的悲苦，有谁不愿结婚，到了可怕的晚年就不会有人供养他；尽管他活着的时候不缺少生活资料，然而等他死了，亲戚们就会来分割他的遗产。如果一个人挑选了结婚的命运，

① 赫西俄德：《工作与时日》(Hesiod, *Works and Days*), 53-104；译文见张竹明、蒋平译本，商务印书馆，1996 年，第 2-4 页。

② 赫西俄德：《神谱》(Hesiod, *Theogony*), 590-600；译文见张竹明、蒋平译本，商务印书馆，1996 年，第 44 页。

雅典娜女神雕像（罗马摹制品）

并且娶了一个称心如意的妻子，那么对于这个男人来说，恶就会不断地和善作斗争；因为如果他不巧生了个淘气的孩子，他就会下半辈子烦恼痛苦得没完没了。”① 在这里，赫西俄德描绘了一幅可怕的婚姻图。在他的眼中，婚姻是一种迫不得已的选择，不结婚老了无人供养，结了婚又会有无穷的烦恼，毫无荷马所形容的那种浪漫而又和谐的气氛。

更值得注意的是，赫西俄德讲述的雅典娜女神诞生的故事对女人仅有的权力——生育权也进行了剥夺。他告诉人们，雅典娜的母亲是墨提斯，当她就要生雅典娜时，宙斯因害怕即将出生的孩子比自己更强大，便听从乌兰诺斯和该亚的忠告，设法把墨提斯吞进了自己肚里，于是便从自己的头脑里生出了雅典娜。② 正因为雅典娜是宙斯所生，所以她在神话中总是以手持神盾、身挂铠甲、头戴战盔、全副武装的形象出现，并且拥有一般女神所没有的力量和智慧，每当父权制与母权制产生冲突之时，雅典娜总是站在男性一边。神话是人们对于宇宙和人生的直观形象的解释，也是社会现实生活在人们头脑中的反映。赫西俄德讲述的有关妇女的故事和比喻不仅体现了他自己仇视妇女的思想，也代表了在一个内争剧烈的动荡年代里部分希腊人对家庭婚姻等问题所持有的消极态度。

公元前 7 世纪希腊短长格诗人塞蒙尼德斯（Semonides）对妇女也抱着十分厌恶的态度。他在一首诗中，对妇女进行

① 赫西俄德：《神谱》，601–612；译文见张竹明、蒋平译本，第 44–45 页。
② 赫西俄德：《神谱》，886–926。

了辛辣的讽刺：

最初，宙斯就使妇女的心智各不相同。
当长毛的母猪在泥中打滚，摇摇摆摆地在地上走动的时候，
他依照其性情造成了一种女人，
家中的一切肮脏杂乱，
她从不洗澡，整天坐着无所事事，
她穿着脏衣服一副狼狈样，变得越来越胖。
宙斯依照邪恶的狐狸的性情造成了另一种女人，
一种诡计多端的狡猾女人——她不会错过一件事，
无论是好是坏。她所言之事有时也令人愉快，
更多的时候则令人讨厌，她的情绪不断地改变。
下一种女人，宙斯按照狗的性情造成，灵活机智，像其母亲一样淫荡。
她想介入人们所谈所做的一切，
东奔西跑好奇地打听每一件事，
即使没一个人听她唠叨，她也要把它嚷出来……[①]

他在诗中以形象的比喻告诉人们，宙斯按照肮脏懒惰的母猪、邪恶狡猾的狐狸、灵活淫荡的狗、头脑简单的尘土、喜怒无常的海洋、笨拙固执的驴子、偷鸡摸狗的黄鼠狼、娇生惯养的母马、丑陋调皮的猴子和神圣优雅的蜜蜂的性情塑造了十

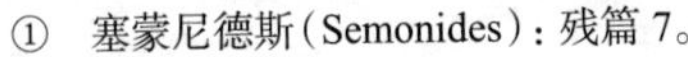

① 塞蒙尼德斯(Semonides)：残篇 7。

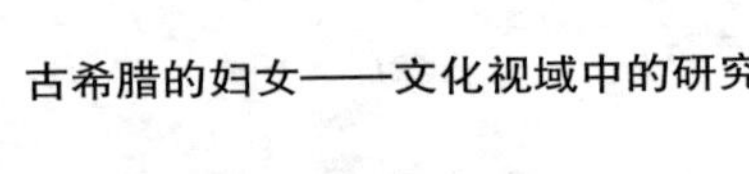

种不同性格的女人。在他看来，除了像蜜蜂一样辛勤生产的一类妇女之外，其余九种，也就是绝大多数的妇女，都邪恶可憎。这充分显示了他仇视妇女的情绪。

与赫西俄德如出一辙，塞蒙尼德斯也把妇女同样看作是给世界和男人带来不幸的祸水，他在诗中说道：

> 每个男人都喜欢在别人面前夸耀自己的妻子，
> 与此同时，对其他男人的妻子吹毛求疵，
> 根本没有意识到，我们都具有同样的命运，宙斯设计了这个所有邪恶中最大的灾祸，
> 所以，冥王哈得斯欢迎那些为了女人而争斗的男人进入他的王国。[①]

讽刺的手法和幽默的语调把他视妇女为灾祸之源的思想表达得淋漓尽致。

2. 萨福和阿克曼

与赫西俄德和塞蒙尼德斯厌恶妇女的思想形成鲜明对照的是，古风时代另一些希腊作家热情地赞颂妇女和爱情，才华横溢的古希腊女诗人萨福就是他们中的杰出代表。古希腊不少著名学者在著作中都提到过她。哲学家柏拉图十

① 塞蒙尼德斯：残篇 7。

萨福大理石雕像（约公元前 430 年）

分钦佩萨福的才能，称赞她是“第十位缪斯”。当政治改革家梭伦的侄子在饮酒时吟唱萨福的一首歌时，他十分喜欢它，并让侄子教他吟唱。有人便问，为什么要学这首歌？他表示，希望自己能学会萨福的一首歌后离开人世。[①] 随着希腊文化的传播，在埃及纸莎草纸上，人们也能读到她富有魅

① 梭伦:《埃里安》(Solon, *Aelian*),见《罗叶布古典丛书》,《希腊抒情诗集》第 1 卷，坎贝尔译，第 13 页。

力的诗句。

萨福约在公元前612年出生于累斯博斯岛的一个贵族家庭。除了公元前604年至前595年这几年住在西西里外，萨福一生大部分时光都在该岛的米蒂利尼度过，她是当地的一个年轻女子团体的核心人物，并教授该团体的少女学习诗歌、音乐与舞蹈。

热情地讴歌爱情是萨福诗篇的重要特征。她以自然清新的语调表达出情窦初开的少女的内心感受："亲爱的妈妈，我不能做完我的编织了，心中充满了对一个男孩的期望，你去责怪苗条的阿佛洛狄忒吧！"[①] "像一阵旋风扑击山间的橡树，爱情摇撼着我的心"，"爱情使我得到太阳的光辉和美丽"。[②] 她以质朴真挚的语言描绘出爱情具有的巨大力量：

在我眼里，坐在你对面的男人，就像天神，
他亲密地聆听，你的甜蜜的声音，你的絮语，
那诱人的笑声，使我的心急剧地跳动。
无论何时我注视着你，我都会说不出话来，
我的舌头僵硬了，火焰在我皮肤下面流动，
我什么也看不见了，
我只听见自己的耳鼓在隆隆作响，
浑身汗湿，我的身体在发抖，
我比枯萎的草还要苍白，

① 萨福(Sappho)：102，《希腊抒情诗集》第1卷，坎贝尔译，第127页。
② 萨福：47；58，《希腊抒情诗集》第1卷，坎贝尔译，第93-101页。

那时我已和死相近。[1]

这首热情洋溢的诗篇被后来的诗人多次模仿和引用，成为流芳百世的爱情佳作。

在萨福的眼中，男女之间的婚姻是神圣而幸福的结合：

啊新娘，充满了玫瑰般玲珑的爱！
啊！帕福斯王后的最光彩的宝石！
现在，到你的卧室，到你的床边来吧，
在那儿，和你的新郎甜美地温柔地嬉戏。
让赫斯珀洛斯引导你，心甘情愿地，
直到你惊奇地站在婚姻女神赫拉的银宝座之前。[2]

从她的诗中，我们可以体会到坠入爱河的年轻男女对婚礼的渴望以及婚姻生活的甜蜜，其意境完全可以与荷马的婚姻理想相媲美。

萨福尊重并理解妇女。在她的诗中，我们找不到一点女性低下无能的痕迹。相反，我们见到的是一个个具有完整人格的温柔可爱的妇女形象。她重视妇女的爱和她们的感受，并与追随她的学生和女伴建立了深厚的友谊。她在一首诗中

① 萨福：31，《希腊抒情诗集》第1卷，坎贝尔译，第79–81页；译文见罗洛译：《萨福抒情诗集》，百花文艺出版社，1989年，第51–52页。

② 帕福斯王后即爱神阿佛洛狄忒，赫斯珀洛斯为太白星之神。译文见罗洛译：《萨福抒情诗集》，第37–38页。

写道："我教有才能的希罗，我尽心地教导她，她是一个女孩，追踪着几亚拉的星星。"① 由于萨福对女性的赞美，从古代起，就有人把她称为"女同性恋者"。② 然而，人们一般相信，萨福结过婚，她的丈夫叫做凯库拉斯，他们有一个可爱的女儿，叫做克勒斯，③ 萨福的一首诗"我有一个美丽的女孩，模样好像一朵金花，克勒斯，我的宝贝啊！为了她，我不愿要吕底亚的整个王国……"④ 可以作为佐证。无论实际情况怎样，后人对萨福的赞颂远远超过了对她的批评，杜布列的《女神萨福》的大理石雕像，歌德写的《紫罗兰》抒情诗以及勃拉姆斯的《萨福颂》交响曲都显示人们对她的崇敬。她瑰丽的诗篇和她的妇女观不仅对后来的作家产生了巨大影响，还将作为西方文化的宝贵财富而永存世间。

除了女诗人萨福对妇女抱着积极肯定的态度外，古风时代也有一些希腊男性诗人也热情地赞扬妇女，生活于公元前7世纪的斯巴达诗人阿克曼就是其中的一员。

和萨福一样，阿克曼也用诗歌真诚地赞美爱情和妇女。他以简朴清雅的韵律和生动活泼的方言写成了许多俊逸清新的爱情诗篇，因而被阿库塔斯认为是希腊爱情诗的创始人。⑤ 在一首诗中他写道：

---

① 罗洛译：《萨福抒情诗集》，第99页。

② 坦娜希尔：《历史中的性》（Reay Tannahill, *Sex in History*），斯卡波罗夫出版社1992年版，第100页。

③ 坎塔瑞拉：《潘多拉的女儿们》，第71页。

④ 萨福：132，《希腊抒情诗集》第1卷，坎贝尔译，第149页。

⑤ 吉尔伯特·默雷：《古希腊文学史》，孙席珍等译，上海译文出版社，1988年，第104页。

带着令人心酥的欲望，
她的目光比悄然的睡眠还要使我心动，
不知为什么她是那样的甜美。
阿斯蒂梅洛伊莎没有回答我，
她只是手持着花冠，
像闪烁在天空的明亮星星，
又像是缓缓降落的金枝或柔软羽毛……[①]

在这里，我们读到的虽然只是阿克曼诗歌的残篇，但已经可以领略到诗人描写的男女之间纯真爱情那种令人陶醉的意境。除了个人吟唱的抒情诗外，阿克曼还创作了优美动人的“巴特尼亚颂歌”（Partheneia），即少女合唱颂歌，这是由未婚少女在笛子的伴奏下进行的正式表演。阿克曼在一首合唱颂歌中热情地赞扬了一些正值豆蔻年华的少女，他把她们比作太阳，形容她们的头发像金子般闪烁发亮，跑起来快得像小马一样。[②] 戏剧性的颂歌和独特的情调表现了诗人对妇女的真诚热爱。

古风时代作家的妇女观之所以存在如此巨大的差异，在笔者看来，这可能与他们不同的社会地位和家庭境况有关。关于塞蒙尼德斯和阿克曼的个人情况史料比较少。但我们熟悉另外两个人的情况。赫西俄德出生于一个农民家庭，生活艰难，受到社会竞争的强大压力，稍不勤劳努力，就有沦为

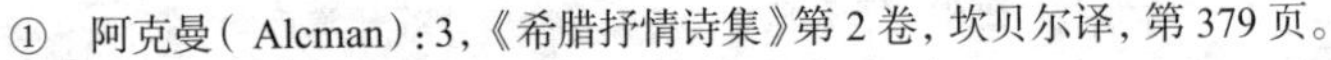

① 阿克曼（Alcman）：3，《希腊抒情诗集》第2卷，坎贝尔译，第379页。
② 波梅罗伊：《女神、妓女、妻子和奴隶》，第55页。

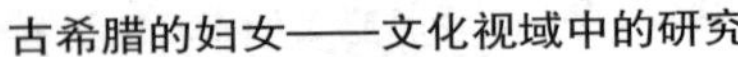

雇工、乞丐的危险，心理上十分紧张，对社会和妇女容易抱着一种苛求的敌对态度。萨福出生于一个优裕的贵族家庭，尽管曾受到僭主的驱逐被迫在西西里居住过一段时期，但总的说来不愁吃穿，也有很多闲暇时间来学习和创作，心境平和，热爱大自然，对妇女的态度也往往比较公正客观。当然，希腊不同城邦和地区不同的文化传统也影响到了人们的妇女观念和妇女的地位。

古风时代希腊人的妇女观反映了在这个动荡不安的年代妇女地位的下降。与歌颂温柔可爱少女的爱情诗形成对照的是，文学作品中对阿瑞塔这样强有力女性的赞颂逐渐消失，妇女是祸水的观念流行说明妇女形象在意识形态中被贬低。但是，从萨福的文学成就以及塞蒙尼德斯对像狗一样东奔西跑的女性的指责来判断，这个时期妇女还有较多的活动自由。

三、古典时代希腊人妇女观念的成熟

当历史的巨轮滚动到公元前5世纪的时候，希腊社会进入到了古典时代。随着希波战争的胜利，希腊的社会经济空前繁荣。农业生产技术提高，手工业作坊的规模扩大，雅典和科林斯等城邦的商业贸易活动十分频繁。雅典从黑海沿岸、埃及、西西里等地进口粮食，从昔兰尼进口兽皮，从叙利亚进口香料，从利比亚进口象牙，从色雷斯、意大利进口牲畜、皮革、牛肉等产品，而它则向希腊各地出口橄榄油、葡萄酒、陶器、金属制品、武器、羊毛和大理石等，其重要港口比里尤斯港成为希腊世界的商业集散地。在这个时期，希腊社会的奴隶制获得极大发展，奴隶人数急剧增加，并广泛使用于社会生产的各部门与家务劳动中。与此同时，希腊各城邦的政治与文化发展也达到了一个新的阶段。民主政治在雅典等城邦达到鼎盛，希腊人在哲学、史学、文学、艺术等领域取得了前所未有的巨大成就。然而，在伯罗奔尼撒战争期间，以雅典为首的海上同盟与以斯巴达为首的伯罗奔尼撒同盟展开了长达 27 年的混战。战争使整个希腊世界蒙受了巨大的损失，土地荒芜，农业衰弱，工商业凋敝。社会的贫富分化加剧，占有大量土地的贵族、从事粮食生意的商人和制造武器的作坊主在战争中变得更加富有，而许多公民却失去土地，贫困破产，承受着沉重的债务负担。希腊社会的阶级矛盾空前尖锐，人民群众的反抗斗争和奴隶起义频繁发生。公元前 4 世纪，希腊各城邦普遍产生了危机，传统的社会伦理道德准则受到挑战，这一切都影响到妇女的地位和希腊人的妇女观念。在古典时代，希腊文学家和哲学家对妇女问题都十分关注，在自己的著作中表达了对妇女形象和地位的看法。

1. 文学家眼中的妇女

古典时期是古希腊文学发展的黄金时代。在这个时期，

希腊的戏剧，尤其是悲剧的创作十分繁荣，埃斯库罗斯、索福克勒斯和欧里底得斯是古希腊悲剧作家的最杰出代表，他们在剧作中塑造了许多个性鲜明的女性形象。在这里，我们主要根据他们的悲剧作品来分析古典时期希腊文学家的妇女观。

被雅典人誉为"悲剧之父"的埃斯库罗斯（公元前525–前456年）出生于厄琉西斯的一个贵族家庭。据说，他一生创作了90部剧本，但流传下来的只有7部。公元前458年上演的三部曲《奥瑞斯提亚》是埃斯库罗斯在悲剧创作方面取得的最伟大成就。他以命运为主线，用庞大有序的结构和精练有力的语言，改编了荷马史诗提到过的这个家族仇杀的故事，并扩大该故事的内容，生动地展示了当时社会男女两性关系的演变进程。三部曲的第一部《阿伽门农》叙述的是希腊联军统帅阿伽门农从特洛伊凯旋归来之后发生的事情。阿伽门农的妻子克吕泰美斯特拉，由于不满丈夫杀死女儿伊菲革涅亚来向狩猎女神阿尔忒弥斯献祭，以及妒恨阿伽门农带回的女奴卡珊德拉，与情夫埃葵斯托斯合谋杀死了阿伽门农和卡珊德拉。第二部《奠酒人》描写奥瑞斯提斯奉阿波罗神之命，杀死了自己的母亲克吕泰美斯特拉，替父亲报了仇，而他自己却因此罪行受到了复仇女神的拼命追逐。第三部《复仇女神》讲述复仇女神以原告身份向雅典公民法庭控告奥瑞斯提斯的弑母罪行，到庭的陪审员产生了两种截然不同的意见：一种根据母权时代的习惯，判定奥瑞斯提斯有罪；另一种根据父权时代的精神，认定奥瑞斯提斯无罪，可以赦免。表决结果双方势均力敌，最后雅典娜以庭长身份投了决定性的赦免票，元老院便宣判奥瑞斯提斯无罪开释。埃斯库罗斯的《奥瑞斯提亚》反映了古希腊社会父权制战胜母权制的进程，也表达了作者本人的妇女观。在剧中，阿波罗在法庭上为奥瑞斯提斯辩护说：

母亲决不是生产她的所谓“世系”，
而不过是抚育新播的种子；
父亲才是生父，养育出新的芽苗，
她受孕了，像从族外人受孕而已；
像一个旅舍主人，保护幼苗的生意，
除非神灵降下疫症，把它害死。[1]

该剧虽然因其杰出的艺术成就而在古希腊戏剧史上占有重要的地位，但它彻底否定了女性在人口再生产中的作用，反映了当时希腊人对生育问题的普遍看法，也表现了埃斯库罗斯轻视妇女和维护男性统治的倾向。

索福克勒斯（公元前496–前406年）出身于雅典西北郊科罗诺斯一个富有的作坊主家庭，自幼受到良好的教育，具有音乐、舞蹈、诗歌、体育等多方面的才能，曾跟从著名的音乐教师兰普洛斯学习音乐。索福克勒斯是一位多产的悲剧作家，一生创作了120多部剧本。《安提戈涅》是索福克勒斯最著名的作品之一，这部作品反映了他对当时男女两性关系和女性地位的看法。

① 埃斯库罗斯：《奥瑞斯提亚》，灵珠译，上海译文出版社1983年版，第220页。

埃斯库罗斯《复仇女神》场景　奥瑞斯提斯（中跪者）在德尔菲避难，他的左边是雅典娜，右边是阿波罗陶瓶画（约公元前350—前340年）。

《安提戈涅》是在宗教习俗与城邦法律的尖锐冲突中拉开帷幕的。安提戈涅的哥哥波吕涅克斯借岳父的兵力回国和他的兄弟厄忒俄克勒斯争夺王位，结果两兄弟自相残杀而死。此后，克瑞翁以舅父的身份继承王位。他为前任国王厄忒俄克勒斯举行了隆重的国葬礼，而把前来夺权的波吕涅克斯宣布为叛徒，禁止任何人埋葬或哀悼他。克瑞翁是国王，他的禁令就是城邦的法律。然而，根据当时希腊人的宗教信仰，

埋葬死者是亲人的神圣义务，否则就会触犯天条，使死者的阴魂无法到达冥界。安提戈涅认为，神律高于人间法律，为了兄妹手足之情和遵守神圣的天条，她公然违抗克瑞翁的禁令，勇敢地埋葬了哥哥波吕涅克斯的尸体。被激怒的克瑞翁判安提戈涅死罪，安提戈涅在囚禁她的石窟中自杀。而她的未婚夫海蒙，也是克瑞翁的儿子，在发现安提戈涅自缢身亡后，自杀殉情。索福克勒斯在剧中歌颂了安提戈涅的善良和勇敢，塑造了一个为完成应尽义务在死亡面前毫无畏惧的伟大女性的形象。

然而，我们并不能就此得出结论，认为索福克勒斯具有尊重妇女和男女平等的思想。相反，在他创作的这部悲剧中，我们到处可以发现作者受到传统的歧视妇女思想影响的痕迹。在剧中，安提戈涅的妹妹伊斯墨涅在劝姐姐不要违反国王的禁令时说："想一想吧，我们是柔弱的女人，生来就斗不过男人。记住，我们处于强者的统治下，只好服从他的命令。"当克瑞翁决定对安提戈涅的违令行为进行惩罚时，他说："要是她如此地藐视权威而不受惩罚，那么我就成了女人，她倒是男子汉了。"当克瑞翁与儿子海蒙谈话时，他劝儿子不要为一个女人而抛弃了自己的理智，并表示："我们必须维护权威，决不可对女人作半点让步。如果我们一定会被人赶走，最好是被男人赶走，以免别人说我们连女人都不如。"为了葬兄表现出惊人勇气的安提戈涅在被关进石窟后却为自己未能享受到作为女人的欢乐而表示深深的遗憾："我还没有听过婚歌，没有上过新床，没有享受过婚姻和做母亲的快乐，就这样离开亲友，活活地待在坟墓里。”[①] 这一切表明，虽然索福克勒斯对剧中女主角抱着深切的同情，但他终究没有摆脱轻视妇女思想传统的影响，把男强女弱看成是天经地义的事情，并把结婚生子视为女性主要的任务和最大的幸福。

欧里庇得斯（约公元前 480–前 406 年）出生于阿提卡的弗利亚。尽管阿里斯托芬戏称其父亲是一个店主，其母亲是一个卖蔬菜的妇女，但根据一些历史学家的说法，他可能出身于富有的土地贵族家庭。欧里庇得斯生活在希腊城邦由繁荣走向危机的时期，当时雅典的社会矛盾十分尖锐。他是古希腊伟大的现实主义剧作家，对民主政治、贫富差距、家庭婚姻等一系列重大问题都十分关注，对希腊的社会现实抱着怀疑和批判态度。欧里庇得斯对于受人歧视的妇女极为同情和关切，并以擅长描写女性心理而蜚声西方文坛。在他流传下来的 18 部悲剧中，有 12 部是以妇女为中心人物的。其中《美狄亚》是他留给后世最动人的悲剧之一。该剧描写科尔喀斯的公主美狄亚因为深深地爱上了伊阿宋而背叛了自己的父亲，帮助他得到金羊毛，并离乡背井随他侨居到科林斯。两人在此过了几年恩爱的夫妻生活，生下了两个儿子。然而为了贪图权力和地位，伊阿宋变了心，抛弃了对自己一片痴情的美狄亚，另娶科林斯国王的女儿格劳刻为妻，并要帮着科林斯国王将美狄亚和两个孩子赶走。由情天坠入恨海的美狄亚愤然决定向丈夫报复，杀死了新娘格劳刻和自己的两个

① 索福克勒斯：《安提戈涅》（Sophocles, *Antigone*），62–65；483–484；678–679；917–919。

儿子。欧里庇得斯的《美狄亚》塑造了一个向负心的丈夫进行反抗和复仇的不幸妇女的形象，表现了作者对当时妇女所处的社会地位的深刻见解。在剧中，美狄亚悲叹道："在一切有理智、有灵性的生物当中，我们女人算是最不幸的。首先，我们得用重金争购一个丈夫，他反会变成我们的主人；但是，如果不去购买丈夫，那又是更可悲的事。而最重要的后果还要看我们得到的是一个好丈夫，还是一个坏家伙。因为离婚对于我们女人是不名誉的事，我们又不能把我们的丈夫轰出去。……一个男人同家里的人住得烦恼了，可以到外面去散散他心里的郁积，不是找朋友，就是找玩耍的人；可是我们女人就只能靠着一个人。他们男人反说我们安处在家中，全然没有生命危险；他们却要拿着长矛上阵：这说法真是荒谬。我宁愿提着盾牌打三次仗，也不愿生一次孩子。"[①] 在这里，美狄亚不仅是悲叹个人的不幸命运，而且也是代表受到社会歧视的全体妇女发出呐喊，表达了她们心中的不平和愤慨。

《阿尔刻提斯》是欧里庇得斯描写古希腊妇女的另一篇著名悲剧。该剧描写斐赖城的国王阿德墨托斯为了逃避死亡，与阿波罗神和三位命运女神达成了一个协议，这就是如果他的一位亲人自愿替他去死，他就能够活下来。他首先去找父母商量，恳求他们为自己作出牺牲，但遭到拒绝。接着，他又向妻子阿尔刻提斯提出了请她代死的请求，深深爱着她的阿尔刻提斯答应了丈夫的荒唐提议，死在丈夫的怀抱中。

① 欧里庇得斯：《美狄亚》，罗念生译，见《外国剧作选》（一），上海文艺出版社，1979年，第136–137页。

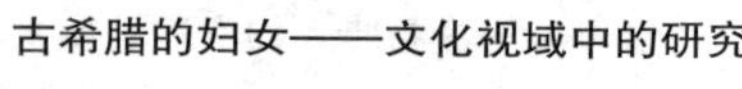

失去妻子的国王感到绝望，在神的帮助下阿尔刻提斯最终复活。虽然看起来，国王夫妇两人相亲相爱，情意绵绵。但在实际上，剧中的男主角十分自私，他只是单方面地要求女方为爱作出奉献，以牺牲女方的生命来使自己免于一死。因此，这部悲剧深刻地反映了当时希腊社会两性关系的不平等。

作为生活在古典时代的悲剧作家，欧里庇得斯也难免不受到当时社会歧视妇女的影响，例如，在他的悲剧《希波吕托斯》中，受到后母暗恋的男主角就对妇女进行了攻击和谩骂。但是，根据欧里庇得斯描写妇女的大多数作品，特别是《美狄亚》来看，我们认为作者对女性表现了当时人们少有的尊重、理解和同情。正因为如此，欧里庇得斯被后来的女权运动思想家视为西方古代社会中维护妇女权力的杰出代表。

总的说来，在希腊古典时代最著名的三位悲剧作家中，埃斯库罗斯和索福克勒斯受当时社会厌恶女性的思想影响较大，继承了古希腊歧视妇女和强调男性统治的思想传统。而欧里庇得斯却格外关心女性的命运，继承了古希腊社会尊重妇女的思想传统。不过，无论这三位悲剧大师对妇女的看法如何，他们对妇女问题的描述要比以前时代的文学家全面，对女性心理的刻画也细腻得多。

2. 思想家眼中的妇女

古典时代也是古希腊哲学最为繁荣的时期。由于哲学的发展，这个时期思想家们的妇女观开始理性化，他们对妇女问题从理论上作了较为全面、系统的阐述，其中最为著名的是色诺芬、柏拉图和亚里士多德。

公元前430年左右，色诺芬出生于一个贵族家庭，受过良好的教育，是苏格拉底的弟子。色诺芬一生著述很多，内容涉及哲学、政治、经济、军事、历史、教育等各个方面。他写的论述如何管理家政的《经济论》详细阐述了他的妇女观，为我们提供了希腊古典时代男女两性关系的丰富史料。

在色诺芬看来，婚姻的目的是生儿育女、养儿防老和管理家务。《经济论》中的重要人物伊斯可马可斯在婚后不久对妻子进行教育说道："你知道我为什么娶你，你父母为什么让你嫁给我吗？你一定很明白，我们当初和别人结婚并没有什么困难。但是我是为自己考虑，你父母是为你着想。为了家务和孩子的缘故，我们把妻子视为最好的合作者"。[①] 在这里，婚姻根本就没有男女双方爱慕可言，也没有女方自己的意愿，有的只是男性实用功利的打算。正像福柯所说："这样，婚姻的结合便被表现为一种原本的不平等——男人打自己的如意算盘，女人却由家庭的双重的制约力——家务和孩子摆布。"[②] 强调家庭性别分工是色诺芬《经济论》的重要内容，他从男女不同的资质出发，解释了把男女限定在不同活动领域的原因。尽管他承认男人和女人具有同样的记忆力、注意

① 色诺芬：《经济论》(Xenophon, *Oeconomicus*), VII, 11。

② 米歇尔·福柯：《性史》，张廷琛等译，上海科学技术出版社，1989年，第322页。

力和自我克制的能力，但是他认为男人具有耐力和勇气，女人耐力较差，胆小细心。因而他相信："神从一开始就使女人的性情适宜于室内的工作。而使男人的性情适宜于室外的工作"。[1] 按照他的描绘我们可以理解到，男人的责任是犁地、播种、耕耘、收获、放牧，也就是为家庭创造财产；女人的责任是养儿育女、监督奴仆、料理家务，也就是保管家庭的财产。基于这种对男女不同领域的划分，色诺芬进一步表达他的荣辱观："对于女人来说，待在家里要比留在田野里更光荣些，但是对男人来说，待在家里就不如去做户外的工作体面。"[2] 色诺芬的家庭分工论为把妇女限定在家庭中的做法提供了心理依据。

色诺芬在《经济论》中还提出了女性美德的标准，这就是无条件地服从丈夫。他告诉人们，伊斯可马可斯的妻子品格高尚的表现就是，只要丈夫说一句话，她马上就服从。他强调指出，女性不应当靠涂脂抹粉，用化妆打扮来欺骗丈夫，而是应当用辛勤操持家务来取悦丈夫，[3] 色诺芬的伦理观反映了生活在小农社会的许多希腊男性的心态。

色诺芬从合作管理家政的角度出发，对妇女采取了较温和的态度。但是，只要我们细心地分析他有关妇女的各种论述，就不难发现他实际上还是一个男性中心主义者。而看来对妇女不是那么温和并且终身未娶的柏拉图却提出了当时最

① 色诺芬:《经济论》，VII，22；译文见张伯健、陆大年译本，商务印书馆，1983年，第24页。

② 色诺芬:《经济论》，VII，30。

③ 色诺芬:《经济论》，X，2–13。

激进的妇女观。

柏拉图头像

公元前427年，柏拉图生于雅典附近的埃吉纳岛，其父母的家庭都属于雅典显要的贵族世家。柏拉图是古希腊伟大的思想家，他的哲学对整个西方文化产生了深远的影响。同样，他的妇女观中的积极方面也具有跨时代的意义。

作为一个生活在古典时代的男性，柏拉图并不能完全摆脱社会上对妇女的传统偏见。他对妇女的态度是矛盾的，一方面轻视妇女，认为她们不如男子；另一方面又在著述中主张赋予女性平等的权利。

柏拉图轻视妇女的思想突出地表现在他所著的对话录《蒂迈欧篇》中。这篇对话是柏拉图探索宇宙起源的重要作品，其中写道："投生人间为男人而过着正当生活的灵魂注定要返回其出生的星球上。而行为不端的男人就会在下世投生为女人。如果在这种情况下，他还不停止作恶，那么他就会变为与其品行相似的野兽。"[①] 在这里，柏拉图将转世为女人看作是对行为不端的男性的惩罚，其歧视女性的情绪显而易见。

尽管如此，也许是受到对妇女比较开明的苏格拉底的影

① 柏拉图：《蒂迈欧篇》（Plato, *Timaeus*），42b–c。

响，柏拉图的妇女观还是表现出某些男女平等的思想倾向。在《曼诺篇》中，柏拉图阐述了男女两性具有统一道德标准的思想。当对话展开之后，曼诺介绍了高尔吉亚对美德的看法。他认为，妇女的美德是与男人不同的。男人的美德是建立国家的秩序和使之免受伤害，而妇女的美德则是照料家务和顺从丈夫。柏拉图立即通过苏格拉底之口，对高尔吉亚的观点进行了驳斥。他写道，健康和力量对于男人和女人是同样的，所以美德必然是相同的。如果节制或公正是男人的美德，那么不节制或不公正也不可能是女人的美德。[①] 柏拉图的道德观否定了古希腊社会为两性树立不同道德标准的习俗偏见，也为他提出妇女有治国能力的主张奠定了基础。

柏拉图妇女观中最激进的部分表现在他的名著《理想国》中。在他的理想国家里，家庭和私有制被废除："女人归男人共有，任何人都不得与他人私自同居。同样地，儿童也都公有，父母不知道谁是自己的子女，子女也不知道谁是自己的父母。"[②] 男女同吃同住，有共同的子女，孩子由专人抚养，女性从传统的家庭责任中解放出来。不仅如此，柏拉图还在他的理想国家中赋予女性参与治理国家的权力，使她们和男性一样可以成为国家的护卫者，共同参加战争，保护其他公民，并有权担任各种职务。为此，柏拉图十分重视对妇女的教育。他指出："如果我们要用妇女做与男子同样的事情，我们必须

① 柏拉图：《曼诺篇》(*Meno*)，72-73。

② 柏拉图：《理想国》(*Republic*)，V，457c-d；译文见郭斌和、张竹明译本，商务印书馆，1994 年，第 190 页。

也给予她们以同样的教育。”[①] 他主张让妇女和男子一样参加体育锻炼和学习音乐，认为她们同样可以成为医生、音乐爱好者或者智慧的爱好者。

柏拉图在《理想国》中表达的妇女观不仅继承了自荷马以来希腊思想中尊重妇女的传统，而且提出了给予妇女同等的受教育和参政权力的崭新观念，这为西方的妇女思想注入了新的内容。尽管柏拉图的这一思想只是一种乌托邦式的理想，并且长期受到忽视，但从 19 世纪以来，由于西方妇女解放运动的发展，它又重新引起了人们的注意。

公元前 384 年，亚里士多德生于色雷斯沿海的希腊殖民城邦斯塔吉拉。作为柏拉图的学生，他抛弃了老师妇女观中的积极部分，发展了老师歧视妇女的思想，并从理论上全面地为男性对女性的统治作了解释。

妇女在人口再生产中的作用与妇女的地位密切相关，生命之谜引起了亚里士多德的兴趣。他在《论动物的生成》中，表达了自己对繁衍的看法。在他看来，雄性给生成提供了精液，雌性由于某种无能，即雌性因冷的本性不能将最终形态的营养整合为精液，因而只给生成提供某种构成月经的质料。[②] 他认为，是雄性的精液以其热量和潜能使雌性的质料固定成形，形成新的生命。所以，尽管雄性和雌性在再生产中都有贡献，缺一不可，但“对于生成之物来说，作为运动本

---

① 柏拉图:《理想国》，V，452a。

② 亚里士多德:《论动物生成》（Aristotle，*Generation of Animals*）I，728a-729a。

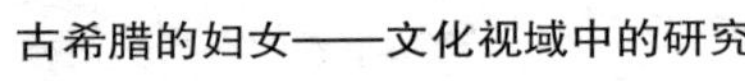

原的雄性比作为质料的雌性更为优越，更加神圣。”[①] 在再生产中，“雄性是主动者和运动者，而雌性则是被动者和被运动者。”[②] 不仅如此，亚里士多德还从分析月经出发，说明胎生动物中雌性的体积小于雄性，雌性苍白无力，血管不明晰，因而得出了“在体格上雌性同雄性相比存在着明显的缺陷”的结论。[③] 在生命科学尚不发达的古代，亚里士多德对于雌性在再生产中的被动作用及其体格的论述为男性对女性的统治提供了生物学的理论基础。

基于这种生物学观点，亚里士多德认为，妇女在社会上和家庭中处于从属地位是天经地义的。他在《政治学》中指出：“就天赋说来，夫唱妇随是合乎自然的，雌强雄弱只是偶尔见到的反常事例”，“男女间的关系自然地存在着高低的分别，也就是统治和被统治的关系，这种原则在一切人类之间是普遍适用的。”[④] 对于这种男性对女性统治的性质以及妇女在社会中的位置，亚里士多德也作了论述。他认为，丈夫就像执政，终身受到妻子的尊重。在社会阶梯上，妇女的地位低于男性高于奴隶，因为男性的理智要素是充分完善的，奴隶完全不具备思虑机能，妇女确实具有这一部分但并不充分。[⑤] 这样，亚里士多德从政治学上也为男性对女性的统治作了辩护。

---

① 亚里士多德：《论动物生成》，II，732a，译文见崔廷强译本，载苗力田主编：《亚里士多德全集》，第五卷，中国人民大学出版社，1997 年，第 250 页。

② 亚里士多德：《论动物生成》，I，729b。

③ 亚里士多德：《论动物生成》，I，727a。

④ 亚里士多德：《政治学》（Aristotle, *Politics*），1259b；1254b；译文见吴寿彭译本，商务印书馆，1983 年，第 36、15 页。

⑤ 亚里士多德：《政治学》，1259b－1260a；译文见吴寿彭译本，第 37－39 页。

在两性伦理道德方面，亚里士多德与柏拉图的看法完全相反。他认为，女性具有特殊的行为准则。早在公元前5世纪，伯里克利就在阵亡将士国葬典礼上作演讲时指出："妇女们的最大光荣就是很少被男人谈论，不管他们是恭维你们，还是批评你们。"[①] 这种说法得到了亚里士多德的赞同，他引用剧作家索福克勒斯的话说："沉默是妇女的美德"。在他看来，男女两性的道德标准是不同的。每一德行，例如节制，男女所持有的程度并不相同。就勇毅而言，男人以敢于领导为勇毅，就不同于女子以乐于顺从为勇毅。[②] 亚里士多德强调男女两性不同的道德标准，为女性对男性统治的服从找到了伦理学的依据。

亚里士多德的妇女观反映并总结了当时希腊人的普遍认识，因而成为在西方占主导地位的观念。它深深地扎根于西方文化的土壤之中，并成为男女两性的行动指南。

古典时代三位思想家从家庭经济、政治学、生物学、伦理学等各个方面对妇女问题进行了论述，说明这个时期古希腊人的妇女观趋于成熟和系统化。然而，他们的妇女观念也反映出古典时代妇女地位比荷马时代和古风时代低下。柏拉图《理想国》中的思想除反映了斯巴达妇女的一些情况外，并不代表希腊社会的普遍现象，而色诺芬和亚里士多德在著作中要求妇女沉默、服从、在家中恪守职责，反映了古典时代希

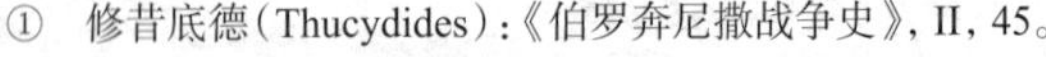

① 修昔底德(Thucydides)：《伯罗奔尼撒战争史》，II，45。

② 亚里士多德：《政治学》，1260a。

腊社会对女性控制的加强和妇女地位的进一步降低。

3. 结论

古希腊人的妇女观萌芽于荷马时代，发展于古风时期，并在古典时期趋于成熟。

古希腊人的妇女观多种多样，各不相同。总的说来，古希腊人尊重妇女的传统起源于荷马史诗，在萨福和阿克曼的诗歌以及欧里庇得斯的剧作中有了较大的发展，并在柏拉图的《理想国》中得到了充分的体现。在此基础上，柏拉图提出了给予妇女同等的受教育和参政权力的崭新观念，为西方人的妇女思想注入了新的内容。

古希腊人轻视妇女和强调男性统治的思想传统同样也起源于荷马史诗，在赫西俄德和塞蒙尼德斯的诗歌以及埃斯库罗斯和索福克勒斯的剧作中得到了集中反映，并在色诺芬和亚里士多德的理论著作中得到了系统的表述，后者的妇女观在很长一个时期中成为西方社会占主导地位的观念。这两种不同的妇女思想都是古希腊人留给西方文化的遗产。

上述古希腊人的妇女观，除了在萨福的诗歌中所表达的之外，实际上都是男性眼中的妇女，或者说是男性的“话语”。占主导地位的强调男性统治的妇女观通过诗歌、戏剧、神话、哲学著作和人们的舆论被妇女内化为自己的行为准则，因此我们说，“女人”实际是文化的产物。

古希腊人妇女观的发展变化也反映了不同时期希腊妇女地位的变化。一般说来，荷马时代虽然男性统治已初步确立，但母权制仍有一定的影响，妇女的地位还比较高。古风时代妇女地位比前一时代有所下降，但妇女还是有较多的活动自由。在古典时代，希腊社会加强了对妇女的控制，妇女的地位进一步降低。

不但不同时代古希腊妇女的地位有所不同，而且具有不同文化传统的不同希腊城邦的妇女地位也有较大的区别。下文将以古希腊两个代表性城邦雅典和斯巴达为例对此作进一步的说明。

第二章

雅典妇女与城邦

雅典是爱奥尼亚人建立的重要城邦，该城邦妇女的地位问题引起了古典学者的极大兴趣，成为争论的焦点。对此，学者们各执己见，莫衷一是。概括起来有三种意见。第一种意见认为，雅典妇女受到歧视并且处于东方式的被隔绝的生活状态之中。持这种观点的学者以赖特为代表，在 1923 年出版的一本书中，他把希腊社会特别是雅典毁灭的原因归结为对妇女和奴隶这两个集团实行压迫的结果。第二种意见认为，雅典的妇女受到尊敬，其境况绝不比以后时代的妇女差。1925 年，戈梅发表论文，表示雅典妇女既没有受到歧视，也没有被隔绝在闺阁之中，他的意见得到了许多学者的支持。第三种意见认为，尽管雅典妇女被束缚在家中，但她们受到尊敬，并作为女主人而主管家庭，埃赫伦伯格和拉塞都持这一观点。[①] 拉塞在 1968 年发表的著作《古典希腊的家庭》中指出，要注意雅典妇女隐居地位的积极方面，它能够为妇女对付无耻男人提供保护，并使她们享有现代已婚妇女都没有

① 波梅罗伊：《女神、妓女、妻子和奴隶》，第 58–59 页。

享受到的经济保障。[①]

面对这些令人困惑的分歧意见，波梅罗伊的解释是：雅典不同身份集团的妇女的地位是有差别的，公民、定居外邦人和奴隶的分类也不同程度地适用于不同经济和社会等级的妇女和男性，适用于一个集团的妇女的行为准则会使另一个集团的妇女地位降低。[②] 这一看法无疑是很有见地的，可惜她没有按照等级的划分来对雅典妇女进行深入研究。在本章中，笔者打算由分析雅典城邦的特征入手，从政治、法律、婚姻、财产等各个方面，来探讨雅典妇女，主要是公民妇女与城邦的关系，从而从公共生活的层面对雅典妇女地位作一探讨。至于雅典妇女是否被隔绝在家中的问题，我们将在下一章再作详细研究。

一、雅典城邦的特征

雅典妇女生活在城邦制度这一特定的历史条件下，其地位受到城邦特征的制约。

雅典是一个逐步实现了民主制的公民集体，这是其最主要特征之一。关于城邦是一个公民集体的本质特征，古代学者早就作过明确的解释。亚里士多德在《政治学》中指出："城邦的一般含义就是为了要维持自给生活而具有足够人数

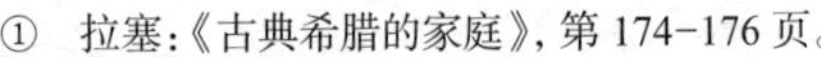
① 拉塞：《古典希腊的家庭》，第 174–176 页。

② 波梅罗伊：《女神、妓女、妻子和奴隶》，第 60 页。

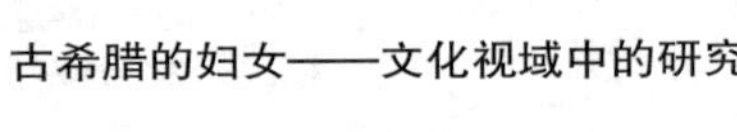

的一个公民集团”；“城邦本来是一种社会组织，若干公民集合在一个政治团体以内，就成为一个城邦”；“公民团体实际上就是城邦制度。”[①] 当代历史学家莫里斯对此也作出过精辟的论述，他认为：城邦是一个围绕着公民权概念建立起来的复杂的等级社会，城邦与整个公民团体的平衡把它与其他古代国家区分开来，所有的公民都分享城邦的权利，这样的城邦的最发达形式在经济上完全是建立在动产奴隶制基础之上的，如果公民变成了臣民，他们的共同体也就不再是城邦了。[②] 雅典城邦无疑是这样一个以公民权概念为核心建立起来的公民集体。

更为重要的是，雅典通过梭伦、克利斯提尼和厄菲阿尔特等人的改革和希波战争中扩建海军等一系列事件，逐渐摆脱了贵族的控制，确立了主权在民的民主制度，并在伯里克利时代达到鼎盛，全体公民成了城邦的主人。在这种情况下，雅典的公民权显得格外重要。

一方面，公民权与土地所有权具有密切的联系。土地是古代雅典人财富的主要形式，也是他们收入的主要来源。公元前 594 年梭伦进行改革时，就是按照人们从土地上的实际收入把公民分为四个等级的。公元前 4 世纪雅典的著名演说家德摩斯提尼第 42 次演说辞反映了一个名叫菲尼普斯的人

---

① 亚里士多德：《政治学》，1275b；1276b；1278b；译文见吴寿彭译本，第 113-129 页。

② 莫里斯(I. Morris)：“作为城市和国家的早期城邦”，载约翰和安德鲁主编：《古代世界的城市和乡村》(John Rich and Andrew Wallace-Hadrill eds., *City and Country in the Ancient World*)，伦敦和纽约，1992 年，第 26-27 页。

的财产情况。此人的财产是在西塞卢斯的大片土地，面积超过40斯塔特。大麦、葡萄和树木构成了土地生产的核心，地产上农产品的收入是他的主要财源。[①] 在以农业作为经济的基础和最体面职业的雅典社会中，土地又意味着声望和安全。雅典的社会名流基本上都是大地主所有者。西蒙住在阿提卡的地产上，他拆除田地上的篱笆墙，使陌生人和生活窘迫的人可以按需要毫无顾虑地取得田地上的收获。[②] 伯里克利住在城里，他把家庭田产托给一个名叫欧安格罗斯的仆人经营。[③] 土地不仅关系到古雅典人的生计，而且关系到他们的公民权利和政治地位。在古代雅典和其他希腊城邦中，公民权与土地占有权是一致的。公民身份是占有土地的前提，而占有土地又是公民身份的基础。占有土地是公民的特权，不管一个外邦人有多富，他也不能购买属于城邦的一小块土地。农民往往由于拥有一小块土地，才有资格成为城邦公民集体的一员。奥斯丁和纳奎特指出，雅典公民和非公民的真正经济区别在于土地所有权。[④] 事实也是如此，获取、拥有和转让阿提卡的地产是公民独有的特权，雅典公民与土地的密切关系，我们可以从公民加入重装步兵队的誓言中看出。根据一

① 奥斯本(Robin Osborne)：“骄傲与偏见、观念与生计：希腊城市的交换和社会”，载约翰和安德鲁主编：《古代世界的城市和乡村》，第123页。

② 普鲁塔克：《西蒙传》(Plutarch, *Cimon*), X, 1。

③ 普鲁塔克：《伯里克利传》(Plutarch, *Pericles*), XVI, 4-5。

④ 奥斯丁和纳奎特：《古希腊经济和社会史》(M. M. Austin & P.Vidal-Naquet, *Economic and Social History of Ancient Greece*)，伯克莱和洛杉矶，1997年，第95-96页。

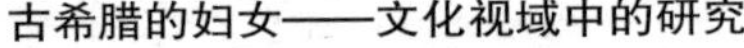

个属于公元前4世纪的铭文资料，我们得知，刚成为公民的雅典男青年宣誓成为重装步兵时，在呼唤掌管植物生长的诸神作证之后，他们祈求神灵保佑祖国的国境和种植小麦、大米、葡萄、橄榄树、无花果树的田地。[①] 土地的荣耀驱使雅典人拼命地获取、保持和扩大自己的土地财产。而公民权对土地的至关重要性驱使一些雅典人千方百计地骗取公民权，还使一些雅典人为维护公民权而不惜铤而走险，对簿公堂。公元前346年，雅典公民大会命令检查德莫（deme，又译为“村社”）名单。一个叫作欧克西塞奥斯的人受到欧博利德斯的指控，说他父母不是雅典人，经过德莫成员投票，他被驱逐出德莫，因而被剥夺了公民权。面对着失去土地的威胁，欧克西塞奥斯不顾一旦诉讼失败会被没收财产和卖为奴隶的危险，而毅然把案子提交给雅典法庭。[②] 史实表明，拥有土地的特权是雅典人珍视公民权的重要原因。

另一方面，雅典公民权还意味着参与管理城邦的政治权力。伯里克利在国葬典礼上说道：“我们的制度之所以被称为民主政治，因为政权是在全体人民手中，而不是在少数人手中。解决私人争执的时候，每个人在法律上是平等的；让一个人负担公职优于他人的时候，所考虑的不是某一个特殊阶级的成员，而是他们有的真正才能。任何人，只要他能够对国家有所贡献，绝对不会因为贫穷而在政治上湮没无闻……在我们这里，每一个人所关心的，不仅是他自己的事

① 奥斯丁和纳奎特:《古希腊经济和社会史》，第96页。
② 贾斯特:《雅典法律和生活中的妇女》，第15-16页。

雅典卫城鸟瞰

务，而且关心国家的事务。就是那些最忙于他们自己的事务的人，对于一般政治也是很熟悉的。”[①] 这段话清楚地阐述了雅典民主制度下公民所享有的政治权力。随着民主政治的发展，雅典公民不仅可以参加公民大会商定国策，充当陪审法庭的陪审员，而且可以通过抽签担任公职，并领取公民大会津贴和公职津贴。6000 名陪审员，500 名议事会成员和约 350 名行政长官都由于他们的服务而得到报酬。在公元前 4 世纪，出席公民大会的公民，至少是构成法定人数的先到会者，领到了津贴。[②] 公民还可以参加城邦的文化活动，领取观剧津贴。因此，参与城邦政治统治成为雅典人珍视公民权利

① 修昔底德:《伯罗奔尼撒战争史》, II, 37-40；译文见谢德风译本，商务印书馆，1985 年，第 130-132 页。

② 琼斯:《雅典民主》(A. H. M. Jones, *Athenian Democracy*)，牛津，1957 年，第 49 页。

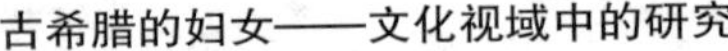

的又一重要原因。

然而，雅典的公民权并不是对所有居住在雅典的人开放的，得到雅典公民权的只是雅典总人口中的较少一部分人。[①]正如亚里士多德明确指出的那样，“实际上，我们不能把维持城邦的所有人们，全部列入公民名籍。”[②]外邦人和奴隶是被排除在城邦政治统治之外的，他们没有资格参加公民大会。外邦人不得与雅典妇女结婚，他们若欲长期居留在阿提卡必须由雅典公民担保，并在雅典登记，并向城邦缴纳外邦人税（metiokion），违者会被卖为奴隶。他们虽然作为定居者在德莫注册，但身份与公民不同。在铭文中，公民的名字之下是德莫的名称，而外邦人的名字则写着定居于某德莫之类的话。[③]按亚里士多德的说法，在克利斯提尼改革以后，雅典公民是以德莫的名字作为姓氏的。[④]奴隶是主人的财产，没有

① 关于古代雅典的公民与非公民的人口，历史记载没有提供确切的统计资料，但也留下了一些线索。希罗多德在《历史》中提到过“三万雅典人”（V, 97)。阿里斯托芬在喜剧《公民大会妇女》中提到了3万多公民这个数字(1132)。修昔底德在《伯罗奔尼撒战争史》中说，在斯巴达占领狄西里亚时，雅典有2万多奴隶逃亡(VII, 27)。一份公元前4世纪的人口调查称，雅典有21000公民和10000定居外邦人。详见琼斯:《雅典民主》，第10页。当代历史学家芬利、戈梅、汉森和奥斯本对雅典人口都作过研究和分析，其中奥斯本估计，雅典大约有总人口15万，公民家庭人口约有6万-8万，奴隶有5万名左右，定居外邦人不超过2万。见奥斯本:《古典时代的地形》(Robin Osborne, *Classical Landscape with Figures*)，伦敦，1987年，第46页。按照他的说法，再去掉公民家庭中没有投票权的妇女和孩子，真正能够享有公民权的人占总人口的少数的结论应当能够成立。

② 亚里士多德:《政治学》，1275b；译文见吴寿彭译本，第126页。

③ 奥斯丁和纳奎特:《古希腊经济和社会史》，第100页。

④ 亚里士多德:《雅典政制》(Aristotle, *Athenian Constitution*)，XXI，4。

任何权利。他们不能为了自己的利益而向法庭起诉，只能完全依靠自己的主人。在法庭上，奴隶提供的证词要通过拷问才能被接受。[①] 除此以外，根据亚里士多德“凡有权参加议事和审判职责的人，我们可以说他是城邦的公民”[②] 的标准，不能参加公民大会的雅典妇女也被排除在城邦的统治之外，她们本身的公民的身份也成了问题，至少她们不能算作城邦的积极公民。对此，我们还将作进一步探讨。由此看来雅典城邦仅仅是一个男性公民的集体。雅典城邦的这一特征决定了妇女被排斥的地位。而且由于民主制度的实行，这种排斥就显得格外突出。在这一点上，妇女和外邦人、奴隶一样都处于被统治者的地位。然而，这并不是问题的全部，我们还必须看到事物的另一方面。

雅典城邦的另一重要特征在于它是一个排外的以血缘关系为纽带的宗教祭祀团体。对于城邦是公民集体的特征，已引起国内不少学者的注意。但是，对于城邦也是宗教祭祀的团体这一特征，国内学者几乎没有论及，因而也往往忽视对宗教在国家形成和发展过程中作用的研究。雅典城邦形成之后，血缘关系虽然有所松弛，但依然是社会联系的纽带和财产继承的依据，至少从公元前 403–前 402 年起，以血缘关系为基础的氏族社会组织仍然具有活力。在立法者德拉孔颁布的关于谋杀罪的法规中提到了胞族成员的作用，这说明至少

---

① 麦克道尔：《古典时期雅典的法律》（D. M. MacDowell, *The Law in Classical Athens*），伦敦，1978 年，第 245 页。

② 亚里士多德：《政治学》，1275b。

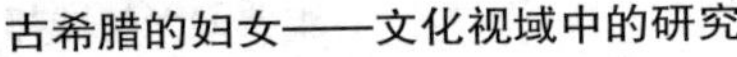

在公元前7世纪，雅典人还都是某一个胞族的成员。[1] 胞族成员资格是证明公民权的重要依据。尽管在克利斯提尼改革后，德莫负责登记达到18岁的公民，但由于雅典人在胞族登记新生儿，所以胞族的注册仍有很大作用。雅典城邦在授予外邦人公民权时，一般也让他们在雅典的一个部落、德莫和胞族注册。汉森认为，即使是在克利斯提尼改革后，法律依然要求把胞族成员资格作为授予外国人公民权的基础。[2] 从德摩斯提尼提到的法庭演说我们得知，一个叫做普拉根的妇女的两个儿子被他们的父亲曼提阿斯否认是自己合法的孩子，因而发生争议，普拉根用发假誓的方法使丈夫在仲裁人面前承认他们是自己的儿子，把他们介绍给自己的胞族，从而使这两个儿子的城邦成员的资格获得了合法性。[3] 这一诉讼案明确地说明了胞族成员资格与城邦公民权之间的联系。

氏族血缘组织之所以在雅典城邦仍有重要影响，在于它们在宗教祭祀方面的作用，城邦的各级社会组织都是宗教祭祀团体，家庭、德莫、胞族、部落和城邦的首领同时也是祭祀的领袖。杜尔凯姆指出："宗教是一种把具有不同利益的人们联合在一起的黏合剂，它帮助人们确定他们是一个具有共同价值和共同生活使命的道德团体。"[4] 他还说过："纪念性礼

---

① 曼维尔：《古代雅典公民权的起源》(Philip Brook Manville, *The Origins of Citizenship in Ancient Athens*)，新泽西，1990年，第62页。

② 曼维尔：《古代雅典公民权的起源》，第24–26页。

③ 德摩斯提尼(Demosthenes)：XL，10–11。

④ 罗伯茨：《社会学视域中的宗教》(K. A .Roberts, *Religion in Sociological Perspective*)，芝加哥，1984年，第60页。

仪提供一种内聚功能，即它把人们团结在一起，加强他们之间的相互联系，增进社会团结。”[①] 宗教是维系古代雅典社会组织内部团结的精神纽带，共同的宗教把雅典的家庭、德莫、氏族、胞族、部落和城邦的成员联系在一起，反复举行的祭祀仪式使他们产生了对共同体的认同和归属感。

家庭是雅典社会的基本细胞，也是若干崇拜同一圣火、祭祀同一祖先的人所组成的团体。维持家庭的圣火不灭是各个家庭关心的首要问题。像所有希腊人一样，雅典每个家宅内都设有祭坛，祭坛上燃烧着永不熄灭的圣火。婴儿出生的第五天，家人抱着孩子围着圣火跑数圈，使其始见于家中女灶神赫斯提亚。[②] 女子结婚时也要举行一定的宗教仪式，以取得她在丈夫家中的合法地位。

家庭祭祀的另一个中心是家族的坟墓，祭祀祖先是家庭成员的神圣职责。雅典人相信，死去的亲人住在地下世界，享用着亲人提供的祭品。祭祀死者会得到祖先的福佑，反之就会遭灾。即将成为官员的雅典人在接受资格审查时，不仅要报出父母和祖父母的名字，而且要回答是否有家庭阿波罗和住宅宙斯以及这些神座在哪里的问题，还要说明有无家族坟墓以及这些坟墓何在，[③] 以证明他们具有完全的公民权。前面所提到的欧克西塞奥斯在因公民权被剥夺而起诉时，对法

① 引自罗纳德·约翰斯通:《社会中的宗教》,尹今黎、张蕾译,四川人民出版社, 1991 年, 第 51 页。

② 泰丢斯·齐林斯基:《古希腊的宗教》(Thaddeus Zielinski, *The Religion of Ancient Greece*), 芝加哥, 1975 年, 第 92-93 页。

③ 亚里士多德:《雅典政制》, LV, 3。

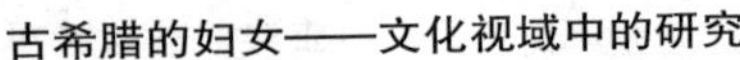

庭说道:“为了我母亲的缘故,我请求你们解决这个案子,恢复我的权力以便把她葬在我们祖先的坟地里……不要拒绝我,不要使我成为一个没有国家的人;不要切断我与这么多亲戚的联系,使我完全被毁灭。与其离开他们,我宁愿杀死我自己。这样,我至少可以被他们葬在自己的国家里。”① 由此可见,家族的坟墓在雅典人心中占有多么重要的位置。频繁的祭祀使家庭成为一个在神的法力下团结起来的整体。

家庭与城邦的中间环节是德莫、氏族、胞族和部落,这些社会组织都具有宗教职能。亚里士多德在介绍克利斯提尼改革措施时说:“氏族、胞族以及属于各德莫的宗教职务,他允许保持祖传的习惯。他还制定了十个保境英雄作为部落名称所由来的神,这些是按佩提亚的神谕在一百个预先选择的名字中选出的。”② 雅典每个胞族都庆祝为期三天的阿帕图利亚(Apaturia)节,在节日的最后一天里,人们将新出生的孩子、刚成年的青年以及新婚妇女登入胞族名册,并为此而向神献祭品。③ 因此,雅典的胞族聚会实际上是重要的祭祀和社交场所。

雅典城邦更是一个宗教祭祀团体。伯里克利告诉我们,雅典在整年之中都有各种定期赛会和祭祀。④ 雅典把雅典娜女神看作城邦的保护神,并为此而设立了隆重的泛雅典娜节(Panathenae)庆典。主持全邦公祭是雅典官员的重要职

---

① 德摩斯提尼:LVII, 70。

② 亚里士多德:《雅典政制》, XXI, 6。

③ 《牛津古典辞书》, 牛津, 1949 年, 第 66 页。

④ 修昔底德:《伯罗奔尼撒战争史》, II, 38。

责。执政官监督纪念医神阿斯克勒庇乌斯等节日的游行队，还管理狄奥尼索斯节和塔格里亚节的竞赛；王者执政官负责秘密祭和雷奈昂的狄奥尼索斯祭，并指挥祖先祭祀；军事执政官奉祀狩猎女神阿耳忒弥斯和战神厄尼阿利乌斯，安排纪念战争死者的丧礼竞技，祭祀哈尔摩狄乌斯和阿里斯托革之灵。[①] 雅典人的历法是宗教历法，每个月份的名称都是以神的名字或者宗教庆典的名称来命名的。雅典人的节日也是宗教的节日。西蒙告诉我们，雅典城邦的所有节日都来源于对神或英雄的祭祀，并以宗教的仪式来庆祝。[②] 雅典新年的第一个月叫做赫卡通巴翁月（Hekatombaion，约相当于公历7–8月）。在这个月中，雅典人不但要庆祝祭祀阿波罗的赫卡通巴节（Hekatombai）和奴隶庆典克洛尼亚节（Kronia），而且还会迎来他们最重视的盛大节日——泛雅典娜节（Panathenae）。雅典历法的第十一个月是塔格里翁月（Thargelion，约公历5–6月）。在这个月里，雅典人要举行收获节（Thargelia ）庆典。届时，他们把各种水果送往阿波罗神庙，向神表示谢恩。与此同时，他们还要举行为城邦涤罪的仪式，在长笛声中用树枝鞭打两名法尔玛科斯（象征性地作为祭品献祭的人），以求神的宽恕，使城邦避邪。在这个节日中，雅典人还举行音乐比赛，把得到的奖品奉献给阿波罗神。[③] 根据卡特利得奇的

① 亚里士多德：《雅典政制》，LVI–LVIII。

② 西蒙：《阿提卡的节日》（Erika Simon, *Festivals of Attica*），威斯康星大学出版社，1983年，第3页。

③ 参见王晓朝：《希腊宗教概论》，上海人民出版社，1997年，第140–145页。

说法，公元前5-前4世纪，雅典每年的宗教节日不少于120天，并可能多达144天。[①]因此，雅典人把大量的时间都花在了宗教节日庆典上。城邦在宗教节日期间举行的各种祭祀、娱乐、竞技和饮宴等活动，使雅典人心中充满了对神的感激和作为雅典公民的自豪感，增强了城邦的团体凝聚力。

宗教信仰不仅维系着古雅典社会组织内部的团结，而且还在调节古雅典人的心理方面起着不可忽视的作用，它是雅典人抗拒恐怖的避难所，危难时赖以支撑的精神支柱。雅典与古希腊其他城邦一样，社会生产力发展水平较低，生存环境艰苦。面对着自然灾害和沉船触礁等不可预测因素的压力，古雅典人企图借助宗教仪式来保证畜群的多产、土地的丰饶、航海经商的安全和战争的胜利，调节因无把握而产生的焦虑心理，树立起坚强的信心。

虽然，雅典的商业与手工业比较发达，但它与其他希腊城邦一样，把农业作为社会经济的基础。农业是雅典决定性的生产部门，也是受不可支配的天气威胁最大的部门。因此，农事崇拜在雅典人的希腊宗教生活中占有突出地位。农业生产的每一个环节都有相应的宗教节日相配合，如田节、耕节、播种节、收获节等等。最著名的丰产和农业女神是得墨忒耳和她的女儿珀耳塞福涅，雅典人每年都举行地母节（又称立法女神节）来纪念这两位女神。葡萄种植业在雅典农业中具

① 卡特利奇：《希腊宗教节日》（Paul Cartledge, *The Greek Religious Festivals*），载伊斯特林和缪尔主编：《希腊宗教与社会》（P.E. Easterling and J. V. Muir, *Greek Religion and Society*），剑桥大学出版社，1985年，第99页。

提祭品篮子的女子　陶瓶画（约公元前 480 年）

有举足轻重的地位，因此，对酒神狄奥尼索斯的崇拜在古代雅典十分流行。与葡萄的收获以及酒的发酵的各个阶段相对应，雅典每年有好几个祭祀酒神的节日，在酒神节庆典中，雅典人无拘无束，畅饮狂欢，完全忘却了生活中的恐惧和苦难。

在古代，航海经商是一种不安全的职业，海上沉船和盗匪抢劫的可能对商人造成严重威胁。德摩斯提尼曾经提到，

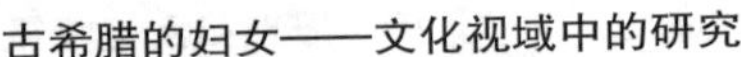

商人莱康的船在驶往利比亚的途中，于阿哥斯湾被海盗截获，货物被抢走，他本人也不幸中箭身亡。[1] 因此，喜爱漂洋过海的古代雅典商人在船上设有祭坛，上下船都要进行献祭活动。在他们中间，还发展起了对商业神的崇拜。畜牧神赫尔墨斯也被尊为商业保护之神，人们认为他不仅保护从事大宗贸易的进出口商人的利益，也是零售小贩的庇护者。

比航海经商更加危险的是战争，因此古代雅典人的军事行动就更加频繁地伴随着向神奉献的活动。他们在出征时必定举行隆重的祭祀仪式，战争期间也常常向神献祭。修昔底德在其传世之作《伯罗奔尼撒战争史》中，对雅典军队远征西西里出发时的情景作了生动的描写：号声命令全体肃静，船员们按照习惯举行航行前的祈祷。全军将士在传令官的号令下从金银酒杯中倾酒奠祭。岸上的公民和其他赶来向远征军祝福的人也都参加祈祷。当唱完凯歌奠祭完毕的时候，军队起航。[2] 战争期间的献祭活动增强了古代雅典人战胜敌人的勇气，成为他们增强自信的滋补剂。

宗教对于雅典社会的政治生活同样具有重要影响。宗教对雅典政治的影响，首先表现在政权与神权密切地联系在一起。宗教为世俗权力的合法性作出论证，成为城邦统治者维持权威和统治的重要手段。家族、氏族、胞族和城邦的首领同时也是祭祀的领袖，各自负责其管辖范围内的祭祀事务。其次，宗教与雅典民主政治的发展也有联系。深知祭祀权力

① 德摩斯提尼：LII, 3-5。
② 修昔底德：《伯罗奔尼撒战争史》，VI, 32。

重要的雅典平民积极争取参与对祭祀事务的管理。随着雅典平民力量的不断增长，他们在祭祀方面的权力和影响也逐渐加强。民众大会有权以抽签的方式选举十个祭祀官吏，称为赎罪监，他们根据神谕的规定进行祭祀，并和占卜者合作，在需要征兆时等候吉兆。民众会还以抽签的方式另选十名常年司祭，进行某些祭祀，并管理除泛雅典娜节之外的所有的四周年节。[①] 雅典为祭祀神而举行的竞技活动的十名裁判官，也是雅典民众以抽签的方式从各部落中选出来的。他们在检查合格之后供职四年，管理泛雅典娜节的游行和音乐竞赛、体育竞赛、赛马，备办雅典娜法衣，和议事会共同准备瓶子，并将橄榄油分发给竞赛的人。[②]

宗教还是引发雅典许多政治事件的导火线和评判政治是非的标准，并对民众的政治倾向产生影响。众所周知，公元前 5 世纪，希腊著名的诡辩派哲学家普罗塔哥拉在雅典时，发表了一些怀疑神的存在的言论，因而触犯了不少雅典人的宗教感情，被迫逃离雅典，他的著作《论神》也被烧毁。雅典著名的雕刻大师菲狄亚斯由于被诬为不敬神而死在狱中。当时最引人注目的政治事件是对苏格拉底的审判，他因被指控为“不信城邦所奉的神，企图引入新神，并以此来败坏青年”而被定为死罪，[③] 最终饮鸩而亡。伯罗奔尼撒战争期间，雅典远征西西里的军事统帅亚西比德因为赫尔墨斯神像被毁坏和

---

① 亚里士多德：《雅典政制》，LIV。

② 亚里士多德：《雅典政制》，LX。

③ 罗伯特·弗拉塞列雷：《伯里克利时代希腊的日常生活》（Robert Flaceliere，*Daily Life in Greece at the Time of Pericles*），纽约，1974 年，第 193 页。

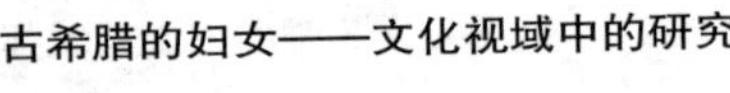

神秘祭祀事件，在到达目的地后被传召回国受审，致使他中途逃跑，去向敌对的斯巴达人献计献策。[①] 根据希罗多德的记载，失去了统治权被驱逐出城邦的雅典僭主庇西特拉图找到一个名叫佩阿的漂亮女人，让她装扮成雅典娜女神的模样，在她的陪伴下，顺利地进入雅典城，重新登上了僭主的宝座，还受到了人们热忱欢迎。这个看来十分愚蠢的办法，居然能够在古希腊人中间素称是最聪明的雅典人身上行得通，[②] 足可以说明神在古代雅典人心目中的位置。此外，古代雅典人的体育竞技会和悲剧也源于对神进行祭祀活动的过程中。历史的记载向我们充分显示了宗教在古代雅典社会生活中的重要地位和影响以及雅典城邦作为宗教祭祀团体的现实。宗教深植于古代雅典社会的土壤之中，渗透到其社会生活的各个方面。

正是由于雅典具有宗教祭祀团体的特征，这就使它成为一个排外的共同体。在雅典人的心目中，他们的公民权是尊贵而又神圣的。大约在公元前 345 年，雅典公民阿波罗多洛斯在控告科林斯妓女尼伊拉时强调："对于雅典人来说，尽管他们拥有对国家所有事务的最高权力，并有权按照他们认为合适的方式行动，然而，他们的公民权是那样地神圣而又具有价值，以至于他们通过法令来严格地对赠与公民权作出规定。"[③]

① 修昔底德：《伯罗奔尼撒战争史》，VI，61 。

② 希罗多德：《历史》，I，60 。

③ 德摩斯提尼：LIX，88。

限制公民权的一个重要原因是出于对宗教仪式的考虑，雅典不愿意由于外人混入家庭、部落和城邦的祭祀而亵渎神明，给他们带来灾难。科林斯妓女尼伊拉之所以受到指控，是因为她和一个叫做斯蒂法诺斯的雅典公民同居，后者把尼伊拉的儿子介绍进了他的胞族，还把她的一个女儿嫁给了一个后来成为王者执政官的雅典公民。阿波罗多洛斯担心如果这样的行为被宣判无罪的话，"妇女准会采取同样的态度对待城邦和宗教仪式。"[①] 雅典有一条看来很奇怪的法律，一个人如果犯了强奸罪，惩罚是支付货币罚金；如果一个人犯的是诱奸罪，那么对他的惩罚是判处死刑。[②] 拉塞对这个法律的解释是：如果一个妇女自愿被诱奸，并怀了孕，那么，这个妇女将不得不声称，她的丈夫是孩子的父亲，他的亲属集团和祭祀就变得复杂了，因为这将会有一个非成员被私自塞进去。[③] 这一说法，准确地解释了雅典人制定这一法律的宗教心理原因。

雅典城邦对于不能按法律规定进行公民权注册的人的处罚是严厉的。雅典公民于18岁时在他们的德莫的名簿中登记，如果在随后的审核或诉讼中被判定没有自由人身份，就要被卖为奴隶；如果有人未满18岁而注册，允许他登记的同德莫的人就要受付罚金的处分。[④] 如果判定一个外邦人非法地使用公民身份，那么他会被监禁、起诉和被卖为奴隶。

---

① 德摩斯提尼：LIX，111。
② 贾斯特：《雅典法律和生活中的妇女》，第68页。
③ 拉塞：《古典希腊的家庭》，第115页。
④ 亚里士多德：《雅典政制》，XLII，1-2。

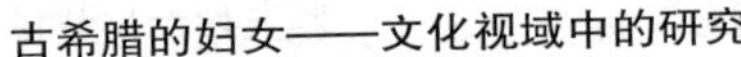

祭坛前的祈祷者　陶瓶画（约公元前 530 年）

雅典城邦对公民权问题要比斯巴达开放一些，有时出于需要也授予外邦人公民权。例如，梭伦曾允许永远被本国

放逐的人或全家迁来雅典从事某种行业的人归化为雅典公民。[①] 公元前 427 年，包围普拉提亚的外邦幸存者获得了公民权。公元前 406 年，雅典城邦把公民权授予在阿吉纽西战役中参战的外邦人。公元前 405 年，萨莫斯人由于忠于雅典，而得到了与雅典人平等的政治权力。[②] 但是，正如曼维尔所指出的那样，雅典城邦只是有节制地少量地把公民权授予外邦人。[③] 和其他希腊城邦一样，雅典也是一个排外的共同体。它的公民是排外妒嫉的，如果有外邦人非法地取得公民权，会引起他们极大的愤怒，阿波罗多洛斯对科林斯妓女尼伊拉的控告就是明证。

雅典城邦的排外性随着公民人口数量的增减而有所变化。公元前 5 世纪中叶以前，一个人只要其父亲是公民，他就能具有公民身份，而不必考虑其母亲是否是雅典公民。例如，雅典改革家克利斯提尼的母亲阿加里斯特是希巨昂人，其外祖父是希巨昂的统治者，他因其父亲麦加克利斯而成为雅典公民。但是在这以后，公元前 451–前 450 年，雅典公民大会通过了伯里克利所提议的法令，规定只有父母双方都是公民的人才能享有公民权。公元前 403–前 402 年，这一法令又重新颁布，[④] 从而加强了对雅典公民权的控制。在这样一个排外的共同体里，担负着繁殖公民义务的雅典妇女对于城邦

① 普鲁塔克：《梭伦传》(Plutarch, *Solon*), XXIV, 2。

② 奥斯丁和纳奎特：《古希腊经济和社会史》，第 95 页。

③ 曼维尔：《古代雅典公民权的起源》，第 3 页。

④ 麦克道尔：《古典时期雅典的法律》，第 67 页。

和家庭的延续是不可缺少的。只有雅典妇女才能生育公民的规定，使得妇女的身份成为确定男性的公民身份和有无继承权力等问题的分界线和重要依据。从这个角度来说，雅典城邦又不得不把雅典公民妇女包括在内，并对她们采取一定的保护措施。

综上所述，笔者认为：雅典城邦一方面是一个逐步实现了民主制的男性公民集体，妇女被排除在城邦之外；另一方面又是一个排外的宗教祭祀团体，妇女由于在公民再生产中的作用，成为城邦和家庭延续的不可缺少的环节。雅典城邦的这两个特征决定了其妇女地位的两重性，以下我们将从两个方面来进一步探讨这个问题。

二、雅典妇女权力的被剥夺及其屈从地位

雅典城邦作为一个男性的公民集体，对妇女的权力进行了全面的剥夺，使妇女处于受男性支配的屈从地位。

在政治上，雅典妇女完全被排除于城邦的政治生活之外。她们既不能在公民大会上发言、投票，也不能参加它的会议，更不能担当民众法庭的陪审员和城邦的管理与行政职务，因而没有任何积极的政治权力。雅典的一则神话与妇女的政治权力问题有关。据说，在阿提卡的第一个国王刻克洛普斯（Cecrops）统治时期，智慧女神雅典娜和海神波塞冬为取得这

个地区的庇护权而发生了争执。国王在请教了德尔斐的神谕之后，根据传统习惯召集了男女两性公民参加的公民大会进行表决，男人们投票赞成由波塞冬充任庇护神，而妇女们则支持雅典娜，由于妇女方面多了一票，所以雅典娜获得胜利。这个结局激起了波塞冬的愤怒，并驱使着男人们进行报复。于是从那以后，妇女们就失去了投票的权力，不再被称为雅典人。[①] 神话不仅反映了雅典妇女没有政治权力的社会现实，而且也为这种现实作出了神话学的解释。

雅典妇女政治上被剥夺的状况还可以从有关公民身份的词汇中反映出来。雅典男性公民被称为 politai，但是犯有特别严重罪行的公民被宣布是 atimos，这类人被剥夺全部的政治权力，是地位最低的公民。因而 atimos 也被称为 astos，说明他们只是在身体意义上属于这个城市（astu），但被排除在公民组织之外。在史料中，女公民 politis 这个词偶尔也出现过，按照坎塔瑞拉的说法，该词仅仅是在《德摩斯提尼演说集》57·43 和 59·107 两处被提到过。但在一般情况下，雅典妇女被称为 aste，[②] 意为城市妇女，这说明雅典妇女在政治上与被剥夺了权力的犯罪男性公民处于相近的地位。

阿里斯托芬的讽刺喜剧《公民大会妇女》也说明了雅典妇女政治上无权的地位。该剧描写道，雅典妇女对男性的统

① 希罗多德：《历史》，8，55；乔高狄（Stella Georgoudi）："创造一个母权制的神话"，载乔治·杜比、米歇尔·佩洛特总主编：《西方妇女史》第 1 卷，第 460–461 页。

② 坎塔瑞拉：《潘多拉的女儿们》，第 51、198 页。

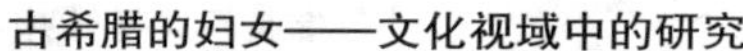

治感到厌恶，决定接管城邦的政权。在普拉萨戈拉的领导下，她们偷偷穿上了丈夫的服装，带上假胡须，女扮男装出席公民大会，投票通过法律夺取了政权，把男性从城邦统治中驱逐出去，她们制订了新的政治计划，土地、货币和各种财产将公有，家庭将被废除。[①] 在这里我们看到，雅典妇女是靠女扮男装出席公民大会并把城邦政权从男性手中夺过来的，这正说明在当时的社会现实中，雅典妇女不但无权参加公民大会，而且也无权参与对城邦的管理。阿里斯托芬在剧中对雅典妇女进行了讽刺：

> 我将说明她们是我们的长官，
> 她们总是以传统的方式用滚开的染料染羊毛，
> 你永远不会发现她们有所改变……
> 像从前一样，
> 她们不停地对她们的丈夫唠叨；
> 像从前一样，
> 她们与情人幽会；
> 像从前一样，
> 她们狡诈地购买货物；
> 像从前一样，
> 她们喜爱纯葡萄酒；
> 像从前一样，

---

① 坎塔瑞拉：《潘多拉的女儿们》，第 70 页。

她们享受性的愉悦。[①]

他企图说明一旦女性掌握了政治权力，她们会怎样不合理性地采取行动，这反映了当时雅典人对妇女掌握政治权力所持的否定态度。

亚里士多德告诉我们："凡是能够参与城邦官职和光荣的公民是最尊贵的种类。"[②] 雅典妇女不能担当任何社会公职，当然不是尊贵的公民，也绝不是积极的公民，她们在政治上与外邦人和奴隶一样，都处于被统治的地位。但是，雅典妇女与外邦人、奴隶毕竟是有区别的。有些妇女可能由于男性公民在家中与她们讨论城邦事务，而影响他们的政治决定。有些宗教庆典例如地母节（Thesmophoria）只有雅典公民的妻子才能参加。公元前5世纪末，一个妇女参加地母节是她合法地与一个具有完全公民身份的雅典人结婚的法律上有效的证明。女奴隶、定居外邦人和外国人的妻子以及妾、妓女是被排除在这个节日之外的。[③] 在家庭领域内，她们是高居于奴隶之上的女主人。此外，雅典妇女在法律上还受到外邦人和奴隶所得不到的一些保护。考虑到妇女在再生产公民上的作用，并按照梭伦的以出生定公民权的标准，[④] 笔者倾向于把

① 阿里斯托芬：《公民大会妇女》（Aristophanes, *Ecclesiazusae*），214–228。

② 亚里士多德：《政治学》，1278a，译文见吴寿彭译本，第128页。

③ 贾斯特：《雅典法律和生活中的妇女》，第24页。

④ 利杜斯（C. Leduc）："古希腊的婚姻"，载乔治·杜比、米歇尔·佩洛特总主编：《西方妇女史》第1卷，第291页。

雅典妇女看作是城邦公民，但她们属于没有积极政治权利的“消极公民”。

在法律上，雅典妇女和未成年人一样被认为没有行为能力。她一生都处于监护人（kyrios）的监护之下。一个女孩的监护人首先是她的父亲，如果其父亲死了，她的同父兄弟或者祖父就当她的监护人。当她结婚后，她的丈夫充任她的监护人。如果她成为寡妇或者离婚了，她就回到她最初的监护人的负责之下。如果她怀了丈夫的孩子，她可以留下，在她丈夫的继承人保护之下，直到孩子出生。如果她带着年幼的儿子寡居，她或许可以选择留在已故丈夫的家中，处于为她的儿子指定的监护人的监护之下，直至她的儿子成年；作为选择，如果她的儿子已经成年，她可以把自己处于儿子的监护之下。当一个妇女的监护人将出国旅行并长期不在家时，他会指定别人在他离开时充当该妇女的监护人。因此，雅典妇女在法律上永远不能独立。雅典妇女不能为自己订婚，不能在法庭为自己的案子辩护，这一切都由她的监护人出面为她采取行动。[1]妇女提供的有关法律诉讼案的证据，也应由她们的监护人提交给法庭。

在法律诉讼案件中，雅典男性直接被用他们的名字来称呼。妇女却一般被人们根据她们与男性的关系来确定身份。伊赛俄斯在演说中提到阿波罗多洛斯立的遗嘱说：“他立遗

① 贾斯特：《雅典法律和生活中的妇女》，第26–27页；麦克道尔：《古典时期雅典的法律》，第84页。

嘱，以备不测。并把他的财产赠与阿切达莫斯的女儿，即他自己的妹妹和我的母亲，假若她与现在成为祭司的拉克雷提德斯结婚的话。”[①] 在这里，这位继承财产的雅典女子的身份是按她与几位男性亲属的关系来解释的。在法庭上，这位女子的名字仅是在作为阿波罗多洛斯的财产继承人的情况下被

漂亮的新娘　雪花石膏瓶画（约公元前 470 年）

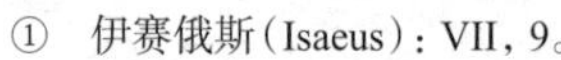

① 伊赛俄斯(Isaeus)：VII，9。

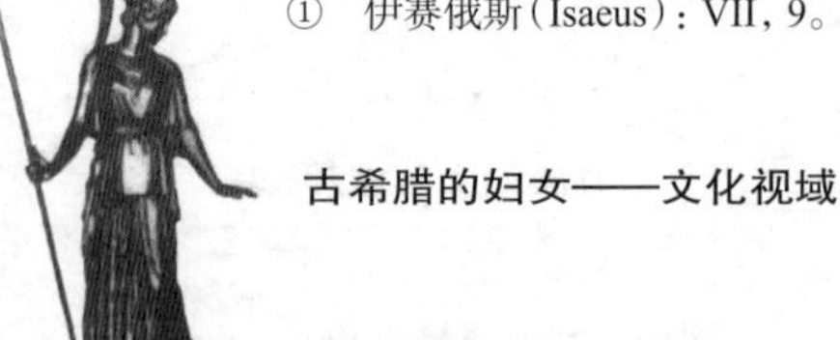

提起，以后再也没有被重复过。法庭上人们对男女不同的称呼和解释方法，充分反映了雅典妇女的依附地位。

与法律上的未成年人一样，雅典妇女没有经济的自主权。妇女不能管理或控制以她们的名义继承的任何财产，甚至是她们从已故丈夫那里得到的钱。妇女也不能从事涉及她们的嫁妆或继承的财物的任何重要交易活动。[①] 雅典法律规定："一个未成年人不得立遗嘱。法律特别禁止一个未成年人缔结任何契约，或者一个妇女签订价值1麦斗（medimnos）大麦以上的契约。"[②] 简森斯估计，一麦斗大麦大概够一个家庭吃五至六天。[③] 无论这个数字是否准确，雅典妇女在法律上没有处理经济事务的权力则肯定无疑，这与能够控制自己财产的斯巴达妇女完全不同。对此我们在以后章节中还要作进一步探讨。

每一个雅典少女都渴望结婚，结婚和做母亲是女公民主要的生活目标。波梅罗伊告诉我们：一个女孩子如果没能扮演她被期望的作为妻子的角色而夭折常常引起人们对她的悲叹，一些形如结婚前淋浴运水的花瓶表明了临死的少女的悲伤，死去的少女在这些纪念性花瓶上被描绘为新娘。[④]

然而，雅典妇女并没有决定自己的婚姻和选择自己的丈夫的权力。订婚是待嫁新娘的监护人和未来新郎之间订

① 贾斯特：《雅典法律和生活中的妇女》，第29页。
② 伊赛俄斯：X，10。
③ 贾斯特：《雅典法律和生活中的妇女》，第29页。
④ 波梅罗伊：《女神、妓女、妻子和奴隶》，第62页。

立的契约，假若新郎还小，那么，新郎的监护人就会取而代之。在雅典男女公民之间通过契约形式产生的合法婚姻叫做“engue”，通常这个术语被翻译为“许配”或“订婚”。[①] 弗拉塞列雷说，它的字面上的意思是把誓言交到手中，但其含义不仅仅是订婚。[②] 利杜斯认为，“engue”的意思是“一小部分”，它表示父亲把新娘和她的那份财产交到他女婿手里。米南德在《剃了头的妇女》等几部作品中以不同方式重复了以下场景，它可以说明雅典人订婚时的情况：

岳父：我把女儿交给你，以生育合法的孩子。

女婿：我要她了。

岳父：我还给你三塔兰特的嫁妆。

女婿：我也接受，非常高兴。[③]

订立婚约的 engue 只是在待嫁新娘的监护人和未来新郎之间进行，至于将做新娘的女子在订婚时是否在场，是否同意，甚至是否知道要结婚，在法律上是无关紧要的。[④] 婚姻安排是由男人们依据经济和政治考虑而作出的，雅典女性不得不同意与她们的男性亲属为其挑选的男人结婚。妇女的再婚

① 贾斯特：《雅典法律和生活中的妇女》，第 48 页。

② 罗伯特 · 弗拉塞列雷：《伯利克里时代希腊的日常生活》，第 60 页。

③ 利杜斯："古希腊的婚姻"，载乔治 · 杜比、米歇尔 · 佩洛特总主编：《西方妇女史》第 1 卷，第 273 页；米南德：《剃了头的妇女》（Menander, *Perikeiromene*），1012-1015。

④ 麦克道尔：《古典时期雅典的法律》，第 86 页。

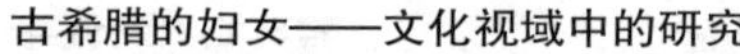

也由她原来的监护人或前夫、成年的儿子来安排。德摩斯提尼的父亲临终之前，把他的妻子许配给他的朋友阿佛波斯。伯里克利与前妻离婚后，把她嫁给了别人。在雅典男性监护人安排的婚姻中，妇女本人的意愿和情感完全被忽视。

为被监护的女孩安排婚姻并提供嫁妆，是监护人的社会和道德责任。一个雅典人在法庭上自豪地说："尽管我的财产不多，但我以自己所能给的财产嫁出了我的妹妹。"[1] 在这里，演讲者以嫁出并提供嫁妆给她的妹妹向到庭者证明他的正直，反过来，如果监护人允许一个姑娘留下不嫁也会被认为是严重错误。婚姻的目的就是为家庭生育合法的继承人和为城邦再生产公民，苏格拉底对他的儿子说过："我们寻找妻子，她将为我们生育最好的孩子，并使他们结婚供养家庭。"[2] 在举行婚礼以前，雅典新娘要吃一种带有许多种子的水果，这象征着生殖。[3] 一个孩子尤其男孩的出生，被看成是婚姻目标的实现。把女儿或姊妹嫁给没有生育能力的人，被社会舆论指责为不道德的现象。雅典的法庭演说词提到了一个男性公民允许他的姊妹嫁给一个不能再生育的老人的例子，指责说这是一个旨在取得遗产的恶毒计划。[4] 仍在生育年龄的寡妇再婚，被认为是正常现象。汤普逊考察了雅典公元前5至前4世纪的婚姻情况，发现史料中提到了50多件再婚的

① 伊赛俄斯：X，25－26。
② 色诺芬：《回忆苏格拉底》(Xenophon, *Memorabilia*)，II，4。
③ 波梅罗伊：《女神、妓女、妻子和奴隶》，第64页。
④ 伊赛俄斯：VIII，36。

案例，其中有30多件是妇女的再婚，[①]这说明妇女的再婚被人们所接受。雅典的社会风俗证实了雅典公民结婚的主要目的是生育。

在古代的雅典，只有通过订立婚约(engue)的婚姻和与女继承人(epikleroi)的婚姻所生的孩子才是gensioi，也就是合法的孩子，其他男女结合方式出生的孩子都是nothoi，也就是私生子。[②]雅典法律明确规定："被其父亲或同父的兄弟或祖父通过engue出嫁的女子将成为合法的妻子，她的孩子将是合法的。"[③]在梭伦立法时，私生子在家庭缺乏合法子嗣的情况下，也许还有可能成为继承人，至少从公元前403-前402年起，或许是在公元前5世纪的大半个世纪中，私生子被法律完全排除在血缘组织(anchisteia)权力之外，无论是在物质上，还是在精神上，都不能继承他的家庭。[④]在这种情况下，通过engue结婚的意义增大，雅典妇女越加成为两个家庭之间为了达到生育合法孩子特定目的交换的对象。

生育公民和家庭合法继承人的婚姻目标，使雅典人的婚姻呈现出近亲结婚的倾向。父亲愿意把女儿嫁给亲属，如果一个年轻妇女嫁给家族以外的男人，就有可能被人谈论她母亲的道德问题，她出生的纯洁性也会受到怀疑。比较受人欢

---

① 汤普逊(W. E. Thompson)："雅典婚姻模式：再婚"，载《加利福尼亚古典研究》(*California Studies in Classical Antiquity*)第5期，第211-225页。

② 贾斯特：《雅典法律和生活中的妇女》，第44-45页。

③ 德摩斯提尼：XLVI，18。

④ 贾斯特：《雅典法律和生活中的妇女》，第53-55页。

迎的婚姻是两兄弟的孩子之间或者是叔叔与侄女、舅舅与外甥女之间的婚姻。[①] 而且，由于雅典社会平民与贵族之间的对立，穷人对富人的袭击，促使两个互相了解和信任的集团之间容易达成一致意见，给亲戚以娶到新娘的优先权。因而雅典妇女的婚姻不仅是繁殖公民传宗接代的工具，而且也是巩固家庭财产的一种途径。

生育公民和家庭合法继承人的婚姻目标使生活资料有限的雅典人偏向于喜爱男孩。在著名的雅典人的家庭中一般都是男孩占优势。苏格拉底有 3 个儿子，伯里克利有 2 个合法的儿子及另一个与阿斯帕西亚生的儿子，柏拉图有 2 个兄弟，一个妹妹及一个同父异母的弟弟。柯奇内尔对古典著作中涉及的雅典有权势家庭作的统计调查表明，在 346 个家庭中，271 个家庭中儿子多于女儿，并且男孩子与女孩子之比大约为 5∶1。这个数字也许并不精确，但还是能够说明雅典人重男轻女的思想倾向。重男轻女的思想也反映到杀婴问题上，波梅罗伊断定，被处置的女婴要比男婴多。[②] 这种倾向必然导致在人们思想中妇女价值的降低。

雅典人离婚比较常见，它或者由双方协议离婚，或者因为配偶任何一方的行为而离婚。丈夫离弃妻子最正当的理由一是无子，二是不贞。由于雅典人婚姻的目的就是生育家庭

① 利杜斯：“古希腊的婚姻”，载乔治·杜比、米歇尔·佩洛特总主编：《西方妇女史》第 1 卷，第 282 页。

② 波梅罗伊：《女神、妓女、妻子和奴隶》，第 69–70 页。

朝拜生育之母的仪仗队　黄金戒指（米诺斯时代）

合法继承人和城邦公民，因而把不育的妻子打发走被认为理所当然。亚里士多德认为，没有孩子的夫妇比其他人更容易分离。[①] 为了避免无子的恶名和被离弃的厄运，无子的妇女有时偷养别人的婴儿，把他们冒充为自己所生的孩子。在阿里斯托芬的喜剧中，一个妇女假装腹痛分娩，以一个买来的婴儿欺骗丈夫。[②] 德摩斯提尼在法庭上攻击对手梅迪阿斯时说："你们中谁不知道他出生的秘密，像某种悲剧中的事情那样？……他真正的母亲，生他的人，是世界上最聪明的女人。他现在的母亲，偷养他的人，是世界上最愚蠢的女人。"[③] 从偷养婴儿的故事中，我们可以想象出无子妇女所承受的巨

---

① 亚里士多德：《尼各马科伦理学》（*Nicomachean Ethics*），1162a。
② 阿里斯托芬：《地母节妇女》（*The Thesmophoriazusae*），502-518。
③ 德摩斯提尼：XXI，149。

大精神压力。雅典社会不要求丈夫对妻子保持忠诚，但却要求妻子对丈夫忠诚，法律要求发现妻子与人通奸的丈夫必须与妻子离婚，否则，他就有失去公民权的危险。[①] 若离婚是由丈夫最先提出的，他只需要将妻子从家中打发走，无需进一步的正式手续便解除了婚姻。当妻子希望离婚时情景就不同了。她必须到传统上保护所有无能力者的官员——执政官那里去，交给他一份书面的声明，详细陈述她提出离婚的理由。[②] 麦克道尔认为，这种手续可能是给丈夫一个干涉的机会，如果丈夫反对离婚，执政官可能不接受离婚声明。[③] 这种说法是有事实根据的。普鲁塔克告诉我们，在伯罗奔尼撒战争期间，希巴格里特想与当时任雅典统帅的丈夫亚西比德离婚，她离开丈夫的家，搬到其兄弟卡里阿斯那里去住。接着，她向执政官登记离婚，结果在法庭上她被亚西比德抓住，并被强行带回他的家中。[④] 因此，在离婚的问题上，雅典男女之间也是不平等的。

在财产继承方面，雅典妇女同样处于不利的地位，雅典社会的财产继承制度表现出明显的父权制特征。雅典家庭的财产继承权首先属于儿子，如果有几个儿子则在他们中间平均分配，因为只有儿子才能使家庭传宗接代并维持家庭的宗教祭祀，女儿出嫁后就不再是家庭的成员，而转祭丈夫的祖

① 德摩斯提尼：LIX., 87。
② 罗伯特·弗拉塞列雷：《伯利克里时代希腊的日常生活》，第65-70页。
③ 麦克道尔：《古典时期雅典的法律》，第88页。
④ 普鲁塔克：《亚西比德传》(*Alcibiades*)，VIII，5。

先与圣火。从雅典的法庭演说中我们得知，一个雅典人在法庭上否认阿里斯塔乔斯会把财产移交他人。“因为，他有一个合法的儿子叫做德摩查里斯，他不会希望这样做，他不可能把财产给任何其他人。”[①] 这说明，儿子是家庭理所当然的第一继承人。在儿子继承家庭财产的情况下，女儿就被完全排除在继承之外。

当一个雅典男性公民没有亲生的合法男性后代之时，他往往会收养一个儿子来继承他的财产和进行家庭祭祀，正像一个雅典人在法庭上所说的那样：“所有的男人当他们接近死亡之时，为了他们自己的利益而采取措施防止家庭灭绝，以确保有人为他们提供祭品，并举行传统的仪式。因此，即使他们没有孩子，他们也收养孩子留在身后。赞成这样做不仅仅是个人感情问题，国家也采取公共措施赞同认可，因为法律要求执政官有责任防止家庭灭绝。”[②] 被收养的儿子必须放弃自己出生的家庭的所有继承权力，他有权拥有养父的财产，但也有义务为养父及其祖先举行所有的传统仪式。[③] 养子享有与亲生儿子同样的继承权，在他继承家庭财产的情况下，女儿与其他亲属也被排除在继承之外。有时，收养儿子的雅典男性公民，通过收养使养子同女儿结婚的方式，来巩固家庭继承。例如，一个叫作波利尤克托斯的雅典人，只有两个女儿，没有男孩。他收养了他妻子的兄弟利奥克拉提斯，

① 伊赛俄斯：X，9-10。
② 伊赛俄斯：VII，29-30。
③ 伊赛俄斯：IX，7。

作为他的家庭继承人，与此同时把他的一个女儿嫁给他，这样后者就兼有前者的内弟、女婿和儿子的三重身份。[①] 通过这种以女儿为媒介的策略性婚姻方式，雅典男性保证了家庭的延续。

如果一个雅典男性公民没有合法的亲生儿子和养子，但有一个女儿，这个女儿就被称为"epikleros"。这个词一般被翻译为女继承人，实际上，它意味着这个女人附属于家庭财产，这笔财产将随她带给丈夫，并传给他们的孩子，[②] 她并不是真正的财产拥有者，但是，为了方便起见我们还是按照一般习惯，把它译为女继承人。当一个雅典女子由于父亲或者兄弟的死亡而成为父亲财产的继承人时，她就成为 epikleros。

女继承人必须符合四个要求：(1) 女继承人死去的父亲没有合法的儿子可以继承他的财产和地位，如果他有几个女儿，每个女儿都得到他的遗产的相等份额；(2) 女继承人的父亲不能是所谓的特提斯（thetes），也就是财产最少的公民群体中的成员，被选中的女继承人的监护人要么娶她，要么以他自己的资产为她筹备一份嫁妆；(3) 女继承人的已故父亲无论是活着的时候或是在他的遗嘱中都没有规定如何处置他的女儿及其财产的方式；(4) 女继承人必须是合法出生的，妾的女儿不能成为他的继承人。[③]

---

① 德摩斯提尼：XLI，1–3。

② 波梅罗伊：《女神、妓女、妻子和奴隶》，第60–61页；贾斯特：《雅典法律和生活中的妇女》，第95页。

③ 利杜斯："古希腊的婚姻"，载乔治·杜比、米歇尔·佩洛特总主编：《西方妇女史》第1卷，第283页。

女继承人父亲的最亲近男性亲属具有与女继承人结婚的权力与义务。同女继承人结婚的请求顺序与没有留下遗嘱的继承情况相同，第一个请求者应当是他父亲的兄弟，下一个是他父亲的兄弟的儿子等等。女继承人通过在执政官监督下的裁定（epidikasia）过程，被赐给其父亲亲属中最有资格的请求者。如果出现互相竞争的请求者，问题由执政官任主席的法庭来解决。[①] 成功的请求者成为女继承人的丈夫和她的监护人，并负责监护女继承人的财产。由这一财产所产生的收入归丈夫所有，他们所生的儿子在成年之时继承外祖父的财产。这样，雅典妇女不仅能为丈夫生育孩子，而且被指望为她自己出生的家庭提供一个继承人。在这场财产继承和婚姻的交易中，女继承人父亲的最近男亲属提供了"种子"，得到了在较长时间内控制女继承人财产并获取收益的好处，女继承人的父亲的家庭得以延续，而女继承人则被迫与其父亲的最近男亲属结合，成为男性经济利益的牺牲品。

关于雅典女继承人的情况，最使现代人吃惊之处在于女继承人父亲的最近男亲属可以强迫已经结婚的女继承人离婚，而把她和她的财产归于自己的权力之下。但如果女继承人已经有了一个儿子，人们就不能强迫她解除婚姻。[②] 对于迫使女继承人离婚与父亲的最近亲属结合这一点，尽管学者们仍有争议，但雅典的法庭演说能够提供证据说明这种情况

① 贾斯特:《雅典法律和生活中的妇女》，第 96 页。
② 贾斯特:《雅典法律和生活中的妇女》，第 96–97 页。

的存在。例如，《伊赛俄斯演说集》中一位演说者提到："尽管事实上她们是这样结婚了，如果她们的父亲去世而且没有留给她们合法的兄弟，她们将处于她们的最近亲属的合法控制之下。的确，丈夫们时常就这样被剥夺了他们的妻子。"[①]雅典男性这种为把财产留在父亲血缘集团之内而强迫妇女离婚的粗暴做法，把妇女当成了为男人们的利益服务的工具，完全无视她们本身的利益。

富有的女继承人会引起其父亲男性亲属的激烈竞争，有些人为了娶女继承人而与自己原来的妻子离婚。根据《德摩斯提尼演说集》我们得知，有一个名叫普罗托马丘斯的雅典男子，本来很穷。他与自己的妻子离婚，为她安排了新的婚姻，他自己则通过再娶一个女继承人，而获得了一大笔财产。[②]也有些人为得到女继承人而拼命攻击对手。安多西德斯在公元前 400 年发表《论秘仪》演说时宣称，为了让他改变与一位富有的女继承人的婚约，人们就对他进行控告诬陷，说他玷污了厄琉西斯秘仪。[③]这种以取得财富为目标的婚姻只能使女继承人陷于不幸。由于女继承人的丈夫得到的只是监护和管理妻子父亲财产的权力，等到他们的儿子成年时，他们会继承外祖父的财产，这就必然导致一些贪婪的丈夫不愿让女继承人怀孕生孩子，因携带财产而被追求的女继承人的生

① 伊赛俄斯：III，64。
② 德摩斯提尼：LVII，41。
③ 波梅罗伊：《女神、妓女、妻子和奴隶》，第 61 页。

活状况可想而知。

雅典人为了家庭的延续一般收养男孩，但收养者的亲属家庭本身需要儿子来传宗接代，他们对亲属集团以外的人又不放心，所以有的雅典家庭也收养亲属的女孩子作为养女，在养父没有其他合法子女的情况下，养女也能得到遗产。根据伊赛俄斯的记载，一个叫做斯特拉托克利斯的雅典人得到了价值超过 2.5 塔兰特的额外财产，因为他妻子的兄弟特奥丰没有孩子，在去世之前收养了他的一个女儿，并留给养女价值 2 塔兰特的在厄琉西斯的土地、60 只绵羊、100 只山羊、一匹好马和他的所有其他东西。在斯特拉托克利斯当骑兵时，他骑着这匹马。当时，斯特拉托克利斯的女儿没有成年，他通过对女儿的监护权而对这一财富整整控制了九年。[1] 在这里，斯特拉托克利斯通过他与妻子的婚姻成为特奥丰的亲属，又通过女儿被收养，从特奥丰遗留的财产中得到了收益。从中我们看到，正是靠着与妇女的关系，斯特拉托克利斯得到了好处。因此，在以财产为核心的继承和婚姻联盟的复杂游戏中，获利的是雅典男性，妇女成为男性之间结盟的工具和传递财富的渠道。

总之，由于雅典城邦是一个逐渐实现民主制的男性公民集体，雅典妇女不但被剥夺了政治法律权力，而且在婚姻和财产继承问题上也受人支配，处于屈从男性统治的低下地位。但我们不能忘记雅典城邦的另一重要特征，还必须从另一方

① 伊赛俄斯：XI，41-42。

面来考察妇女的地位。

三、雅典妇女的被保护及其实质

雅典城邦是一个排外的以血缘关系为纽带的宗教祭祀团体，由于妇女在再生产公民中的作用，使她们成为家庭和城邦延续不可缺少的成员。她们不但是男子公民身份的界定者，而且是男性传宗接代的媒介和传递财产的渠道。因此雅典城邦和男性家长对妇女也采取了一些保护措施。

雅典妇女在政治上被剥夺了权力，但是她们被允许参加宗教祭祀活动，这在一定程度上缓和了政治上排斥妇女所引起的矛盾，对此，我们在第六章还会作进一步的详细论述。雅典法律保护母亲，一个据说是梭伦制定的法令称，要剥夺任何殴打父亲或母亲、或者不能供养父母的人在公民大会上发言的权利。[①] 雅典法律给予孤儿、女继承人和怀上了丈夫孩子的寡妇特殊的保护，名年执政官负责照看这些人，他有权让侵犯他们的任何人付一定数量的罚金。"埃桑吉利亚"（eisangelia）的诉讼程序被用来控告虐待孤儿或者女继承人的任何人，如果被告是一个虐待这类人的监护人，他就会被剥夺对他们的监护权。[②] 这些法律无疑对妇女和儿童具有保护作用，问题是城邦为什么要作出这些法律规定。母亲是

① 埃斯奇尼斯（Aeschines）：I, 28。

② 贾斯特：《雅典法律和生活中的妇女》，第30–31页。

雅典公民的养育者；一个父亲去世的男性孤儿成年之后会继承家庭的祭祀和财产，使他父亲的家庭得以延续；一个怀孕的寡妇可能会为已故丈夫的家庭提供一个男性后代；而女继承人所生的儿子会成为外祖父家庭的直接继承人。因此，正像贾斯特所说："在这一方面，法律关心的是确保财产的正确留传，更加重要的是，通过男性后代承接宗教的权利和义务，而不是对妇女法律上无行为能力的补偿。"[①]

嫁妆被一些古典史家看作是对雅典妇女的保护伞。雅典习惯要求女子结婚时，父亲或者其他监护人应给她提供一份嫁妆以供她维持生计。花瓶绘画描绘妇女们坐在衣箱上，暗示这些嫁妆归新娘们持有。[②]嫁妆与给予者的财富成比例，法庭演说词提到的嫁妆大约占给予者财富的百分之五到百分之二十。[③]当然，在实际生活中由于各种因素的影响，妇女嫁妆占家庭财产的比例肯定会有所不同。

嫁妆对于新娘、丈夫和他们的儿子具有不同的作用。新娘是嫁妆的名义上的持有者；丈夫是嫁妆和妻子的监护人，他在签订婚姻协议时承认嫁妆是借贷的，并以自己的土地作保，他负责管理这些财产并获取由它产生的收入，因而是嫁妆的受益者；嫁妆的最终获得者是他们的儿子，因为儿子可

① 贾斯特：《雅典法律和生活中的妇女》，第32页。

② 波梅罗伊：《女神、妓女、妻子和奴隶》，第62–63页。

③ 鲍威尔：《雅典和斯巴达》(Anton Powell, *Athens and Sparta*)，伦敦和纽约，1988年，第347页。

嫁妆数额与提供者财富的情况 *[1]

嫁妆提供者	嫁妆接受者	嫁妆提供者的财富	嫁妆数额	嫁妆占提供者的财富百分比	史料出处
父亲	女儿	12 塔兰特	1 塔兰特	8.3	Lysias XXXII 6
收养的兄弟	姊妹	3 塔兰特	1000 德拉克马	5.5	Isaeus III 49
父亲	女儿	90 米那	第一次 25 米那	27.8	Isaeus VIII 8
			第二次 1000 德拉克马	11.1	
父亲	女儿	14 塔兰特	2 塔兰特	14.2	Demosthenes XXVII 5
兄弟	姊妹	30 塔兰特	1 塔兰特	3.3	Demosthenes XXXI

* 1 塔兰特（talent）相当于 60 米那（mines），1 米那相当于 100 德拉克马（drachmas）。

以继承母亲的财产。[2]

雅典妇女结婚时以嫁妆为表现形式的财产从其父亲的监护转向其丈夫的监护。在婚姻关系保持期间，嫁妆由丈夫支配，他可以使用本金，但要从嫁妆收入中提取约百分之十八去养活妻子。在离婚的情况下，丈夫要将嫁妆归还给前妻的监护人，或者支付百分之十八的利息。[3] 如果她的丈夫死亡，她可以离开丈夫家，带走她的嫁妆。假使她选择留下，而且儿子们达到法定年龄，他们要负起像他们父亲那样的责任，以母亲结婚时带来的财富来赡养她，倘若一个丈夫被看成是在浪费他妻子的嫁妆，她或她的监护人可以决定离婚，以挽

① 表格资料来源：利杜斯："古希腊的婚姻"，载乔治·杜比、米歇尔·佩洛特总主编：《西方妇女史》第 1 卷，第 280 页。

② 利杜斯："古希腊的婚姻"，载乔治·杜比、米歇尔·佩洛特总主编：《西方妇女史》第 1 卷，第 275 页。

③ 波梅罗伊：《女神、妓女、妻子和奴隶》，第 63 页。

救剩余部分。[①] 妇女带回的嫁妆一方面可以维持她的生计，另一方面也为她离异或丧偶后的再婚创造了条件。因此，嫁妆对雅典妇女的确具有一定的保护作用。

但是，我们需要进一步探讨嫁妆的实质，以及它所反映的雅典妇女的地位问题。首先，嫁妆是以婚姻为媒介的男性之间的财产转移，雅典妇女只是嫁妆有名无实的持有者。嫁妆是妇女体现其与出生家庭的亲属关系的具体象征，这份财产最初在她的父亲或其他监护人控制之下；订立婚约时，父亲把嫁妆转交给她的丈夫监护，但仍保有离婚时收回嫁妆的权力，丈夫从管理嫁妆中获得收益；最后她的嫁妆由儿子继承。因此，是男性从监护和管理嫁妆中得到好处，由于雅典妇女在法律上没有行为能力，她永远也不能真正拥有和掌握这笔财富。

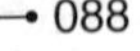

其次，名义上持有嫁妆的雅典妇女被排除在父亲家庭财产继承之外。她得到的嫁妆与兄弟继承的财产相比只占父亲财产的一小部分。“她们的嫁妆在严格意义上来说，不能算继承，因为如果她们的父亲去世，那么她们得到嫁妆要靠兄弟的好意与自尊。”[②]

最后，追逐嫁妆的婚姻并不能给雅典妇女带来真正的幸福。嫁妆成为富人炫耀财富的机会，拥有大笔嫁妆的雅典妇女无疑会吸引许多追随者。由于退回嫁妆是一大笔财产损

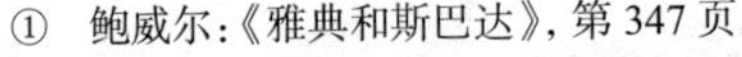

① 鲍威尔：《雅典和斯巴达》，第 347 页。
② 贾斯特：《雅典法律和生活中的妇女》，第 89 页。

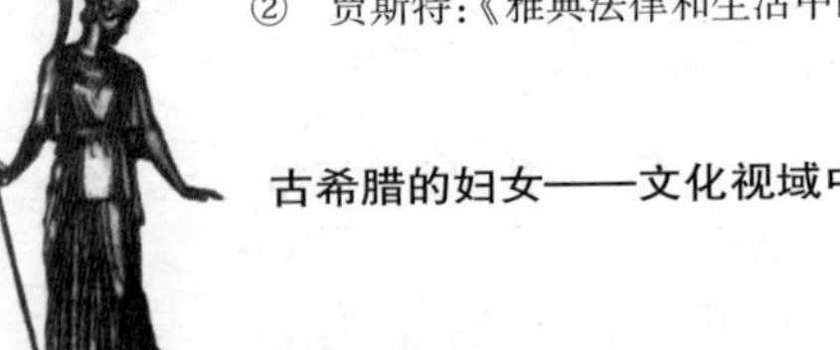

失，这使一些与妻子感情破裂的丈夫仍然保持着婚姻，在这种状况下生活的妇女得不到丈夫的爱护，更谈不上幸福。贫穷人家的女儿有时会由于缺乏嫁妆而嫁不出去。一个法律诉讼案件中的讲演者反问道："谁会愿意娶一个没有财力偿还所欠国家债务的男人的没有嫁妆的女儿呢？"[①] 在这种贪财欲望驱使下实现的婚姻，只能酿成雅典妇女的悲剧命运。雅典城邦除了责成名年执政官照看女继承人外，还对她们与丈夫的性生活作了具体规定。根据普鲁塔克的说法，梭伦规定：一个女继承人的丈夫要与她每月至少性交三次，如果她丈夫不能这样做，她有权和她丈夫的最亲近亲属"在一起"。[②] 这无疑是针对想控制女继承人财产又不让她怀孕的贪婪丈夫而采取的措施，对女继承人具有保护作用。但是，梭伦制定这一政策无非是想保证女继承人父亲家庭的延续以及整个城邦公民的繁殖。

因此，笔者以为：尽管雅典城邦统治者和男性家长对妇女采取了一些保护措施，但他们的出发点是为了保证雅典家庭的延续、宗教权利义务的承接和财产的正确留传，并使城邦公民得以繁殖，也就是为了以男性为中心的雅典城邦的根本利益。雅典妇女屈从于男性统治的一个重要原因是她们在法律上无行为能力，城邦统治者和男性家长不愿意也不会给予妇女独立自主的权力。所以，这些保护措施并不能改变雅

① 德摩斯提尼：LIX，8。
② 普鲁塔克：《梭伦传》，XX，3。

典妇女的低下地位。

总之，雅典城邦具有两个重要特征，它既是一个逐渐实现了民主制的男性公民集体，又是一个排外的以血缘关系为纽带的宗教祭祀团体。

雅典城邦的第一个重要特征决定了妇女被排除在城邦之外的地位。在政治上，她们不能参加公民大会和议事会商议国事，不能担任公职和陪审员，被剥夺了参政权力；在法律上她们没有行为能力，终生处于男性的监护之下；在婚姻上，她们没有自主的权力，不得不服从监护人的安排，成为男性传宗接代和结盟的工具；在财产继承上，她们永远不能成为财富的真正拥有者和管理者，而只能成为男性传递财产的渠道。她们是连接自己的父亲、丈夫和儿子这根男人链条上的"沉默的链环"。[①] 在城邦的舞台上，她们不是独立的演员，其命运掌握在男性手中，所享受到的自由要比斯巴达妇女更少。

雅典城邦的第二个重要特征，使在再生产公民中具有重要作用的雅典妇女成为家庭和城邦延续的不可缺少的成员和男性之间经济、政治、宗教权力转移和传交的途径，这使雅典城邦又不得不把她们包括在共同体之内。因此，雅典城邦对妇女也采取了一些保护措施。她们虽然被排除于政治生活之外，但又被包括在宗教生活之内；雅典法律对孤儿、女继承人和怀上丈夫孩子的寡妇给予特殊的保护；男性监护人给

① 利杜斯："古希腊的婚姻"，载乔治·杜比、米歇尔·佩洛特总主编：《西方妇女史》第1卷，第285页。

予妇女的嫁妆，为她们的生活提供了保障，并为她们离异和丧偶后的再婚创造了条件。但是，雅典城邦统治者和男性家长对妇女采取的这些保护措施，目的还是在于维护以男性为中心的雅典城邦的根本利益，因而不能改变雅典妇女屈从男性统治的低下地位。

第三章

雅典妇女的家庭和私人生活

在讨论了雅典妇女与城邦的关系、考察了她们在公共生活中的地位之后，让我们把视线转到她们的私人生活方面。德摩斯提尼笔下的阿波罗多洛斯声称：“我们有妓女为我们提供快乐，有妾满足我们的日常需要，而我们的妻子则能够为我们生育合法的子嗣，并且为我们忠实地料理家务。”[1]这段话生动地表述了雅典社会以男性为中心的特征，也为我们研究雅典妇女的私人生活提供了线索。在本章中笔者将通过对围绕着雅典男性的不同类型的妇女的研究，以及她们是否被隔绝在家中问题的探讨，研究雅典妇女在家庭和私人生活中的处境，并对她们地位低下的原因作一探讨。

一、围绕雅典男性的不同类型妇女

阿波罗多洛斯的上述讲话涉及三类妇女：妓女（hetairai）、

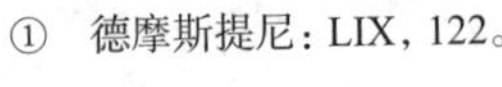

① 德摩斯提尼：LIX，122。

妾(pallakai)和妻子(gynaikes)。其中,妻子gynaikes的含义在雅典实际生活中是明确的,她们是雅典妇女(astai),通过订婚与公民结婚,其所生的子嗣是合法的。[1]对于hetairai这个词,历史学家具有不同的解释。贾斯特把它看作是从妓院奴隶女孩到自由富有的高等妓女的职业性服务者的统称,并说hetairai完全可以看作是妓女(prone)的委婉说法。[2]而波梅罗伊和坦娜希尔则把这个词理解为高等妓女的代名词,[3]笔者倾向于后一种解释。而妾的含义更是模糊不清,有时一个妇女既是妾又是妓女。例如,被阿波罗多洛斯控告的科林斯妓女尼伊拉就同时具有这两种身份。在贾斯特看来,妾是或多或少与一个男人长久住在一起的任何女人,其监护人没有通过订婚(engue)而把她出嫁,长期与一个男人同居的妓女也可以称为妾。[4]麦克道尔则认为,妾是指一个妇女住在一个男人的家中,与他有性关系,但是没有与他正式结婚。[5]鉴于这种众说纷纭的情况,笔者在研究中拟对阿波罗多洛斯讲话中划分三类妇女的方法略作修正和调整,把雅典妇女分为合法的妻子和所有其她妇女两大类。第一类人包括合法的妻子和将会成为合法的妻子的妇女在内,她们受人尊敬,是雅典男性公民的母亲、妻子、姊妹或者女儿,换言之,她们是通

① 罗杰·贾斯特:《雅典法律和生活中的妇女》,第52页。
② 罗杰·贾斯特:《雅典法律和生活中的妇女》,第52、144页。
③ 波梅罗伊:《女神、妓女、妻子和奴隶》,第89页;坦娜希尔:《历史中的性》,第100页。
④ 罗杰·贾斯特:《雅典法律和生活中的妇女》,第52页。
⑤ D.M.麦克道尔:《古典时期雅典的法律》,第89页。

过或将通过订婚(engue)而结婚的雅典公民妇女,被要求保持性的贞节和忠诚;第二类人包括受人鄙视的妾、家内女奴隶、外邦妇女和妓女在内,是雅典男性自由地进行性利用的对象。[①]

首先,让我们来讨论合法的妻子与她们的丈夫之间的关系。社会学理论认为,男女通过婚姻组成的家庭具有组织生产和消费的经济功能、人口再生产的功能、满足性需要的功能和感情交流等诸多功能。[②]雅典公民夫妻之间在空间上被分离,妻子不是丈夫公共生活的伴侣。丈夫的兴趣在家外,他们把白天大部分时间都消耗在政治和公共事务上,而妻子却待在家中,丈夫的性要求在家外也能得到满足。因此,雅典家庭的功能集中在经济和人口再生产方面,夫妻之间缺乏感情的交流。

雅典公民妻子的职责之一是料理家务。色诺芬《经济论》中的重要人物伊斯可马可斯对妻子说:"你的责任就是待在家里,打发那些应该在外面工作的仆人出去工作。监督那些在家里工作的人,收受外面得到的东西,分配其中必须花费出去的部分,照管其中应该贮存起来的部分;要注意不要在一个月之中花掉留备一年使用的东西。当给你送来毛布的时候,你必须叫人为那些需要斗篷的人缝制斗篷。你还必须照管干的谷物使其不受损失以备制成食物。然而,你的责任之

① 笔者的这种分类方法,受到贾斯特的启发,参见贾斯特:《雅典法律和生活中的妇女》,第141页。

② 吴增寿等主编:《现代社会学》,上海人民出版社,1997年,第137-141页。

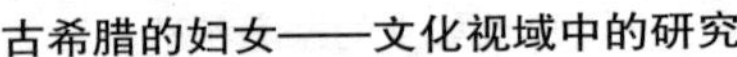

妇女纺织图　陶瓶画（约公元前490年）

一恐怕是不大合算的：你必须注意让任何得病的仆人得到照顾。”[①] 在这里，妻子的角色是家务的管理者和丈夫财产的守护者。弗拉塞列雷告诉我们，妻子的权力在于她携带的钥匙，特别是那些贮藏室和地窖的钥匙，如果一个妻子贪食、喝醉或者浪费，她的丈夫也许会把钥匙从她那里取走 。[②]

妻子的另一个职责，并且是最重要的职责，是为丈夫生

① 色诺芬：《经济论》，VII，35–37。

② 罗伯特·弗拉塞列雷：《伯里克利时代希腊的日常生活》，第68页。

育合法的子嗣，确保家庭的延续。这是妻子不同于其他女性的根本之处。公元前4世纪，杀死了妻子的奸夫的尤菲利托斯对到庭者说："雅典人，当决定结婚，并将一位妻子带进我家时，在一段时间内，我不去打扰她，但她也不至于自由得为所欲为，我以一种合理的态度尽可能去观察她。但当我的儿子出生时，我便开始信任她了，并把我所有的财产交给她掌管，认为这是亲近的最好证明。"① 从这段讲话里我们注意到，尤菲利托斯因儿子的出生而开始信任妻子。如果说，雅典公民的夫妻关系有什么亲近之处的话，那就是双方为他们的孩子而共同欢乐和烦恼，孩子与父母亲联系在一起。一个古典时期雅典的瓶画上，描绘着一个父亲看着他的年轻的妻子鼓励他们幼小儿子爬行的情景。②

然而，家庭和谐绝不是雅典人的特征，正像弗拉塞列雷所说的那样："古典时期的丈夫和妻子几乎没有亲密的关系和理性的交流，甚至没有真正的爱。"③ 雅典的丈夫和妻子之间缺乏共同的语言和爱情。苏格拉底在《经济论》中问克利托布勒斯："还有什么人，你对他讲的话比对你的妻子讲的更少吗?"后者回答说："几乎没有，我承认。"④ 最使人感到难以理解的是，苏格拉底在临终的重要时刻叫人把妻子赞西普领回家，而与他的朋友克里托等人进行了有关灵魂的长谈。在

---

① 吕西阿斯(Lysias)：I，6。
② A. 鲍威尔：《雅典和斯巴达》，第364页。
③ 罗伯特·弗拉塞列雷：《伯里克利时代希腊的日常生活》，第71页。
④ 色诺芬：《经济论》，III，12。

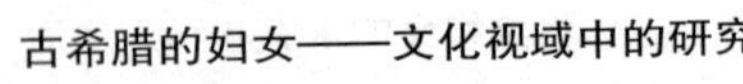

谈话中间他冷静地对朋友们说道："我已经把妇女打发走了，因为对于一个男人来说，在吉利的话中死去是必要的。"[①]这种有悖常情的冷漠体现了雅典丈夫对妻子的忽视，显示了夫妻之间思想和感情上的距离，还说明了他们不是精神生活的伴侣。

雅典人夫妻间的性生活也不和谐。雅典的公民妻子作为家庭合法继承人的生育者被单方面地要求保持对丈夫的性忠诚，她们的丈夫是她们唯一的性对象。如果她们有与人通奸的行为，就会被逐出丈夫的家门，不能在宗教庆典这样重要场合露面。而她们的丈夫却可以不受婚姻关系的约束，玩弄家中的女奴隶，经常光顾妓院，并与男孩发生性关系。对妻子感情不深的丈夫对夫妻间的性生活也没有兴趣。从梭伦时代雅典法律有关夫妻性生活的规定中，我们可以想象出夫妻之间关系的冷淡。每月三次同房被认为是对贞洁的公民妻子足够的性关怀，许多妻子与丈夫共寝的机会肯定更少。正如波梅罗伊所指出的那样："有关夫妇关系的法律规定可能会使丈夫和妻子之间的性生活成为一种义务行为（通过生育而实现），而不是一种亲密的情感的碰撞。"[②]

雅典丈夫对妻子的忽视使他们之间的关系时常处于紧张状态。《奥瑞斯提亚》中克吕泰美斯特拉杀死丈夫阿伽门农，《美狄亚》中妻子为了向丈夫的忘恩负义进行反抗和复仇杀

① 柏拉图：《费多篇》（*Phaedo*），117。
② 波梅罗伊：《女神、妓女、妻子和奴隶》，第 87 页。

死自己的儿子，《希波吕托斯》中继母爱上继子，都反映了当时许多雅典夫妻之间不和谐的实际状况。

总之，雅典的合法妻子虽然受人尊重，但被丈夫忽视。她们不是丈夫公共生活和精神生活的伴侣，只是丈夫的生育工具和家庭的管理和守护者。

其次，再让我们考察一下围绕着雅典男性的第二类妇女的情况。家内女奴隶是主人的玩物，她们不得不在主人需要时向他提供性服务。尤菲利托斯在法庭上谈到了妻子对他的责难，当他让妻子去哄孩子时，妻子说道："是的，这样你就可以在此与这个小女奴调情了。当你喝醉时，你把她拉到你的面前。"[①] 值得注意的是，尤菲利托斯毫不否认这一责难，并且不羞于向法庭供认事实，因为他知道，陪审团不会把主人与女奴隶发生性关系看成可耻行为。在《经济论》中，当伊斯可马可斯年轻的妻子问他，为了使自己不只是显得漂亮，而是真正漂亮，并能保持下去，她能做些什么时，伊斯可马可斯的回答是，家务及家庭的管理是决定的因素。他进一步说道："如果妻子的容貌比女奴漂亮，并且穿着更鲜艳得体的衣服时，她真是令人销魂，特别是在妻子心甘情愿地去愉悦丈夫，女奴屈从于压力身不由己的时候。"[②] 在这段对话中，伊斯可马可斯试图解释，妻子具有女奴所不具备的优越性。但这本身说明，由于主人可以对家内女奴进行性利用，主人的

① 吕西阿斯：I，12。
② 色诺芬：《经济论》，X，9-11。

妻子感到了失去丈夫欢心的威胁，她企图通过增强她的风姿来与任何一个会引起丈夫注意的女奴竞争。

雅典男性公民的妾由女奴隶、外邦自由妇女和不是通过engue结婚的雅典公民的女儿构成。雅典法律规定，要把用来生自由孩子的妾与其他妾区别开来。如果说在公元前5世纪末以前由于战争中男性公民数量锐减等原因，本人身份是公民的妾所生的孩子还有可能成为雅典公民，那么在这之后他们就被完全剥夺了这种权力。[①] 妾不但要向与她同居的男人提供快感，而且要照顾他的日常生活。妾的地位很不稳固，生活环境在绝大多数情况下是不如意的。正像坦娜希尔指出的那样："无论如何，妾所处的并不是幸福快乐的地位；她不仅不具有高等妓女的独立性，而且也不具有法律向一个妻子提供的名义上的保护。如果她的主人对她厌倦了，那么谁也不能阻止他把她卖掉，如果他乐意，他就会把她卖给妓院。"[②]

在围绕着雅典男性的第二类妇女中，妓女的社会影响最大，史料也最为丰富，她们由奴隶、定居于雅典的自由外邦妇女和自由的非公民妇女组成。卖淫业在雅典十分兴旺，雅典城邦用征税来公开认可妓女的卖淫活动。[③] 据说，梭伦建立了由奴隶提供服务的国家妓院，从而使雅典成为一个吸引外邦人的城邦。[④] 苏格拉底对儿子朗普洛克莱说："当然，你

① D.M.麦克道尔：《古典时期雅典的法律》，第89-90页。

② 坦娜希尔：《历史中的性》，第103-104页。

③ A.鲍威尔：《雅典和斯巴达》，第367页。

④ 波梅罗伊：《女神、妓女、妻子和奴隶》，第57页。

不会认为，人们生育子女只是为了满足情欲，因为大街小巷满足情欲的娼寮妓院是很多的。”[①] 德摩斯提尼告诉我们，在雅典城里，年轻人经常由于一个妓女而大打出手或挨人揍。[②] 阿里斯托芬在喜剧《蛙》中提到了对于为旅行者提供服务的妓院的规定。在他的另一部喜剧《地母节妇女》的尾声中，欧里庇得斯与一个裸体演出的“吹长笛的女孩”一起出现，以帮助他的朋友逃跑，他允许西徐亚“警察”带着这个女孩到里面交媾。[③]

雅典的妓女分为不同阶层和种类。她们中有街头流莺（streetwalker），也有在妓院以身体进行工作的妓院女郎和在酒会上跳舞或者吹笛子并提供性服务的女子，还有在神庙里款待陌生人的神妓。街头流莺主要由女奴、外邦妇女和贫穷的妇女构成，她们经常漫步在街头招揽嫖客。有时，她们穿着一种特殊的便鞋（这种鞋具有反过来钉在鞋底上的大头钉装饰）走在泥路上，以便留下痕迹吸引嫖客。妓院女郎主要由女奴充任。她们身穿薄薄的纱衣，裸露着乳房，排成行倚门卖笑，用甜言蜜语把前来嫖娼的男人们拖到房间里，根据房间的级别以及提供的服务，从嫖客那里得到从 1 奥波尔到 1 斯塔特不等的酬金。[④] 神妓们不但是神的侍女，也为神的崇拜者提供色情服务，她们的收入主要被用来支付神庙的开支

---

① 色诺芬:《回忆苏格拉底》，II，2，4。
② 德摩斯提尼：LIV，14。
③ 罗杰·贾斯特:《雅典法律和生活中的妇女》，第 139 页。
④ 坦娜希尔:《历史中的性》，第 104 页。

妓院门口　陶瓶画（约公元前 480 年）

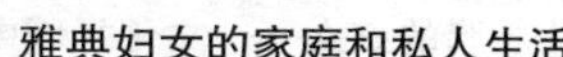

和维持祭司们的生活。除此之外，一些男性公民的妾实际上也是妓女，她们与某个雅典男性保持较长时间的同居关系，并且免交妓女税。

妓女中地位最高的是被称为 hetairai 的高等妓女，这个词的字面意思是“伴侣”。[①] 因为，与呆在家中的合法妻子们不同，她们行动自由，可以参加男性社会的活动，是雅典男性公民社会生活和文化娱乐生活的伴侣。许多高等妓女不但容貌美丽，而且受过良好的教育，具有艺术才能。坦娜希尔认为，在男人的世界中，高等妓女是成功者，而且有时相当成功。她还下结论说，这些妓女是在有文字记载的历史上第一批与男人关系缓和的妓女。[②] 笔者认为，这种看法是不全面的，它仅仅看到了问题的一个方面。

的确，在某种程度上说，一些高等妓女在雅典社会取得了很大的成功。雅典高等妓女中在社会上影响最大的是阿斯帕西亚。据史书记载，阿斯帕西亚是阿克西奥科斯的女儿，生于小亚细亚的米利都。尽管她拥有一所房子，收养着许多年轻的妓女接待客人，但她才智过人，多才多艺，并且很有政治头脑。她把自己的家变成了学术沙龙，苏格拉底曾经带着门人到她家拜访，他声称自己是从阿斯帕西亚那里学会了雄辩术，苏格拉底的朋友们也常把妻子带去听她高谈阔论。欧里庇得斯、亚西比德、菲狄亚斯等雅典名人都听过她的讲演。

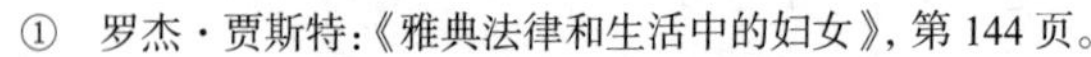

① 罗杰·贾斯特:《雅典法律和生活中的妇女》，第 144 页。
② 坦娜希尔:《历史中的性》，第 100-105 页。

雅典的著名政治家伯里克利对她一见倾心，为了她，遗弃了自己原先的妻子，而与她同居。据说两人十分恩爱，伯里克利每天出去和从市场上回来，都要和她亲吻。有人说，伯里克利在为伯罗奔尼撒战争阵亡将士举行葬礼时发表的演说辞是由她起草的。有人甚至认为，伯里克利之所以攻打萨摩斯，是为了讨好阿斯帕西亚。伯里克利逝世以后，出生卑贱的羊贩子吕西克勒斯因为和她同居，竟然成了雅典第一号大人物。[1] 如前所述，与雅典公民斯蒂法诺斯同居的科林斯高等妓女尼伊拉也取得了较大成功。斯蒂法诺斯把她的儿子介绍进了自己的胞族，并把她的女儿嫁给了后来成为王者执政

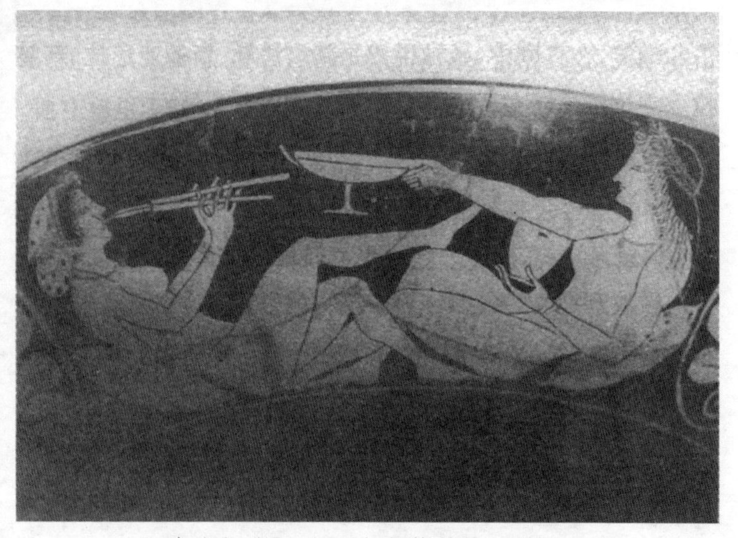

正在自娱自乐的两名高等妓女　陶瓶画
（约公元前 520–前 510 年）

① 参见普鲁塔克：《伯里克利传》，XXIV，1–6；李雪季主编：《世界女性历程图说》第 1 卷，第 157–158 页。

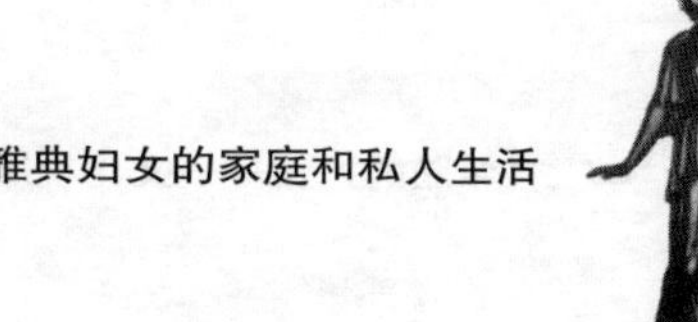

官的雅典公民。雅典高等妓女拉米娅出钱为科林斯附近的西西雍人重新建造了一座已经塌毁的美术馆。[①]公元前4世纪，一个绰号叫做菲赖尼的彼奥提亚高等妓女姆涅萨瑞特是雅典雕刻家普拉克西提里斯的情妇，并被后者用来制作阿佛洛狄忒雕像的模特。她十分富有，竟能够把自己的金塑像矗立在德尔菲圣殿中，与那些将军和国王的塑像放在一起。[②]她们的成功可谓令人瞩目。

但是，我们必须看到问题的另一方面。这样的妓女只占妓女的极少数，而且就是这些少数成功的高等妓女也受到了雅典男性和整个社会的普遍歧视。阿斯帕西亚与伯里克利所生的孩子被人称为私生子，没有雅典公民权，只是在伯里克利与前妻生的两个嫡出的儿子在伯罗奔尼撒战争期间死去，经动了恻隐之心的雅典人的特准，他才入了雅典籍。[③]雅典人对于他们的第一公民伯里克利把雅典妻子打发掉，以一个外邦妇女来取代她感到愤愤不平，不少雅典文学作品对她进行了攻击和嘲笑。在喜剧中，她被说成是新翁法勒、新德亚尼拉、新赫拉。克拉提诺斯在诗中公开称阿斯帕西亚为妓女，

他的赫拉，是淫乱生下的女儿，
是个不知羞耻的妓女。

---

① 坦娜希尔：《历史中的性》，第103页。

② 罗伯特·弗拉塞列雷：《伯里克利时代希腊的日常生活》，第75页。

③ 普鲁塔克：《伯里克利传》，XXXVII，5。

欧波利斯在《乡区》一剧中描写伯里克利，问道，

> “我的独生子呀，他还活着吗？”
> 米罗尼德斯回答说，
> “活着呢，早已长大成人了，
> 假如他不怕‘妓女养的’坏名声”[①]

尼伊拉作为高等妓女的生涯更为悲惨，针对她的法庭演说无意中诉说了她孩提时期和年青时代的不幸遭遇。两个男人在科林斯买了她，供他们共同对她进行性利用。但是，当娶妻子的时候，他们把尼伊拉的人身自由卖给她自己，条件是他们不想见到她。有个叫做菲赖尼昂的人把她从科林斯带到雅典，“他没有任何体面或约束地对待她，带着她到处走，参加宴会，并使她成为纵酒狂欢的伴侣，无论何时何地，只要他希望，他就与她公开地性交，把他的特权展示给旁观者看。他带着她到许多人家里参加聚会，其中有查布利阿斯的家。在索克拉提达斯担任执政官时，他是皮提亚竞技会四轮马车竞赛的获胜者，这是他从米提斯的儿子阿吉夫那里买来的；从德尔菲回来时，他在科里阿斯举行宴会庆祝他的胜利。在那里，当她喝醉，菲赖尼昂睡觉之时，许多人与她性交，其中甚至包括查布利阿斯的奴隶。”[②] 受屈辱的状况令人触目惊

① 普鲁塔克：《伯里克利传》，XXIV，6。
② 德摩斯提尼：LIX，29-33。

心。社会舆论并不同情这样的妓女，雅典的公民妇女更是憎恶她们。反对尼伊拉的法庭演说辞明确宣称，若陪审团宣布尼伊拉无罪，那么雅典的贤德妇女将会愤恨陪审员。[①]

因此，笔者认为：围绕着雅典男性的两类妇女的地位都是低下的。第一类妇女——合法的妻子虽然受人尊敬，但被丈夫忽视，她们不是丈夫的社会生活的伴侣，只是丈夫的生殖工具和家务管理者；以妓女为主体的第二类妇女虽然可以参加社会文化和公共生活，作雅典男性的“伴侣”，但这绝不是一种平等的伙伴关系，她们牺牲了人的尊严，成为雅典男性满足性欲和解除精神寂寞的工具，并受到全社会的歧视。在以男性为中心的雅典社会中，无论是妻子还是伴侣的角色都不是令人羡慕的。

二、雅典妇女的隐居和自由

对于雅典妇女的家庭和私人生活的探讨，不可避免地会涉及她们是否被隔绝在家中，究竟是隐居还是自由的问题。对于这个问题的讨论，除了在上一章介绍过的不同看法之外，古典史学家弗拉塞列雷的意见值得人们注意。在他看来，雅典女孩自由接触其他年轻人的问题是不存在的，因为她们几乎不离开妇女住区（gynaikeion）。已婚妇女很少穿过她们自

① 德摩斯提尼：LIX，111。

已前门的门槛，少女们如果被允许到家内的庭院中走动已经是很幸运的了，因为她们不得不呆在不能被外人甚至是自己家庭的男人看到的地方。① 他的意见代表了不少学者的想法。对雅典妇女地位持乐观估计的戈梅等人的观点则与此相左。笔者以为，对雅典妇女是否隐居问题的研究，也要根据两种不同类型雅典妇女的实际情况来进行分析。

围绕着雅典男性的第二类妇女，即奴隶、妾、妓女等，显然是不受有关两性隔离和妇女隐居道德观念束缚的，也得不到性的保护，她们具有较多的与男性接触和到户外活动的自由。

女奴常被主人派到邻居家，借厨房或缝纫室所需之物。女奴和男奴一样，被主人打发到市场买东西。在色诺芬的《经济论》中，伊斯可马可斯对妻子说："我们都知道，整个城市所有的东西比我们多上万倍，可是你可以派遣任何仆人到市场上去把一样东西买回来。"② 在女主人不得不外出时，女奴陪伴她出行。当男主人在家里宴请客人时，女奴被派在桌旁伺候。女奴还需完成到水池边打水的任务，波梅罗伊告诉我们："头顶水罐运水是一项妇女的工作，因为汲水包括社会性的结合，在井边说闲话和打情骂俏，女奴通常被派去干此差事。"③

妓女可以陪伴雅典男性参加酒会和饮宴活动，与他们同

① 罗伯特·弗拉塞列雷：《伯里克利时代希腊的日常生活》，第 55 页。
② 色诺芬：《经济论》，VIII, 22。
③ 波梅罗伊：《女神、妓女、妻子和奴隶》，第 72 页 。

妇女住区图影　陶瓶画（约公元前 450 年）

桌进餐，一起讨论有关文化和公共事务的问题。不少妓女被雇来在宴会上吹奏笛子、唱歌和跳舞，供男性享乐。阿波罗多洛斯在对尼伊拉控告时指出，她与许多妓女所做的一样，在许多男人在场的情况下，与他们饮酒吃饭。[①] 雅典的彩绘陶器描绘了在酒会上年轻女奴、外邦妓女、高等妓女被雇佣为性招待者的情景。[②]

第二类妇女虽然享有较大的行动自由，但这恰恰是她们低下社会地位的标志，因为在雅典人的思想观念中，受人尊敬的妇女是呆在家中的。雅典的公民妇女绝不会羡慕这些能够进入男性社会充当伴侣的妓女，正像波梅罗伊所说："某些妓女也试图像一位受人尊敬的妻子一样活着，但是没有一位公民妻子想做妓女。"[③] 那么，那些受人尊敬的第一类妇女，也就是雅典公民的妻子、女儿们是否过着隐居的生活呢？让我们根据历史提供的各种信息来进行分析。

史料说明雅典公民女性隐居生活的说法是有一定根据的。雅典公民女性的隐居在私人建筑的设计和安排上有所体现。雅典的私人建筑为男性和女性提供了分开的住区，女性通常住在离街道和家中公共区域较远的房间。若房子是两层，那么妻子和女奴就住在上层。[④] 尤菲利托斯在法庭上告诉人们："我有一座两层的小屋，妇女的居处在楼上，男子的

① 德摩斯提尼：LIX，24。
② 罗杰·贾斯特：《雅典法律和生活中的妇女》，第 138 页。
③ 波梅罗伊：《女神、妓女、妻子和奴隶》，第 92 页。
④ 波梅罗伊：《女神、妓女、妻子和奴隶》，第 80 页。

住区在楼下，每一层都有同样大的空间。当我的儿子出生时，他的母亲给他喂奶，为了让她避免每次抱着孩子下楼时出现危险，我就住到楼上，女人们住到楼下。”[①] 这段话表明即使这样一个并不很富裕的雅典家庭，也为妇女们提供了与男性隔开的起居室。

雅典公民妇女所穿的服装同样显示了她们隐居生活的特征。她们穿着的衣服帮助她们躲开陌生男人的注意。与穿着像薄纱一样的橘黄色料子做的透明衣服的妓女不同，雅典受人尊敬的公民妇女的衣料通常是用毛与亚麻制作的。她们的披肩可以拉到头上做头巾，服装风格则分爱奥尼亚与多利亚两种款式。由于爱奥尼亚服装是缝好不外露的，她们就在公共场合穿这种衣服，在家中则穿较短的束腰外衣。[②]

但是，史料也告诉我们，雅典公民妇女并不是完全与外界隔绝的，不同阶层的妇女隐居的程度也有所不同。比较贫穷的公民妇女不得不走出家门，出外谋生，一些公民妇女在市场上卖东西。根据阿里斯托芬在喜剧《地母节妇女》中的说法，欧里庇得斯的母亲是卖蔬菜的小贩。[③] 在这部剧作中，他还提到，一个公民妇女在丈夫死后靠编织和出卖花冠供养家庭。[④] 从一份雅典法庭原告的纲要中，我们得知，一个雅典妇女先后靠卖丝带和当乳母为生。[⑤] 当阿里斯托芬喜剧中的

---

① 吕西阿斯：I, 9-10。

② 波梅罗伊：《女神、妓女、妻子和奴隶》，第 83 页。

③ 阿里斯托芬：《地母节妇女》，388。

④ 阿里斯托芬：《地母节妇女》，446-450。

⑤ 德摩斯提尼：LVII, 35。

妇女领袖吕西斯特拉忒组织妇女罢工以图结束战争之时，她嚷道，

> 向前斗争，我的女战士同盟，
> 卖鸡蛋、种子、蔬菜的女孩子们啊！
> 卖蒜女、酒吧女和烤面包的女孩们啊！[①]

从德摩斯提尼的法庭演说辞中，我们得知，许多公民妇女被迫成为葡萄采摘者。[②]

对于雅典公民妇女是否到剧场观剧，古典史家仍有争议。但是从柏拉图的著作来看，雅典妇女完全可能可以观看所有的戏剧。他在《高尔吉亚篇》中说，诗歌特别是悲剧，是一种对男孩、妇女和男人，对奴隶和自由民发表的没有区别的语言。[③] 在《法律篇》里，柏拉图声称，如果观众被要求说明他们的偏爱，小孩子们会投票赞成魔术师，男孩们会投票赞成喜剧诗人，年轻男子和较有教养的妇女会投票赞成悲剧诗人。[④]

众所周知，雅典妇女被允许参加城邦的宗教生活。在宗教节日所举行的祭祀仪式中，人们都可以看到妇女的身影。地母节是仅限于雅典女性参加的宗教节日，但在每四年举行

---

① 阿里斯托芬：《吕西斯特拉忒》(*Lysistrata*)，456–458。

② 德摩斯提尼：LVII，45。

③ 柏拉图：《高尔吉亚篇》(*Gorgias*)，502 b–e。

④ 柏拉图：《法律篇》(*Laws*)，658 a–d。

一次的泛雅典娜节里，雅典妇女则与男人们一起参加庆典和游行。在游行行列中，最引人注目的是雅典贵族家庭选出的提神圣篮子的女孩。在帕特嫩神庙的中楣上，刻画着雅典妇女与男子共同庆祝泛雅典娜节的情景。[①]对此，在后面的章节中，我们还要作详细的讨论。

雅典的婚礼和葬礼都离不开公民妇女的参与。婚礼的一个必要程序是新娘淋浴的净化仪式，雅典妇女和家人负责为新娘运水。陶瓶绘画展现出妇女们结队到泉边汲水的情景，画面上，妇女们举着火炬，吹着笛子，一个妇女顶着预备用来装水的容器走在队伍的前门。淋浴后，新娘的女伴们为她涂上油膏。在新娘被用骡车或牛车送往新郎家时，送亲的队伍里有她的男女亲戚和朋友们。雅典人举行葬礼时，照料死者、洗净尸体并为之涂油几乎完全是妇女的任务。在正式的哀悼和到墓地的丧葬队伍中，妇女作为死者的哀悼者而扮演重要的角色。[②]史实说明，无论是在市场上、田野里、剧院中，还是在宗教节日、婚礼、丧礼上，人们都能看到妇女。

在公共场合能够看到雅典公民妇女的事实，与妇女隐居的描述和说教看来相悖，但实际上却并不矛盾。正像罗杰·贾斯特所说的那样："在雅典，性隔离和女性的隐居并不一定必须把妇女严格地限定在房子里，它意味着妇女家庭世界与男人的公共世界在意识形态上的隔离。"他还告诉我们：

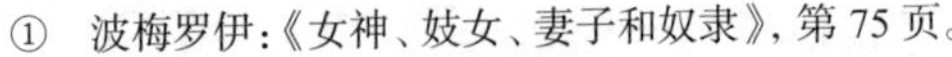

① 波梅罗伊：《女神、妓女、妻子和奴隶》，第 75 页。
② 罗杰·贾斯特：《雅典法律和生活中的妇女》，第 110-111 页。

哀悼死者的妇女　彩绘牌(pinax，约公元前540年)

"女性的隐居并不是以门闩和栅栏来强制实行，它还可以用男人和女人的世界分离这样的道德约束来保证。"[1] 在笔者看来，这种观点是很有见地的。

男性的领域在户外，女性的领域在家内以及公民妇女隐居的道德观念，成为雅典社会关于妇女行为规范占主导地位的意识形态，除了第一章已提及的色诺芬等思想家关于男女分工论述外，雅典社会留传的诸如"受人尊敬的妇女应该呆在家里，只有轻佻的坏女人才到街上闲逛"之类的格言约束

① 罗杰·贾斯特:《雅典法律和生活中的妇女》，第118、114页。

着妇女的行动。[1] 甚至连妇女与陌生人讲话，也被雅典人看成可耻行为。公元前 338 年喀罗尼亚战争后，自由的妇女站在门口问过路客人关于她们的亲属的消息，就被看作降低她们身份的行为。[2]

妇女隐居的道德观念影响到雅典的社会习俗。当一个雅典人邀请朋友们到他家时，除了监督伺候在桌旁的奴隶外，他的妻子从来不在饮宴厅出现；当她的丈夫外出作客时，她也不陪伴丈夫。只有在家庭节日时，男人和女人们才在一起。在雅典公民家中，一般是丈夫或奴隶到市场上去，进行日常购货。公民妇女迫不得已购买个人必需品时，不得不带着一个奴隶与她一起出去。[3]

妇女隐居的道德观念还反映到艺术的表现手法和人们的审美观上。希腊瓶画中"晒黑的男人"和"遮蔽型的妇女"这一早期传统一直坚持到公元前 4 世纪。艺术家不愿意把色调的描影法运用到妇女的肤色上，与皮肤黝黑的男性相比，妇女的肤色完全是白的，妇女喜爱用化妆品把脸擦白，并带着阳伞遮挡阳光。[4] 瓶画中皮肤白皙的女性和晒黑的男性是两性不同的活动领域和社会角色的艺术象征，生活中以白为女性美的欣赏标准与女性隐居的道德理想紧密相连。

---

① 罗伯特・弗拉塞列雷:《伯里克利时代希腊的日常生活》, 第 66 页。

② E. 范撒姆等著:《古典世界的妇女》(E.Fantham etc., *Women in the Classical World*), 牛津大学出版社, 1994 年, 第 79-80 页。

③ 罗伯特・弗拉塞列雷:《伯里克利时代希腊的日常生活》, 第 66-67 页。

④ 罗杰・贾斯特:《雅典法律和生活中的妇女》, 第 122 页。

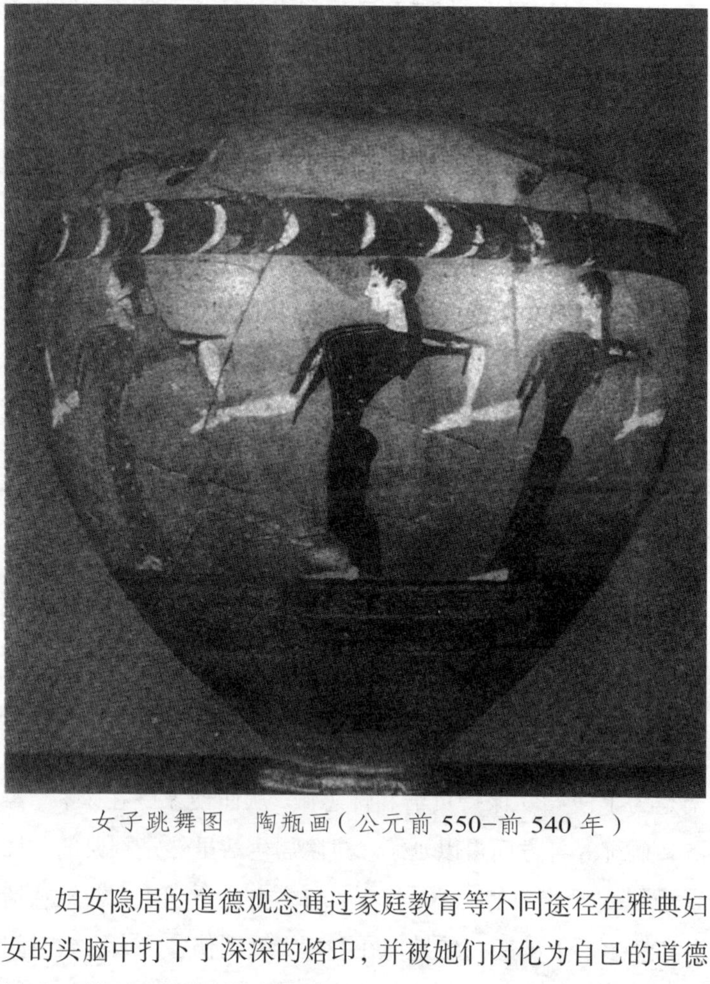

女子跳舞图　陶瓶画（公元前 550–前 540 年）

妇女隐居的道德观念通过家庭教育等不同途径在雅典妇女的头脑中打下了深深的烙印，并被她们内化为自己的道德标准。从吕西阿斯的法庭演说集中我们得知，受到企图打死他人指控的一个雅典人为自己辩护道："晚上，他醉醺醺地来到我的住处，破门而入，进到妇女们的房间，里面住的是我的姊妹和我的侄女，她们过的是这样一种有秩序的生活，甚

至被亲属看见时她们都感到窘迫。”① 这段话说明，遵循妇女隐居的道德观念已成为广大雅典公民妇女的自觉行动。

妇女隐居的道德观念是雅典男性对女性进行监督的根据。在欧里庇得斯的剧作《厄勒克特拉》中，当厄勒克特拉的农民丈夫看到妻子与两个年轻男人在门口说话，② 就地批评他的贵族妻子说："啊，我在门前看到的这些陌生人是谁？是什么使他们来到这乡村人家？他们是找我吗？一个女人与年轻男人们站在一起是可耻的。"③ 在这里，厄勒克特拉的丈夫因为不知道来者是妻子的兄弟奥瑞斯提斯和表兄弟皮拉德斯而批评妻子，但是，这个情节生动地表明，雅典公民男性以两性隔离和女性隐居的道德标准严密地监视着他们的妻子、母亲、姊妹和女儿们。

史实证明，无形的男女性隔离和妇女隐居的道德观念形成一种社会舆论，成为比有形的门窗和栅栏强大得多的力量把妇女与男性分开。

雅典男性社会对两性隔离以及公民妇女过隐居生活的强调是为了使妇女保持贞洁和性忠诚，从而使家庭在宗教、经济和血统等各方面得以延续。过隐居生活虽然是雅典的公民妻子们受人尊敬的标志，但是，与丈夫在空间上、思想感情上和性生活上的距离使她们在心理上受到伤害。大多数时间

① 吕西阿斯，III，6–7。

② 在希腊神话和剧作中，厄勒克特拉是阿伽门农和克吕泰涅斯特拉的女儿，奥瑞斯提斯和伊菲革涅亚的姊妹，她帮助奥瑞斯提斯向母亲克吕泰涅斯特拉及其奸夫埃葵斯特斯报了杀父之仇。

③ 欧里庇得斯：《厄勒克特拉》（*Electra*），341–344。

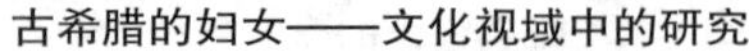

与丈夫分开的雅典公民妻子们“可能通过某种方式把感情直接寄托在她们的儿子身上，有时过分宠爱儿子，有时又把儿子大骂一通，以便维持这种情景。成年人也许在某种程度上会理解这种心情，但孩子却往往摸不着头脑，如坠五里雾中。结果，一代又一代男孩长大后都具有这种信念，即认为妇女是无法预测的，只要有可能，最好是避开她们。”[①] 这反过来，又进一步扩大了一代男女两性之间的互不理解和距离。

因此，总的来说，无论是受人尊敬的第一类妇女，还是被人歧视的第二类妇女，都是男性利益的牺牲品。第一类妇女作为妻子，为了男性生育合法子嗣和管理家庭的需要，而在意识形态上同男性及社会分离，大多数时间隐居在家中；第二类妇女作为伴侣，为了满足男性的性欲和解除精神寂寞的需要，而享有较大的行动自由。两类妇女的相对隐居或相对行动自由实际上都是为满足男性的不同需要而服务的，这进一步反映了雅典妇女所处的屈从地位。

三、雅典妇女地位低下的原因

雅典妇女的地位为什么如此低下？笔者试图通过对雅典城邦文化背景的研究和对雅典公民妇女与斯巴达妇女状况的比较分析，对这一问题作出解释。对于斯巴达妇女的详细情

① 坦娜希尔：《历史中的性》，第97–98页。

况，我们将在下一章作进一步论述。

第一，雅典妇女经济上无权的地位，决定了她们的社会和家庭地位。

在阶级社会中，人们的社会家庭地位从根本上来说，取决于他们的经济地位。恩格斯指出："一夫一妻是不以自然条件为基础，而以经济条件为基础，即以私有制对原始的自然长成的公有制的胜利为基础的第一个家庭形式。"[①] 雅典男性之所以在家庭中居于统治地位，是由于他们拥有并控制了家中的财产。反过来，雅典女性之所以处于屈从男性统治的地位，也与她们经济上的无权地位密切相关。如前所述，雅典妇女与法律上的未成年人一样，无权拥有、管理或控制任何财产，无权处理价值 1 麦斗以上的交易事务，不能签订价值一麦斗大麦以上的契约，她们的一切经济事务都由男性监护人负责处理。在家庭具有男性继承人的情况下，她们完全被排除在家庭继承的范围之外。除了自己的衣服和珠宝外，雅典妇女不能拥有任何财产。她们的嫁妆和伴随着女继承人的财产也处于监护人的管理之下。更为重要的是，对于古代世界财富的主要形式——土地，雅典妇女没有占有权。她们在名义上拥有的财产——嫁妆，其形式是现金，这笔现金无论数额大小，新娘也无权真正拥有和支配它。无论在什么情况下，雅典妇女都不会成为财产的真正主人，这与斯巴达妇

① 恩格斯：《家庭、私有制和国家的起源》，《马克思恩格斯选集》第 4 卷，人民出版社，1972 年，第 60 页。

女的经济地位形成了鲜明的对比。

与经济上没有自主权的雅典妇女相比，斯巴达妇女享有很大的经济权力，她们能够真正拥有并控制其财产，支配自己的地产、嫁妆和货币等一切形式的财产。这种经济地位的差别是造成两个城邦妇女地位差别的根本原因。

第二，奴隶制和娼妓制的存在，影响到雅典公民妇女的处境。

由于奴隶制的存在，使雅典公民妇女鄙视劳动，不到不得已时，她们绝不外出谋生。许多工作被看成是只适合奴隶承担的差事，如果公民来做就降低了身份。从色诺芬的《回忆苏格拉底》我们得知，由于寡头政治建立所带来的政治骚扰，阿里斯托哈斯的14位女眷跑到他家中寻求保护，而他却不能供养她们。当他向苏格拉底抱怨时，苏格拉底问他，为什么别人能养活许多人，并生活得丰丰足足？他回答说，这是因为别人蓄养买来的奴隶，可以任意强迫他们做事，而和他一起的却是自由的妇女和亲属，情况就不同了。[①] 这说明，在阿里斯托哈斯和他的女眷的心目中，自由妇女是不习惯也不适合工作的。后来，在苏格拉底的劝告下，她们才在这危机之时改变了生活方式。在阿里斯托芬的喜剧《吕西斯特拉忒》中，一个不得不早上自己出去汲水的雅典妇女说："在破晓之时，我就出去，到喷水池边装满我的水罐，这是什么样的生活呀！人声、嘈杂声和罐子砰砰撞击的声音交织在一起，

① 色诺芬:《回忆苏格拉底》，II，7，1-12。

汲水女子　陶瓶画（约公元前 470 年）

一大群仆人和打着烙印的奴隶从你身边挤过去……”[①] 她的话语中充满着对这项与奴隶挤在一起共同汲水的工作的厌恶，这说明奴隶制为劳动打上了耻辱的烙印，这种观念必然加深妇女幽居的程度。

奴隶制和娼妓制的存在，影响到雅典公民妻子与丈夫的关系。在色诺芬的《经济论》中，伊斯可马可斯与妻子关于漂

① 阿里斯托芬:《吕西斯特拉忒》, 327。

亮问题的讨论，反映了雅典公民男性对家内女奴的性利用形成了对妻子的心理压力。希巴格里斯特之所以想离婚，是因为她的丈夫阿尔西比德常常把妓女带到家里。[①] 在阿里斯托芬的《公民大会妇女》中，夺取了城邦政权的雅典妇女领袖对她的丈夫说："我想废除所有的妓女。"丈夫问："为什么?"她回答道："显而易见，这些公民妇女就可以在年轻男人最身强力壮时拥有他们，没有什么理由可以使浓妆艳抹的奴隶偷走属于自由妇女的性爱。"[②] 这一切都说明，由于年轻漂亮的家内女奴和放荡不羁的妓女的竞争，雅典公民妇女的地位进一步恶化，并使雅典公民夫妻之间的关系变得更加冷淡。

与雅典人不同的是，斯巴达人虽然也拥有少量的奴隶，但他们主要剥削奴役的对象是黑劳士，他们有自己的家庭和财产。黑劳士妇女不可能像雅典家内女奴那样为斯巴达男性提供性服务。而且，斯巴达男性长期过军营生活，对妇女的性贞洁又不像雅典人那么重视，娼妓也不可能成为影响斯巴达公民夫妻关系的重要因素。

第三，雅典的民主政治牺牲了妇女的利益。

民主政治是雅典城邦繁荣的源泉之一，也是雅典人留给西方的重要文化遗产。然而，民主政治并没有给雅典妇女带来好处。如前所述，雅典的民主政治与现代的民主政治不同，它的民主只是对在总人口中占少数的公民阶级而言的，外邦

① 普鲁塔克:《亚西比德传》，VIII，5。

② 阿里斯托芬:《公民大会妇女》，718-722。

人、奴隶被排除在外，雅典城邦只是一个公民集体。不仅如此，雅典城邦还是一个男性公民的集体，广大妇女被排除在城邦的政治生活之外。由于雅典妇女没有参加公民大会投票和担任官职等权力，所以无论雅典的民主政治怎样发展，都没有她们的份儿。雅典城邦在产生民主政体以前处于贵族寡头的统治之下，战神山的贵族议事会掌握着城邦重大事务的决策权，普通的男性公民对城邦事务的发言权并不比妇女大多少。在这样的形势下，妇女无政治权力的问题还不十分明显。正如贾斯特所指出的那样："在狭窄的贵族寡头政治或者君主专制国家中，贵族妇女往往行使相当的权力，即使这种权力是不合法的。同时由于广大民众，不论是男性还是女性都没有政治权力，'政治'并不是把男性和女性分开的事物。"[①]然而，当雅典实行民主政治时，情况就不同了。公元前6世纪，雅典通过梭伦和克利斯提尼的改革确立了民主政体。在希波战争中，随着雅典海军力量的发展，第四等级公民在城邦政治生活中作用加强。到伯里克利时代，雅典的民主政治达到极盛，公民大会成为雅典的最高权力机构，每个公民都能够以抽签和轮流的方式担任官职，直接参与城邦的管理。在民主政治发展、雅典男性公民对城邦事务享有越来越大的发言权的时候，妇女在政治上的受排挤就显得格外突出。这时，在政治权力方面雅典公民妇女就与男性公民有了明显的区别。除了因为能够为城邦繁殖公民的特殊地位而成为城邦

① 罗杰·贾斯特:《雅典法律和生活中的妇女》，第22页。

公民团体的消极成员外，她们的政治权力几乎与外邦人和奴隶相差无几，都处于被统治的地位。

雅典妇女不仅被关在民主政治门外，而且还随着民主政治的产生和发展被进一步剥夺了活动自由，这使她们与男性和社会更加隔绝。在某种程度上来说，雅典妇女的地位在民主政治时期要比先前的时代更低。雅典民主政治的繁荣有赖于不同等级公民的团结，没有农民和从事工商业及航海的第四等级公民的合作，雅典的民主政治是不可能巩固的。为了缓和平民与贵族的矛盾，限制贵族的权力，雅典民主政府加强了对妇女的控制。公元前 6 世纪，在雅典城邦平民与贵族的矛盾极其尖锐、平民酝酿着起义的情况下，梭伦作为仲裁者和调停人而当选为执政官。在他上台后实行的改革中，包括不少针对妇女问题所采取的措施。他允许男性监护人把丧失童贞的未婚女子卖为奴隶，并对妇女在行走、节日庆典、丧葬、嫁妆和饮食等方面的行为规范都作了具体规定。他提出，妇女外出的时候，穿的衣服不许超过 3 件，所带饮食的价值不许超过 1 奥波尔，饭篮不许高过 1 肘。妇女不得夜行，除非是坐在四轮车上，在车前挂灯照路。禁止陪嫁妆奁，新娘结婚时只能带 3 套换洗衣服和一些不值钱的家具。[1] 从梭伦的改革措施我们可以断定，在公元前 6 世纪以前，雅典妇女还享有较多的活动自由，而在这以后，她们的行动直接受到了法律的干预和控制。梭伦以及后来古典时代雅典民主政

① 普鲁塔克:《梭伦传》，XX–XXIII。

府的统治者所采取的这一类针对妇女的措施，目的在于抑制贵族的势力，防止他们借婚礼、葬礼等机会炫耀自己的财富，消除公民男性之间的纷争，巩固民主政体的基础。但是，这些限制贵族势力的措施，却造成了对雅典全体妇女的压制。因此，从这个角度来说，雅典妇女是民主政治的牺牲品。当雅典的公民男性获得更多的平等权力的时候，妇女的行动却受到了更多的限制，她们的地位进一步降低。

在政治体制上，斯巴达与雅典也有很大差别。它实行的是贵族寡头政治，城邦政权掌握在国王、长老和监察官等一小撮贵族手中，普通斯巴达男性公民对城邦事务的发言权并不比妇女大多少。而且，由于男子长期征战在外的原因，斯巴达公民妇女对城邦事物有一定的参与机会，她们的政治地位高于雅典妇女。这两个城邦妇女政治地位的差别比较有力地说明了，在城邦制度下，民主政治并不能给被排除在公民大会之外的妇女以更多的权力。

第四，夫妻之间的年龄悬殊使雅典的妻子们处于不利地位。

关于雅典男女的成婚年龄，古典作家的著作为我们留下了一些线索。从色诺芬的《经济论》中我们得知，克利托布勒斯娶妻时，他的妻子“还只是一个小孩子”。伊斯可马可斯的妻子出嫁的时候，“还不到十五岁”。[①] 在梭伦的著作残篇中，他把男子娶妻的年龄订在 4 或 5 的 7 倍，即 28 至 35 岁

① 色诺芬：《经济论》，III，13；VII，5。

之间。[1] 柏拉图的《法律篇》告诉人们，男子成婚年龄应规定在30至35岁。[2] 亚里士多德在《政治学》中强调，妇女的出嫁年龄应规定在18岁，男子的成婚年龄则应当是37岁前后。倘若男女都是遵守这样的规定而按时成为眷属，则两方媾配的开始同在人生健壮的岁月，他们的生殖能力的消失也不致有多大参差，子女的继承于双亲也恰好相当。[3] 根据古代作家的说法，波梅罗伊推断，雅典女孩理想的初婚年龄是14岁，嫁给30岁的男子。[4] 不论这种说法是否准确，雅典新郎与新娘之间的年龄存在很大差距这一点是完全可以肯定的。从公元前4世纪的雅典法庭演说中我们得知，一个雅典男子在18岁结婚，他的女儿竟被人们错认为是他的妹妹。[5] 这说明，在正常的情况下，雅典男性与他们的孩子之间年龄的差距要大大超过18岁，因而，新郎的年龄通常肯定要比新娘年长得多。

夫妻之间的年龄悬殊使雅典的丈夫们与妻子们之间缺乏共同的语言和共同的朋友，这就不难理解为什么克利托布勒斯与同住在一个屋檐下的妻子讲的话比任何其他人都要少。年龄的巨大差异使雅典人夫妻之间的关系更像是父女，而不像是平等的夫妻和伴侣。年龄上的优势使丈夫对妻子抱着家长式的统治情感，色诺芬著作中的克利托布勒斯和伊斯可马可斯都以长辈的口气教导着年轻幼稚的妻子。生了孩子的雅

---

① 梭伦:《残篇》, 27。

② 柏拉图:《法律篇》, 721。

③ 亚里士多德:《政治学》, 1335 a。

④ 波梅罗伊:《女神、妓女、妻子和奴隶》, 第64页。

⑤ 德摩斯提尼: XL, 12; 56。

典妇女自己本身还是个孩子，她们不能不对年长而有经验的丈夫言听计从，像对父亲一样地尊敬服从他们。

夫妻之间的年龄差距也使雅典的丈夫们对年轻妻子的性忠诚十分担心。在阿里斯托芬的喜剧《地母节妇女》中，一个妇女说道，如果有妻子编织花冠，她就会被认为是在和别人搞恋爱；如果有妇女在屋里走动的时候把一只器皿掉在地下，她丈夫就会问，这只瓦罐是由于思念谁而打烂的？[①]对妻子的性忠诚不放心的雅典丈夫们必然会加强对妻子的控制和监督。在同一喜剧中，阿里斯托芬提到，雅典的丈夫们在闺门上打上印记，安上插销，把妻子看管起来，还养了摩罗西亚狗来吓走妻子的情人。[②]丈夫的严格监督使雅典的妻子们与男性和社会进一步隔绝。相比之下，斯巴达男女两性成婚年龄的差距不如雅典人那样大。这就使斯巴达妇女在两性关系上和家庭中处于相对有利的地位。

第五，男女教育水平的差别，使雅典妇女在夫妻关系中处于劣势。

由于雅典男女两性的成婚年龄、社会角色和道德标准的不同，他们受教育的程度也有很大差别。雅典公民男性的活动领域在户外，他们有权参加议事、担任公职和陪审员，还可以参军服兵役，因而受到较高程度的教育。他们学习修辞术，以便在公共会议上发表富有说服力的演讲；他们受到体育训

① 阿里斯托芬:《地母节妇女》，401-402。
② 阿里斯托芬:《地母节妇女》，415-416。

练，以成为强壮合格的士兵。雅典公民妇女的活动领域在家内，无权参加城邦政治，社会舆论要求她们沉默寡言、恭顺服从，除了母亲教给的治家之术，她们很少有机会受到正式教育。当她们的男性同代人还居住在父母家中发展他们的智能和体能时，雅典的年轻女子早已成家，当了母亲。[①]

雅典的社会舆论反对给妇女提供超过管理家务知识范围的教育。公元前4世纪的作家、教师特奥佛拉图斯教导人们：“至于教育妇女懂文识字这件事，必须把它局限于管理家务的程度。更进一步的教育会使妇女在所有其他的领域里太空闲了，把她们变成话匣子和爱管闲事的人。”喜剧诗人米南德更露骨地说：“教妇女认字？一个严重的错误！这就像给一条可怕的毒蛇加上额外的毒液。”[②]

在社会舆论和传统道德观念的影响下，许多雅典父母力求用与外界隔绝不通信息的方法来使女儿保持纯真，结果使不少女孩在进入婚期时仍处于几乎什么都不懂的无知状态。克利托布勒斯的妻子结婚时，“所见所闻少得可怜”。伊斯可马可斯的妻子在出嫁以前，“一直受着约束，尽量少看少听、少说话”。[③]不谙世事的雅典妇女结婚后只能事事依赖丈夫的指点。

雅典男女两性受教育程度的差别扩大了男女之间的不平等，促使受到较高教育的雅典男性在夫妻关系中抱着居高临

① 波梅罗伊：《女神、妓女、妻子和奴隶》，第74页。
② A. 鲍威尔：《雅典和斯巴达》，第342页。
③ 色诺芬：《经济论》，III，13；VII，5。

下高人一等的态度，而将因社会习俗和偏见失去受教育机会的雅典妇女置于不利地位。

斯巴达妇女在教育方面得到了比其他希腊城邦特别是雅典的妇女较多的机会。她们可以像男性一样，受到一定的文化教育。这为她们管理城邦事务奠定了知识基础，也使她们在家中拥有较大的发言权。

第六，雅典公民妇女与社会的隔绝拉大了她们与男性的距离。

如前所述，雅典公民妇女被有形和无形的栅栏隔绝在家中，远离社会和男性世界。在此，我们将从社会文化生活和妇女活动的领域方面对这个问题作进一步论述。雅典妇女不但被排斥在城邦的政治生活之外，也被拒绝在学术殿堂的门外，无权参加雅典男性十分热衷的学术活动。雅典人以爱好知识和智慧而著称。伯里克利在阵亡将士国葬典礼上说："我们爱好美丽的东西，但是没有因此而奢侈；我们爱好智慧，但是没有因此而柔弱。"[1] 这句话十分清楚地说明了雅典人的性格。在约公元前 5 世纪中叶开始的希腊智力革命中，希腊涌现了数十名杰出的哲学家，其中最为著名的是苏格拉底和柏拉图。他们的思想对西方世界文明产生了巨大的影响，以至于怀特海在《过程与实在》中把柏拉图以后二千多年欧洲哲学的发展，都归结为对柏拉图的注释。[2] 哲学家们不仅潜

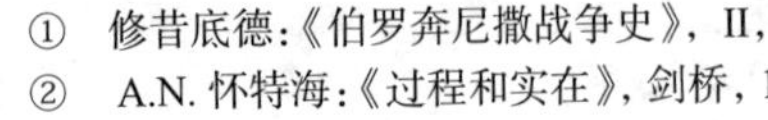
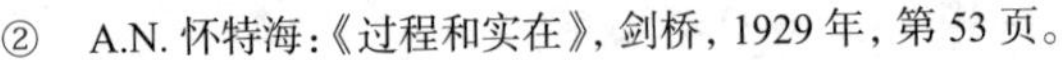

① 修昔底德：《伯罗奔尼撒战争史》，II，40。
② A.N. 怀特海：《过程和实在》，剑桥，1929 年，第 53 页。

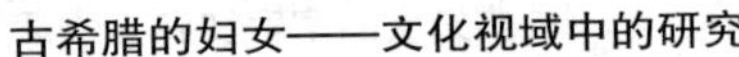

心研究学术，而且来到街头市场和运动场与人讨论各种问题，创办学园，传播智慧的种子。苏格拉底认为自己是一个“智慧的追求者”（φιλόσοφοζ），而不是一个智者（σοφιστής）。[①] 他把引导公民同胞获取知识和潜心向善视为自己的毕生使命，并为此而献出了自己的生命。大约在公元前 387 年，柏拉图在雅典城外约一英里处阿卡德穆斯的树丛中创立了学园，[②] 希腊各地渴望知识的好学青年蜂拥而至，聚集在他的身边。在这些学生中，包括古希腊最杰出的思想家亚里士多德。

对知识的热爱和民主政治的发展还使雅典人对演讲术十分青睐，在公民大会、议事会和法庭上，到处可以听到感情热烈的精彩演说，演讲人才辈出。公元前 4 世纪，著名演说家伊索克拉底在雅典开设学校，[③] 讲授修辞学、哲学、文学、历史等知识，教导学生崇尚美德。雅典另一卓越的演说家德摩斯提尼虽然先天条件不足，口齿不清，但他勤学苦练，终于获得成功。[④]

雅典人爱好智慧无疑是他们的优秀品格。然而，任何事情都有两方面，对于幽居在家中的雅典公民妇女来说，这并不一定是好事。从事哲学探讨和演说活动的是雅典公民男性，没有妇女插足的余地。对学术的爱好和对政治活动的热衷使雅典男性把主要精力和活动重心放在城邦，也就是男性

① 里辛格和瓦格纳：《古希腊和罗马的文化》（F.P.E.Reisinger and R.Wagner, *The Culture of Ancient Greece and Rome*），波士顿，1926 年，第 110 页。

② 《牛津古典辞书》，1949 年，第 698 页。

③ 《牛津古典辞书》，1949 年，第 460 页。

④ 罗念生编译：《希腊罗马散文选》，湖南人民出版社，1985 年，第 136 页。

公民集体之中，而对家庭不感兴趣，更加无暇顾及妻子的情感与心理需求。

除了不能参加男性的政治和学术活动以外，雅典公民妇女也被排斥在体育锻炼、体育竞赛和酒会等社会文化生活之外。在古代希腊，各城邦之间经常发生战争。城邦在军事上实行义务兵役制，筹备武器装备自己和参加保卫城邦的战斗是公民的神圣职责。在参加须以健壮的体格为保证的军事行动的过程中，希腊各城邦的公民也产生了对体育竞赛活动的浓厚兴趣，与此同时，在宗教气氛十分浓厚的古希腊社会，体育竞技还是人们举行宗教祭祀仪式的重要内容。早在荷马时代，希腊人就在贵族的葬礼上举行激烈的竞技比赛。《伊里亚特》对帕特洛克罗斯的葬礼上进行的体育竞技比赛进行了十分生动的描述。到了古风时代，祭祀体育竞技比赛和非定期的葬礼运动会逐渐发展为定期的运动会。据史料记载，古希腊人最早的运动会是奥林匹克运动会，它创办于公元前776年。奥林匹克运动会是古希腊人为了祭祀天神宙斯而举行的，赛会的地点在伯罗奔尼撒半岛西北部伊利斯（Elis）所管辖的奥林匹亚。该运动会每四年举行一次，是全希腊范围的体育竞赛盛会。各城邦的优秀运动员都聚集在此，角逐冠军，争夺荣誉，各个项目的优胜者会获得一顶象征着荣耀的橄榄枝花冠和一条棕榈树枝。除了奥林匹克运动会外，全希腊性的竞技运动会还有向阿波罗神致意的皮提亚运动会、纪念海神波塞冬的地峡运动会和纪念希腊英雄海格立斯的尼米亚运动会。为了取得在赛会上的成功和强身健体保卫城邦，

奥林匹亚体育场(照片)

古希腊人十分重视体育锻炼，几乎每一个城邦都设有体育馆(gymmnasion)、体育场(stadion)和摔跤场(palaistra)。[1] 男性公民们脱掉衣服，赤身露体地在里面进行跑步、跳跃、掷铁饼、角力、拳击、格斗等各种竞技练习，同时也进行社交活动。

与所有的古希腊人一样，雅典人酷爱体育活动。他们把健康的体魄作为完美的人的一个组成部分，并把体育与德育、

① 张广智主编:《世界文化史》古代卷，浙江人民出版社，1999年，第213页。

智育、美育一起看作是教育的基本内容。柏拉图曾形象地把精神和身体发展不一致的人比作“跛子”。他提出：“良好的身体锻炼比精神改造更为重要，但是有良好的精神，一定能锻炼好健全的身体。”[①] 雅典的文化名人柏拉图、索福克勒斯和欧里庇得斯都是出色的运动家。雅典人除了参加全希腊的运动会以外，还每隔四年组织自己的运动会——泛雅典娜运动会。该运动会在奥林匹克运动会后的第三年举行，竞赛的项目有歌唱、弦琴、管笛、赛跑、角力、打拳、步兵和马队的表演，最后是以火炬赛跑和比里尤斯港的赛船。竞技胜利者的奖品是神圣的橄榄油瓶和装饰着雅典娜画像和竞技图案的花瓶。[②]

由于对体育的热爱，古雅典人十分重视自身的体育锻炼和对儿童的体育教育。许多雅典人从下午起就集中到体育馆和运动场进行各种健身运动，雅典的男孩子到了 7 岁以后要到城邦设立的“音乐学校”和“体操学校”接受全面的教育和训练。在体操学校里，男孩们在教师的指导下，从事跑步、跳跃、爬绳、球类比赛、跳舞、游投掷标枪等项目的训练。到了 18 岁时，合格的雅典男性公民要在“埃弗比”团接受为期两年的军事训练。而当时军事训练的内容，主要是跳高、跳远、赛跑、角力、格斗和投掷等体育运动。[③]

---

① 转引自于克勒、章惠菁：《古代奥运会史话》，上海人民出版社，1986年，第130页。

② 李天祜：《古代希腊史》，兰州大学出版社，1991 年，第 365 页。

③ 参见于克勒、章惠菁：《古代奥运史话》，第 132–137 页。

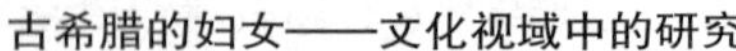

然而，雅典的体育竞赛和体育锻炼的大门只是对男性公民和将会成为公民的男孩敞开的，广大的雅典妇女完全被排斥在外。像所有的希腊妇女一样，她们无权参加奥林匹克运动会，也不能观看、窥视任何比赛活动，如果违反规定，她们就会被处以极刑——从科罗纳翁山顶投入阿菲奥斯河中。[①]她们无权到体育馆和体育场参加任何体育锻炼活动，因为那里是男人们的活动天地。在这一点上，斯巴达妇女要比雅典妇女幸运得多，她们能够像男子一样接受体育教育，到体育馆和户外进行各种体育锻炼活动，因而练就了健美的肌体和勇敢的性格。

古代雅典男性公民另一个重要的文化活动中心和社交场所是酒会。酒会（symposion）是指人们进行集体饮酒活动的聚会。酒会不仅是雅典人饮酒作乐的地方，而且也是他们进行学术文化问题讨论的重要场所。以酒会为基础的政治小集团还对雅典城邦的政治生活产生了影响，伯里克利担任雅典的首席将军以前就经常参加酒会，形成了以他为核心的政治小集团，为他击败政敌奠定了基础。雅典政治家西蒙也时常参加酒会，来取得人们的支持。普鲁塔克的《西蒙传》描写了一次在劳美冬家举行酒会的情况。他说："当葡萄酒递给西蒙后，人们邀请他唱歌。他作了非常令人愉快的演出，客人们认为他比底米斯托克利斯更聪明。虽然，底米斯托克利斯知道怎样使国家繁荣强大，但他不知道怎样唱歌或者弹竖

① 李雪季主编:《世界女性历程图说》第1卷，第147页。

琴。在举杯喝酒时，谈话就自然地转到了西蒙的成就上，他们回忆了他的辉煌业绩，西蒙本人也列举了自己实行的最精明的计策。”[①] 由此可见，酒会成了政治家扩大个人影响、争取公民支持的场合。

雅典人的酒会有一套完备的程序，他们对调酒、祭酒、饮酒和酒会上的娱乐活动都有一定的规定。雅典人饮酒比较有节制，他们喝的葡萄酒都掺了一定比例的水。在他们看来，只有神才能喝纯酒，凡人只能喝经过调制的酒。对雅典人说来，饮酒只是酒会中最不重要的组成部分。他们热衷于酒会上的各种娱乐活动——女艺人的歌舞、吹奏、弹琴，酒会出席者的表演和自娱自乐，以及斗酒和诗歌创作比赛等。更为重要的是，参加酒会的人还要对他们所关心的政治、哲学、道德、文学、艺术等问题进行讨论。由于参加酒会者受教育的程度或者兴趣不同，他们在酒会上活动的侧重点也有所不同。哲学家把哲学讨论作为酒会最主要的内容，而其他人则可能热衷于音乐、舞蹈与赋诗等活动。柏拉图在《普罗塔哥拉篇》中对两类不同的酒会进行了描述：

> 关于诗歌的讨论使我想起了普通人的酒会。这些人由于受教育水平太低，而不能通过他们自己的声音和谈话得到快乐。相反，他们雇佣女歌手，并花更多的钱来听一个体外的声音（竖琴弹奏），在靡靡的音乐声中使自

① 普鲁塔克：《西蒙传》，9，1–2。

己陶醉，然而，在有文化的高贵男人参加的酒会上，你将发现没有女孩吹笛子、跳舞或者弹竖琴。在严肃认真的(哲学)讨论中，他们以自己的声音和发言来愉悦自己和同伴，完全不需要那些轻浮的感官刺激，即使在他们醉得很厉害的情况下也不例外。如果我们的酒会参加者的确都是有文化的高贵男人，那么，我们就不需要那些体外的声音，甚至连诗歌也不需要。[①]

在色诺芬提到过的一次酒会上，人们除了讨论问题外，还进行了娱乐活动，他在《会饮篇》中对酒会的娱乐活动进行了描写：

现在桌子擦干净了，祭神的奠酒准备好了，人们唱起了献给神的赞美歌。一个来自叙拉古的男子为客人表演，他带着一个吹笛子的女孩，还带着一个多才多艺的舞女以及一个长得漂亮的男孩来弹诗琴和跳舞。这个叙拉古人靠进行这样的表演谋生。吹笛女孩和男孩拿着他们的乐器进行演奏，对他们的演出，大家很满意。[②]

从柏拉图和色诺芬的描述中，我们可以看到，在雅典人举办的酒会上的确有妇女进行表演。然而在酒会上进行表演

① 柏拉图：《普罗塔哥拉》(*Protagoras*)，347c–348a。
② 色诺芬：《会饮篇》(*Symposium*)，2，1–3。

酒会　陶瓶画（约公元前 480 年）

的是女奴隶和妓女，高等妓女可以陪伴同性参加酒会，与男人们一起饮酒和讨论政治、文化问题。雅典公民妇女是绝对不允许参加这样的酒会的。雅典人在家中进行酒会的地方称为“饮宴厅”（andron），意思是“男人的房间”，这说明酒会是男人们的世界和领地。

大量的史实告诉我们，雅典公民妇女不仅被排除在城邦的政治、军事、法律生活之外，而且也被排除在哲学讨论、运动会和酒会等城邦的文化生活与社交场合之外。总之，雅典妇女被完全排斥在男性的世界——公共活动领域之外，留给她们的活动空间只有私人领域，也就是负责照料家庭和养儿育女。

雅典公民妇女与社会和男性世界的隔离，使她们因缺乏交流而天真无知、目光短浅，这进一步扩大了她们与丈夫以及雅典其他男性的思想文化距离，使她们在城邦和家庭问题的决策上更加没有发言权。

第七，同性恋的盛行进一步降低了雅典妇女的地位。

近年来，古希腊社会的同性恋问题受到了国内外学者的注意[①]。公元前6–前4世纪是同性恋在雅典和其他希腊城邦最流行的时期。由于雅典公民妇女处于与社会隔绝的状况，所以雅典的同性恋现象基本上都表现在成年男子与少年男子之间。柏拉图和色诺芬各自撰写的《会饮篇》等作品、阿里斯托芬的喜剧、历史学家的记载、法庭的演说辞、诗歌和彩陶装饰画为我们提供了大量男性同性恋在雅典盛行的证据。

众所周知，苏格拉底与亚西比德是一对亲密的情人。在公元前432年的波提德亚战争中，苏格拉底曾经不顾个人安危，把受了伤的亚西比德从战场上救回来。柏拉图在《会饮篇》中对他们的同性恋关系作了十分详细的描述。年老而长相有些丑陋的苏格拉底之所以得到年轻俊美的亚西比德的爱是因为他知识渊博，能够成为后者事业上取得成功的良师益友。亚西比德曾经对苏格拉底表白说："在我看来，你是唯一值得我爱的人，你看来很犹豫对我说这些……对我来说，成为最优秀的人比任何别的事情都重要。在实现这个目标的道路上，你是最能帮助我的人，没有别的人能够比得上你。"[②]不仅如此，由于苏格拉底的才华出众，他受到了许多男孩的追求。在他与亚西比德的关系中，他不像一般年长的男子那样，

---

① 国外研究古希腊同性恋的最著名著作是：多弗尔：《希腊的同性恋》(K. J. Dover, *Greek Homosexuality*)，哈佛大学出版社，1989年；米歇尔·福柯：《性史》(Michel Foucault, *Histoire de la Sexulité*)，中译本见张廷琛等译，上海科技出版社，1989年；国内学者黄洋写有论文"从同性恋透视古代希腊社会"，载《世界历史》1998年第5期。

② 柏拉图：《会饮篇》，218c–d。

处于爱者（erastes）的地位，而是颠倒过来，成了一个被人追求的被爱者（eromenos）。在两人之中，苏格拉底注重恋人之间的心灵之爱，而亚西比德则希望在学识上得到指导的同时，也与恋人发生肉体之爱。当他遇到苏格拉底时，他把随从的奴隶打发走，极力引诱自己所敬重的这位老师和恋人上床，但总是得不到苏格拉底的积极响应。亚西比德抱怨说，当他缠着苏格拉底上床并拥抱苏格拉底的时候，他那最熟练的方式只能使苏格拉底更加得意。苏格拉底十分轻视他那美丽的“花朵”，而且还嘲弄它，侮辱它。[①] 当苏格拉底成为亚西比德的恋人之后，亚西比德对苏格拉底与其他男孩的接触表现出了爱情中经常发生的妒嫉情感。苏格拉底曾恼火地对酒会的主人说：“我对这个家伙的爱总是给我带来麻烦。自从我爱上了他以后，他从来不准我向别的漂亮男孩看一眼，更不用说和这样的男孩说话了。”[②] 这种毫不掩饰的妒嫉表明了年轻的亚西比德对苏格拉底的深深迷恋。

根据柏拉图等人的记载，公元前5世纪雅典的悲剧诗人阿伽同（Agathon）与鲍桑尼阿斯（Pausanias）也是一对恋人。阿伽同长得十分俊俏，皮肤白皙，胡子刮得干干净净，说起话来声音像女人一样甜美。当阿伽同最初与鲍桑尼阿斯相爱时，他大约只有18岁。他与鲍桑尼阿斯保持了长达十多年的同性恋关系。当他移居到马其顿的时候，鲍桑尼阿斯可能

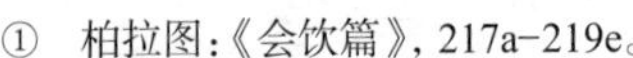

① 柏拉图：《会饮篇》，217a–219e。
② 柏拉图：《会饮篇》，213d。

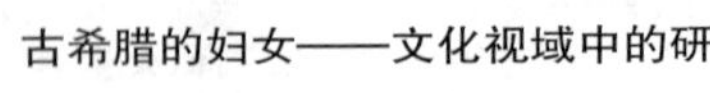

哈尔莫迪俄斯与阿里斯托格伊通雕像
（罗马摹制品，原件制作于公元前 477 年）

也随他到了那里。[1]色诺芬告诉我们，雅典最富有的人之一卡里阿斯与年幼的男孩奥托里克斯也有同性恋的关系。卡里阿斯特意为他举办了一次酒会，当这个美丽的男孩出现在酒会上的时候，他就像夜间突然发亮的灯一样，吸引了所有的客人的视线，搅动了他们的心灵。[2]修昔底德在他的历史著作中提到，雅典僭主希庇阿斯的兄弟希帕库斯因打算横刀夺爱，而被一对同性恋情人哈莫迪俄斯和阿里斯托格通杀死。[3]

阿里斯托芬的许多喜剧作品都涉及了男性之间的同性恋问题。在《鸟》这部喜剧中，珀斯特泰洛斯对戴胜说，在他想象中的理想国家中，一位漂亮男孩的父亲碰见了他，会这样埋怨他说："好哇，你这该死的家伙！我听说我儿子离开体育馆时遇见了你，他刚刚出浴，容光焕发。你不亲吻他，也不跟他说话，也不搂抱他，也不摸摸他的睾丸球，亏你还是我们家的老朋友呢！"[4]在《马蜂》中，阿里斯托芬自我夸耀说，尽管他已经成名，享有别的诗人所没有得到过的荣誉，但他没有自高自大、自鸣得意，也没有跑到角力士场上去勾引男孩子。如果有某个情人由于妒火中烧，恳求他在喜剧中讽刺他所爱的男孩，他就回答说，他从来没有答应过任何人这样的请求。他保持着正直之心，不愿意让他所打交道的那些文艺女神变成拉皮条的女人。[5]阿里斯托芬喜剧中不时出现的

① 柏拉图：《普罗塔哥拉篇》，315d–e；参见多弗尔：《希腊的同性恋》，第84页。
② 参见米歇尔·福柯：《性史》，张廷琛等译，第356页。
③ 修昔底德：《伯罗奔尼撒战争史》，Ⅵ，54–59。
④ 阿里斯托芬：《鸟》（*Birds*），137–142。
⑤ 阿里斯托芬：《马蜂》（*Wasps*），1023–1028。

有关男性同性恋的描述，说明了这一现象在雅典的普遍存在。

古希腊的陶瓶画也反映出男性同性恋是雅典和其他希腊城邦流行的时尚。在这种瓶画中，一些年长的男子正在送礼物给年轻男子，或者搂抱着他们。也许这些画不全是以描绘同性恋为主题的，但它们至少反映了一部分社会现实。陶瓶画的画面上反映出来的男性之间的性交方式有两种：一是年龄相仿的男性之间用肛门进行性交，另一种是男人们把阴茎放在对方的大腿之间进行摩擦。后一种方式的性交是在年长的男人与年轻的男子之间进行的。前者往往是低头哈腰，好像作出一副恳求的样子；后者一般是昂首挺立，有时甚至拒绝年长男子的求欢。① 以男性同性恋为主题的陶瓶画大多产生于公元前 570–前 470 年左右，雅典是这一时期古希腊陶瓶画创作的中心之一。在某种程度上，它甚至"垄断"了这一艺术形式。② 因此，陶瓶画上描绘的男性同性恋场面无疑是当时雅典社会生活在艺术上的体现。

同性恋的流行促使雅典的哲学家和文学家对爱（eros）的本质和道德进行思考。在男性同性恋风行的社会环境中，古雅典人产生了比较系统的爱情观。阿里斯托芬通过远古的神话来描述爱的本质。他说，最初的人类每个人都是合二为一的，他们分为男人、女人和半男半女的阴阳人三种。由于这时人类的力量十分强大，他们时常冒犯和攻击诸神。于是，

① 坦娜希尔：《历史中的性》，第 89 页。
② 多弗尔：《希腊的同性恋》，第 7 页。

宙斯便决定把人截成两半。被截成两半的人类便产生了爱。因此，爱的本质实际上就是对找回人的另一半的渴望。阴阳人被截成了半个男人和半个女人，他们倾向于异性恋。而男人和女人则各自被截成具有同样性别的两半，这就产生了男性同性恋或者女性同性恋现象。鲍桑尼阿斯主张，世上存在着注重精神之爱的天上之爱和强调肉体之爱的世俗之爱。前者由天上女爱神阿佛洛狄忒掌管，后者则由凡俗女爱神阿佛洛狄忒统治。柏拉图笔下的苏格拉底提出，爱不是利害的打算或肉欲的满足，而是渴望永远拥有善，也就是绝对美。[1]

在男性同性恋风行的社会环境中，雅典人的爱情道德观也逐渐产生。柏拉图的《会饮篇》对恋爱中的高尚行为和可耻行为作了区分，他指出："爱情本身没有绝对的好坏之分，一切看情况而定；以不好的方式服从一个不好的男子是错误，而以正确的方式服从一个高尚的男子则是善举。"[2] 在雅典人看来，为了得到道德训练、学问和友谊的爱是高尚的，而被金钱或者政治影响所俘虏的爱是粗俗的。因此，雅典人赞成男性之间追求高尚目的的同性恋，反对为了金钱而卖身的男妓。雅典的法律规定，如果一个雅典公民当过男妓，他就会被剥夺公民权。根据这个法律，公元前346年一个名叫爱斯基尼斯的雅典公民对年轻时曾经当过男妓的雅典政治家提马科斯提出了控告，并赢了这场官司，使提马科斯失去了公民

---

① 参见米歇尔·福柯：《性史》，张廷琛译，第402-403页；欧文·辛格：《爱的本性》第1卷，高光杰等译，云南人民出版社，1992年，第53-60页。

② 柏拉图：《会饮篇》，183 d。

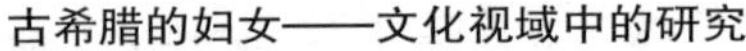

权。[1] 雅典人把荣誉的原则贯彻到了爱情之中，对于为了粗俗目的而结合在一起的男性同性恋也会进行指责。例如，苏格拉底就对克里提阿斯与尤苏戴莫斯的同性恋进行了严厉批评，认为前者是为了淫荡的目的和贪图享受而与后者在一起。他说，这种心情简直就和一只猪的心情没有什么两样。[2] 大量的史实告诉我们，在男性同性恋的土壤上，雅典人的爱情伦理思想趋于成熟。

雅典男性同性恋的流行是社会文化的产物。雅典公民妇女被排斥在城邦的公共生活之外，她们的活动领域是家庭。在这同时，雅典男性公民却活跃在公民大会、法庭、市场、体育馆和酒会等公共场所，忙于讨论政治、哲学和道德等问题。雅典社会生活的单一男性环境、两性公民在活动空间上的距离以及雅典妇女受教育程度低的现实，使雅典男性公民很难与同一阶层的妇女发生以感情为基础的爱情，这就使他们把视线转向了共同活动在公共领域中的雅典少年男子。体育馆里的裸体锻炼使成年男子十分欣赏少年男子的健康美，拥有少年男性爱慕者还为他们带来了声誉。而酒会上的哲学讨论和娱乐活动则使少年男子钦佩成年男性的学识和经验，渴望从成年男性那里得到忠告和哲学、道德方面的训练，为他们步入社会作好准备。于是，以男性为主体的公共活动领域成了产生同性恋的温床，同性恋也成了教育少年男子的途径。

① 多弗尔:《希腊的同性恋》，第 13-20 页。
② 色诺芬:《回忆苏格拉底》，1，2，29-30。

雅典男性同性恋不仅仅是一个性风俗问题，透过这一风俗，我们能够清楚看到雅典社会以男性为中心的文化本质。雅典男性公民掌握着城邦的权力，因此雅典人的性生活被用来满足他们的性要求。公民妻子为他们生儿育女，女奴、妓女和妾被用来满足他们的性生活需要，在政治上尚处于弱势的少年男子也成为他们发泄感情与获得性快感的对象。男性同性恋的风行使雅典妇女在男性的眼中进一步贬值，雅典人的两性关系也变得更加冷淡，从而使本来就地位低下的雅典妇女的处境更加艰难。与雅典一样，斯巴达也盛行男性同性恋。但是，斯巴达妇女享有较大的行动自由，社会赋予她们再生产战士的劳动以较高的价值，对她们的性贞洁也没有严格要求,因而同性恋对斯巴达妇女的影响没有在雅典那么大。

从以上两章的论述中，我们可以得出结论，虽然雅典妇女受到了一定的保护，但她们无论在城邦公共生活还是在私人生活中都处于低下的地位。这种地位是由雅典的社会制度、经济、政治、教育、结婚年龄和社会风尚等多方面的文化因素造成的。亚里士多德所代表的轻视妇女的理论和传统，较多地反映了雅典妇女的处境。那么，在文化传统与雅典有较大差异的多利亚人城邦斯巴达，妇女地位究竟如何呢？这就是我们下章要详细讨论的中心问题。

第四章

军事化社会中的斯巴达妇女

斯巴达是多利亚人建立的重要城邦，它以军事化的社会组织和教育制度而闻名于世。占这个城邦人口一半的妇女是被古代和当代作家谈论得最多的希腊妇女。对于斯巴达城邦的妇女政策和斯巴达妇女的行为，学者们各持己见，褒贬不一。不少古代作家认为，斯巴达妇女的行为方式是难以令人接受的，斯巴达城邦对于妇女的纵容，导致了城邦的衰落。例如，亚里士多德就对斯巴达城邦的妇女政策和斯巴达妇女进行了严厉的批评。他在《政治学》中说道："斯巴达妇女的放肆实际违背了他们立法的初衷，并有害于全邦公众的幸福。例如家庭由夫妇两人组合而成，城邦也可以看作是人数几乎相等的男人们和女人们两部分所合成。所以，在各个政体中，如果妇女的地位未经好好规定，那么半个公民团体就欠缺法度了。斯巴达的实况就是这样。当初制定斯巴达法律的立法家目的在于使全邦公民都能坚毅奋发，他的心愿可以说是一半达到了，斯巴达男子的确都具备这样的品性；但他完全疏忽了妇女这一部分，于是她们一直放荡不羁，过着奢侈的生活。”[①] 与亚氏的观点相反，从公元前 5 世纪后期以来西方始终存在着一些“斯巴达热爱者”，他们赞赏斯巴达的一切，认为斯巴达的性习俗和制度是值得赞扬和模仿的。[②] 在柏拉图描绘的理想国家里，与男性同样接受教育进行体育锻炼的女护卫者是以斯巴达为原型的。普鲁塔克在有关著作中对斯巴达女性也持赞许态度。近代西方兴起妇女解放运动以来，女权主义学者将斯巴达妇女视为妇女解放的榜样，而将斯巴达城邦的妇女政策及妇女地位理想化。波伏娃在其名作《第二性》中指出：“斯巴达实行的是公有制，它是给予女人几乎与男人平等的待遇的唯一的希腊城邦。”[③] 波梅罗伊在《女神、妓女、妻子和奴隶》中强调：“多利亚妇女与爱奥尼亚妇女相比，享有许多自由，在多利亚人中间，斯巴达妇女是最为自由的。”[④]

笔者以为，斯巴达妇女既有自由的一面，也有屈从的一面；我们没有必要过于指责斯巴达城邦的妇女政策，也无须将之理想化。不过，与雅典妇女相比，斯巴达妇女的地位的确要高一些。笔者拟从分析斯巴达城邦的特点入手，根据其多利安的文化背景，分析斯巴达妇女，主要是公民妇女的实际处境，并对斯巴达妇女地位较高的原因作一探讨。由于研究斯巴达妇女的资料比较缺乏，笔者借鉴国外古典史学家的

---

① 亚里士多德：《政治学》，1296b；译文见吴寿彭译本，第 83–84 页。

② 卡特里奇（Paul Cartledge）：“斯巴达的妻子们：解放或放纵？”见《古典季刊》（*Classical Quarterly*）第 31 期，1981 年，第 85 页。

③ 西蒙娜·德·波伏娃：《第二性》，陶铁柱译，第 101 页。

④ 波梅罗伊：《女神、妓女、妻子和奴隶》，第 42 页。

方法，在文中某些部分以同属多利亚系统的克里特人的《格尔蒂法典》和其他多利亚人城邦提供的证据作为替代，以弥补史料的缺憾。

一、斯巴达城邦的特征

斯巴达除了具有与其他城邦相同的属性之外，还有其独特的两个重要特征，它们都与妇女的地位密切相关。

斯巴达城邦的第一个重要特征在于，它是一个严密组织起来的军事共同体。众所周知，斯巴达人尚武好战，这与斯巴达城邦的特殊的社会结构是分不开的。斯巴达征服拉科尼亚（Lakonia）和美塞尼亚（Messenia）后境内被统治的居民主要分为庇里阿西人（Perioikoi）和黑劳士（Helots）两大类。

庇里阿西人是没有完全公民权的自由人，他们的名称在字面上是“住在周边的人”的意思。[①] 他们被剥夺了政治权力，无权参与斯巴达城邦的管理和决策。但他们在美塞尼亚特别是拉科尼亚地区组成了许多独立的公社，并享有一定程度的地方自治权。他们不是斯巴达人，但被包括在“拉西第梦人”的范畴之内；他们没有斯巴达的公民权，但属于庇里阿西人独立公社的公民。在某种意义上来说，他们是斯巴达城邦的“二等公民”。在军事和外交上，庇里阿西人的公社完全

① A. 鲍威尔：《雅典和斯巴达》，第 247 页。

服从斯巴达城邦的安排。庇里阿西人承担着为城邦服兵役的义务，他们被大批征集到斯巴达军队中服务。在希波战争中，他们与斯巴达人在不同的部队中为城邦服务。但在伯罗奔尼撒战争中，他们便与斯巴达人的部队混合在一起。[①]

与雅典的外邦人不同，庇里阿西人有权拥有自己的土地。普鲁塔克在《来库古传》中说，来库古把剩余的拉科尼亚土地分为30000份分给了当地的自由居民庇里阿西人。[②]斯巴达的两个国王在庇里阿西人的土地中，各自拥有一块特别的地产（temenos），并由庇里阿西人负责耕种，[③]这无疑是斯巴达人权力的象征。庇里阿西人除了耕种之外，还从事工商业活动，并负责向城邦提供武器。

被剥夺了政治权力的庇里阿西人有时与黑劳士联合起来，共同反抗斯巴达的统治。公元前464年，斯巴达发生大地震，图里亚（Thuria）和伊泰安（Aethaea）的庇里阿西人与美塞尼亚的黑劳士一起举行起义，逃往伊汤姆（Ithome），沉重地打击了斯巴达统治者。[④]但由于庇里阿西人分散在许多公社中，暴动不算频繁，还不至于成为斯巴达人的心腹之患。

对斯巴达人威胁最大的是深受压迫的黑劳士阶层。Helots这个词起初被解释为战俘或拉科尼亚地区的黑劳斯（Helos）人。[⑤]《牛津古典辞书》称，黑劳士的名称看来与希腊

---

① 奥斯丁和纳奎特:《古希腊经济和社会史》，第85页。
② 普鲁塔克:《来库古传》(*Lycurgus*)，VIII，3。
③ 奥斯丁和纳奎特:《古希腊经济和社会史》，第85页。
④ 修昔底德:《伯罗奔尼撒战争史》，I，101。
⑤ 奥斯丁和纳奎特:《古希腊经济和社会史》，第86页。

文 άλισκομαι(意为被俘或征服)有关。[1] 在被斯巴达人征服的拉科尼亚特别是美塞尼亚地区，存在着人数众多的黑劳士。修昔底德告诉我们，大多数黑劳士都是古代美塞尼亚人的后裔，他们在古代的一次战争中被剥夺了自由。[2] 对于黑劳士的身份，从古代起就有不同说法。古典时代希腊人把黑劳士称为“奴隶”(δοῦλοι)，这种称呼甚至出现在官方的文件中。公元前 421 年尼西亚和约签订不久，斯巴达与雅典订立的盟约中规定：“如果出现奴隶暴动(ή δουλεία έπανιστηται)，雅典人应竭尽全力帮助斯巴达人。”[3] 根据一个希腊化时代作家的看法，波鲁克斯下结论说，黑劳士的地位处于自由人和奴隶之间。[4] 斯特拉波援引埃弗鲁斯的记载，把黑劳士说成是国有奴隶。[5] 当代英国古典史家圣·克瓦尔和《牛津古典辞书》的作者都把黑劳士定义为农奴(serf)。[6] 不论黑劳士的身份和性质如何，黑劳士肯定与雅典动产奴隶有很大区别。

雅典的奴隶一般从海外输入，能够从市场上买到，并像财产一样归奴隶主个人所有。而斯巴达的黑劳士则归斯巴达国家所有，他们被分配给单个的斯巴达人耕种份地，向主人交纳份地上的一部分收入，他们的主人无权释放或卖

---

① 《牛津古典辞书》，1949 年，第 411 页。

② 修昔底德：《伯罗奔尼撒战争史》，I, 101。

③ 修昔底德：《伯罗奔尼撒战争史》，V, 23。

④ 波鲁克斯(Pollux)，3, 38。

⑤ 斯特拉波(Strabo)，VIII, 5, 4。

⑥ 圣·克瓦尔：《古代希腊世界的阶级斗争》(G. E. M. de. Ste. Croix, *The Class Struggle in the Ancient Greek World*)，伦敦，1981 年，第 139 页；《牛津古典辞书》，1949 年，第 411 页。

掉他们，只有国家才能释放他们，被释放的黑劳士构成了Neodamodeis阶层。[1]黑劳士拥有自己的家庭和财产，他们的来源主要靠自我繁衍。[2]

除了在紧急情况下，雅典的奴隶很少被征集到城邦军队中服役。而黑劳士却伴随斯巴达人去参战，在军队中充当随从、轻装步兵、海军水手甚至是重装步兵。在伯罗奔尼撒战争中和战后，斯巴达军队使用了大量的黑劳士。

特别重要的是，由于出身相同，斯巴达黑劳士要比雅典奴隶更容易举行暴动。雅典的奴隶来自不同地区，出身混杂，很少举行起义。在公元前421年斯巴达与雅典签订的盟约上，只要求雅典人帮助斯巴达人镇压“奴隶暴动”，却没有对斯巴达人规定相应的义务。而斯巴达的黑劳士却具有同质性，他们都是当地人，讲同一种语言，由于被征服而一同处于依附地位，因而便于团结起来举行起义，反抗统治者的压迫。特别是较晚被征服的美塞尼亚人，他们对自己的出身保持着清楚的记忆，渴望夺回自由，所以反抗最为激烈，斯巴达历史上所有大量的黑劳士起义都是在美塞尼亚地区爆发的。前文提及的斯巴达大地震后的黑劳士与庇里阿西人的起义延续了十年，危及到斯巴达的生存，在历史上被称为第三次美塞尼亚战争。公元前371年，斯巴达军队在卢克特拉被忒拜军队击败后，黑劳士纷纷起来暴动。公元前369年美塞尼亚人

---

① 奥斯丁和纳奎特:《古希腊经济和社会史》，第87页。

② 芬利:《古代经济》(M.I.Finley, *The Ancient Economy*)，伦敦，1985年，第63页。

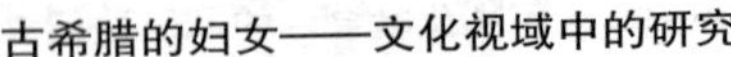

从斯巴达退出，建立了自己的独立国家。[①]

在经济上，斯巴达人无情地剥削黑劳士。普鲁塔克在《来库古传》中说，黑劳士每年必须交给每个持有份地的斯巴达男子 70 麦斗（medimnoi）小麦，其妻子 12 麦斗小麦，以及一定数量的葡萄酒及新鲜水果。[②]公元前 7 世纪斯巴达诗人提尔泰俄斯（Tyrtaeus）在一首诗中描写黑劳士："像驴子一样，因身负重载而精疲力竭，被逼无奈，他们不得不将土地上全部收获物的一半交给他们的主人。"[③]尽管有人认为交纳一半收获物数量太大，可能是紧急状况下的比例。[④]但是，提尔泰俄斯关于黑劳士像驴子般背着沉重负担的描写，无疑是对斯巴达黑劳士痛苦生活的真实写照。斯巴达人对黑劳士的残酷剥削，更激起了不甘心被征服命运的黑劳士的强烈反抗。

在政治上，斯巴达人对黑劳士实行恐怖统治。每年新的监察官（ephors）就职，都要向黑劳士宣战。斯巴达还实行所谓的 krypteia（秘密警察）制度，监察官不时地挑选一些机敏的斯巴达青年单独潜入农村，他们只带短剑和食物，白天躲藏在隐蔽之处，晚上则来到路上，杀死在那里劳动的最强壮的黑劳士。[⑤]公元前 424 年，在战争中处于不利局面的斯巴达人，唯恐人数众多而又难以驾驭的黑劳士乘机起来反抗，精心策划了一个骗局，让黑劳士选出他们中间战功卓著者，

① 奥斯丁和纳奎特：《古希腊经济和社会史》，第 86–88 页。
② 普鲁塔克：《来库古传》，VIII，4。
③ 提尔泰俄斯（Tyrtaeus），残篇 5。
④ A. 鲍威尔：《雅典和斯巴达》，第 249 页。
⑤ 普鲁塔克：《来库古传》，XXVIII，1–2。

装备战士　陶瓶画（公元前 520 年）

假意答应给他们以自由。黑劳士信以为真，推选了大约 2000 人。被选中者头戴花冠，环绕神庙行走，好像已经获得自由一般。结果，这些人不久就被斯巴达人杀害。[①]

斯巴达人对于黑劳士和其他下层人民的残酷统治激化了社会矛盾，引起了被征服人民和被统治阶级的敌对情绪。亚里士多德提到，黑劳士总是在那里等待时机，时刻准备利用斯巴达人的灾祸进行出击。[②]公元前 397 年，基那栋密谋反对斯巴达人，有人向监督官告发此事，当监察官问他有多少

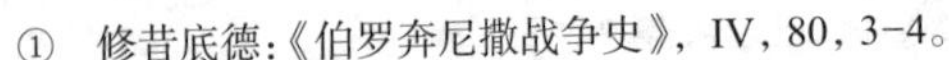

① 修昔底德:《伯罗奔尼撒战争史》, IV, 80, 3-4。

② 亚里士多德:《政治学》, 1269a。

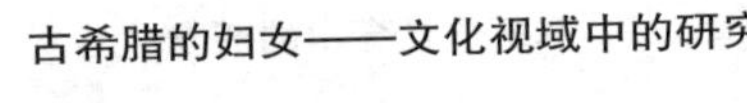

人卷入这一阴谋时，他回答说，叛党的首领只与很少几个人联系，但广大的黑劳士、获释的黑劳士、下等公民和庇里阿西人都与阴谋者思想一致。每当有人向他们提起斯巴达人，他们中没有一个人能够隐藏住他们愿意生吞斯巴达人的真实想法。① 史实说明，完成征服目标后的斯巴达人始终面临着应付内部敌人的巨大压力。

然而，处于内部敌对力量包围中的斯巴达人在整个城邦人口中占很少比例。对于斯巴达不同阶层的人口，历史资料没有提供准确的统计数字。不过，希罗多德在描写公元前 479 年的普拉塔亚（Plataia）战役情况时，给了我们一些有用的参考数据。他告诉我们，参加这次战役的拉西第梦人有 10000 名，其中斯巴达人 5000 名，每个斯巴达人有 7 名随从的黑劳士，这样斯巴达人就有了一支 35000 人的护卫军。② 鲍威尔在他的著作《雅典和斯巴达》中，把除了斯巴达人以外的另外 5000 拉西第梦人理解为庇里阿西人，③ 他的看法有一定的根据。无论如何，希罗多德提供的数据应当可以证明斯巴达人在城邦总人口中占少数。

数量极其有限的斯巴达人要想维持对于如此众多的被征服人口的统治，唯一的办法就是把斯巴达社会军事化，将每一个斯巴达人都训练成战士。斯巴达人不从事任何生产劳动，完全依靠黑劳士和庇里阿西人来满足他们的经济需要。

---

① 色诺芬：《希腊史》（Xenophon, *Hellenica*），III, 3, 5。

② 希罗多德：《历史》，IX, 28。

③ A. 鲍威尔：《雅典和斯巴达》，第 98 页；第 129 页注 21。

他们的份地由黑劳士耕种，他们所需的手工业品由庇里阿西人和黑劳士制作。他们从所有的经济劳动中解脱出来，把全部精力都投入到军事训练之中。斯巴达的婴儿出生后，做父亲的要把孩子送到一个叫作勒斯克的地方去，由部落的长老代表城邦检查婴儿。如果孩子结实强壮，他们就命令父亲扶养他，并将一份土地分给这个婴儿。如果孩子孱弱畸形，他们就把他丢到"弃婴场"去，这是泰格托斯山脚下一个峡谷似的地方。与此相类似，妇女们不是用水而是用酒来给新生儿沐浴，以考验婴儿的体质。在扶养婴儿的过程中，斯巴达的妇女尽一切努力，把他们培养得健康而又勇敢。保姆们不用襁褓裹着婴儿，任他们的肢体自由发展，还教育他们知足、快乐、不挑食、不怕黑、不怕独处，也不暴躁和哭闹。男孩长到 7 岁，就离开家庭编入连队，接受城邦安排的教育。从这个时候起，他就与同龄的孩子生活、游戏、训练在一起。城邦通过一系列教育手段培养青少年，使他们具备吃苦耐劳、服从命令、机智勇敢的品格。编入连队的男孩们推选果断勇敢又有判断能力的孩子担任队长，服从他的命令，甘受他的责罚。男孩们终年不穿鞋，习惯于赤脚走路。到 12 岁时，男孩们就不再穿内衣，一年只能领到一件外衣，晚上睡在自己堆积的、用灯心草穗子做成的地铺上。为了使男孩们更加机智灵活，负责训练男孩的青年故意不给他们足够的口粮，让他们学会偷窃。偷窃技术不精被抓住的男孩会遭到鞭打和挨饿的惩罚。据说，一个斯巴达男孩把偷来的一只小狐狸放在自己的外衣下，被这畜生用它的尖爪利牙抓出了肚肠，也强忍

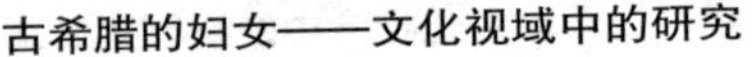

着痛苦不吭声，宁愿死也不让别人发现他的偷窃行为。[①] 为了考验少年男子的肉体忍耐力，斯巴达城邦还以敬神的名义，实行一种鞭挞未成年人的制度。鞭挞的仪式每年在阿耳忒弥斯神庙前举行，由女祭司在现场监督执行。当鞭子像雨点般地落到男孩们的身上时，他们必须坚强地忍受，不得呻吟或者哭叫。此外，城邦还对男孩们进行赛跑、跳跃、掷铁饼、投标枪、角力等竞技训练和军事训练，教他们学习简洁凝练的斯巴达语言。直到

铁饼运动员　陶瓶画（约公元前 490–前 480 年）

① 普鲁塔克：《来库古传》，XVI–XVII；译文参见陆永庭、吴彭鹏等译：《希腊罗马名人传》上册，商务印书馆，1995 年，第 106–109 页。

20岁，斯巴达男青年才进入成年人的行列。此后，他们要在军营中接受10年正规的军事训练，30至60岁时，斯巴达男性仍以练兵打仗为生活的主要内容。因此，斯巴达人的整个生活都被城邦以军事化的方式组织起来。斯巴达城邦采取一系列教育手段塑造青少年品格的目的也十分明确，这就是要把他们培养成为合格的战士。

总之，斯巴达城邦完全是一个严密组织起来的军事共同体，整个斯巴达国家就像是一座敞开的兵营。如果说斯巴达人在对外扩张期间实行军事化的目的在于征服，那么，他们在征服目标实现之后实行军事化的目的则是为了维持对大量依附人口的统治，在充满敌意的环境中生存下去。

斯巴达城邦军事共同体的特征使它给予在生育战士中起重要作用的斯巴达妇女以较多的户外锻炼和活动的自由，从而使她们处于较高的社会地位。然而，我们还必须看到斯巴达的另一重要特征。

斯巴达城邦的第二个重要特征在于它还是一个平等形式下的不平等公社，具有完全公民权的斯巴达人叫作 homoioi，也就是平等人的意思。[①] 他们被组织在平等人公社之内，过着由传说中的来库古所规定的相同生活。

斯巴达是一个农业社会。公元前8至前7世纪，由于农业从谷物生产转向葡萄酒和橄榄油生产，以及与周边蛮族地区商品交换的发展，私有制在斯巴达社会开始发展。与此同

① 奥斯丁和纳奎特:《古希腊经济和社会史》，第81页。

时，在五个村庄基础上建立起来的斯巴达城邦进行的征服活动，也使斯巴达平民与贵族之间的矛盾激化。这时的斯巴达人说："钱造就了人。"[①] 普鲁塔克告诉我们，来库古改革前的斯巴达存在着骇人听闻的不平等，城里挤满了没有财产、无依无靠的穷人，财富都集中到了少数人手中。[②] 亚里士多德著作中涉及的提尔泰俄斯的《治世》诗篇，也提到人民由于战祸，陷于困境，要求重新分配土地。[③] 因此，斯巴达城邦采取一系列改革措施，力图以平等的形式来消除不同公民群体之间的矛盾和冲突，加强公民的内部团结，共同对付黑劳士的反抗，这就发生了归于来库古名下的社会改革。

根据普鲁塔克的说法，来库古把斯巴达的土地分成了9000份，分给了同样数目的斯巴达人，他禁止公民积聚金钱，取消所有金银货币，规定只使用不便收藏的铁币。他还创立了共餐制（syssitia），让穷人和富人一起在公共食堂就餐。[④] 为了加强公民间的团结，城邦倡导公民过简朴、禁欲的生活。亚里士多德告诉我们，斯巴达富人穿的是任何一个穷人都能置备的极为朴素的服装。[⑤] 修昔底德评论说，斯巴达人衣着简朴，富人尽可能采取与普通人同等的生活方式。[⑥] 当有人

① J. 雷德菲尔德(James Redfield)："斯巴达的妇女"，见CJ，第73期，1997年，第153-154页。

② 普鲁塔克：《来库古传》，VIII，1。

③ 亚里士多德：《政治学》，1307a。

④ 普鲁塔克：《来库古传》，VIII-X。

⑤ 亚里士多德：《政治学》，1294 b。

⑥ 修昔底德：《伯罗奔尼撒战争史》I，6。

问国王阿基西劳斯（Agesilaus），来库古改革给斯巴达带来什么好处时，他回答道："蔑视快乐。"当有人向他了解斯巴达的简朴之时，他说："以这种方式，我们获得了自由。"[①] 因此，通过斯巴达政府的精心组织，斯巴达公民（homoioi）在同一张桌子上吃饭，同穿朴素的服装，在一起训练，肩并肩战斗，他们的孩子接受同样的教育，真可谓过着平等的生活。通过这些平等化的改革措施，斯巴达城邦圆滑地缓和了不同公民阶层之间的矛盾和冲突。

然而，斯巴达城邦采取的共同生活的教育制度和共餐制等措施只是以平等的表面现象来掩盖斯巴达社会不平等的实际状况。正如雷德菲尔德所说："斯巴达人不是平等人，而是相似者，财富通过从公众视线中的消失而被逐出公共生活，富与穷、私有财产和经济竞争并没有被消灭，只是不让人们看见。"[②] 斯巴达城邦倡导的公民间的平等，充其量只不过是一种理想，现实与理想之间存在着很大的距离。斯巴达城邦采取的平等化措施只是暂时地缓和了公民间的矛盾，不能改变他们之间贫富和贵贱两极分化的必然趋势，平等人之间从来就没有真正平等过。斯巴达公民之间的不平等和两极分化，体现在政治、经济和精神等不同方面。

政治上，少数权贵家族垄断了重要的领导权力。亚里士多德告诉我们，有人认为，斯巴达属于寡头政体，其运作包

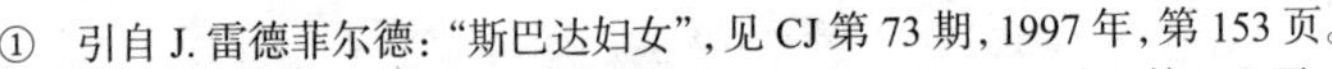

① 引自 J. 雷德菲尔德："斯巴达妇女"，见 CJ 第 73 期，1997 年，第 153 页。
② J. 雷德菲尔德："斯巴达的妇女"，见 C J 第 73 期，1997 年，第 157 页。

括不少寡头政治的因素。例如，执政人员不是通过抽签而是由选举产生，与民主政体不同，斯巴达只有少数几个人有权裁定死刑和放逐罪。他还指出，斯巴达的长老只有某些家族成员才能当选。[①] 至于斯巴达的两名国王的王位，更是由王族世袭相传的。

经济上，公民间财富分配不平等，贫富分化日益加深，财产逐渐集中到少数人手中。财富的集中最突出的表现是土地财产的集中。来库古立法时，约有 9000 户斯巴达公民家庭得到了土地，到了公元前 4 世纪，保有田产的公民战士大约只有 1500 户。[②]

在财富集中到少数人手中的同时，平等人公社内穷人数量越来越多。由于子嗣多的家庭在继承过程中土地被日益分小，或者由于土地兼并等原因，许多公民失去土地，有的还陷入债务之中，正如前文所述，一些公民欠了国王和城邦的债。由于贫困，一些公民无法承担公共食堂的费用。[③] 而土地和对公共食堂的义务是斯巴达公民资格的重要依据，不少贫穷的斯巴达人因此失去了公民权或成为没有完全公民权的"下等公民"（inferior）。[④] 按照亚里士多德的说法，斯巴达在历史上某个时期公民人数不少于 10000 人，可到了公元前 4 世纪中期，能够在军中服役的公民人数已不足 1000 人。[⑤] 不

① 亚里士多德:《政治学》, 1295 a ; 1306a。
② 亚里士多德:《政治学》, 吴寿彭译, 第 86 页注(1)。
③ 亚里士多德:《政治学》, 1271 b。
④ 奥斯丁和纳奎特:《古希腊经济和社会史》, 第 84 页。
⑤ 亚里士多德:《政治学》, 1270 a。

论这个数字是否准确，它的确可以说明斯巴达公民之间两极分化的严重性。亚氏关于“寡头政体内包括一富一穷两个城市”的说法，可以准确地概括斯巴达城邦的实际状况。[①]

精神上，斯巴达公民在“勇敢”等男子汉美德方面的竞争，导致了成功与失败者的分化，促使等级制度形成，出现了所谓的高贵者。斯巴达男性公民绝大多数时间都和自己的同伴生活在一起，处于公共视线的监督之下，从小就因行为的好坏而受到长者的奖励或惩罚。团队生活的环境和斯巴达人尚武传统，使他们特别看重荣誉和名声，赞赏男子汉气概，渴望胜利和成功。他们十分在意公众舆论，对奖罚机制特别敏感。为了追求荣誉，斯巴达平等人之间展开了激烈的竞争，努力获取勇敢的美名和对胆怯者的鄙视是这种竞争的集中表现。

斯巴达人以勇敢不怕死而著称，他们的指挥官在战争中身先士卒，阵亡人数相当多。除了我们熟悉的李奥尼达与300名斯巴达战士壮烈地战死在德摩比利之外，伯拉西达斯(Brasidas)和吕山德洛斯(Lysandros)等一大批出色的将军都是在国外战争中丧生的。[②] 特别值得我们注意的是斯巴达指挥官佛伊比达斯(Phoibidas)仅带着他属下的二三名战士就投入战斗，倒在战场上。[③] 色诺芬说，他把建功立业看得比自己的生命更为重要。[④] 由此我们可以看出公众舆论对斯巴达

① 亚里士多德:《政治学》, 1316 b。
② A. 鲍威尔:《雅典和斯巴达》, 第 232 页。
③ 色诺芬:《希腊史》, V, 4, 45。
④ 色诺芬:《希腊史》, V, 2, 28。

人造成了多大的心理压力，怕丢脸的思想驱使斯巴达人拼死战斗。

胆怯者在斯巴达处于屈辱的地位。在玩球时，没有人愿意要他参加自己一方；在合唱队中，他被置于最丢脸的地位；在路上，他必须给别人让路；当坐下时，他必须给别人让位，甚至是让位给比他年轻的人。[①] 斯巴达是一个尊重长者的社会，年长者给年轻人让座是极为丢脸的事。因此，公众对于胆怯者的态度形成了强大的舆论力量，刺激着斯巴达人去争取荣誉。

在斯巴达公民精神竞争中的成功者形成平等人公社中的高贵者，处于等级金字塔的上端。在斯巴达军队里，存在着一支由 300 名青年战士组成的团体。其名称 Hippeis 看来好像是骑兵，实际是一支优秀的步兵部队。他们除了为保卫国王的荣誉而作战外，还起维持治安的作用。并不是每个青年都能加入这个部队的，只有作战勇敢的青年才有资格入选。[②]

前文所提及的被监察官挑选出来监督杀害黑劳士的秘密警察，也是一支青年精英的部队。不过，芬利认为监督黑劳士只是他们的职责之一，他们的作用应当不局限于这一点。[③] 通过这样选拔勇敢者的方式，在平等人公社中产生了高贵者。

---

① 色诺芬:《斯巴达政制》(Xenophon, *Constitution of the Lacedaemonians*), IX, 4-5。

② 色诺芬:《斯巴达政制》, IV, 3；奥斯丁和纳奎特:《古希腊经济和社会史》，第 84、258 页。

③ 芬利:《古希腊的经济和社会》(M. I. Finley, *Economy and Society in Ancient Greece*), 伦敦, 1981 年, 第 28 页、254 页注 9。

然而，成功者毕竟只是少数，大多数斯巴达人是不够成功的，还有一些失败者，他们由于懦弱等非经济原因也被贬为“下等公民”（Inferiors）。除此之外，斯巴达平等人公社中还存在着 Tresantes，也就是那些在战争中怕得发抖的人。[①] 希罗多德告诉我们，在德摩比利战死的李奥尼达的部队中，有两个人得以幸免，一个叫作潘提铁斯（Pantites），他在回到斯巴达受辱之后上吊自杀，另一个名叫阿里司托达摩斯（Aristodamos），人们称他为“怕得发抖的人”，没有斯巴达人愿意和他讲话。结果，在后来的普拉提亚战斗中，他显然抱着去死的愿望去参战。[②]“怕得发抖的人”会受到污辱和惩罚，并丧失他们的部分公民权利。[③] 所有这些在精神竞争中的失败者与失去土地的下等公民一样都处于平等人等级制度的最底层。

因此，斯巴达平等人公社的平等只是形式上的，其实质仍然是不平等的。斯巴达城邦作为一个不平等的公社，它仍然是一个以男性为中心的社会，也必然会维护男女之间的不平等，使妇女屈从男性的统治。不过，由于斯巴达私有制不够完全，公民妇女从财产的不平等中也得到一些好处，对此我们还会进一步讨论。

总的说来，由于斯巴达城邦具有军事共同体和不平等公社这两个重要特征，斯巴达妇女的地位必然具有自由和屈从

① 奥斯丁和纳奎特：《古希腊经济和社会史》，第 84 页。

② 希罗多德：《历史》，VII，231-232；IX，71 。

③ 奥斯丁和纳奎特：《古希腊经济和社会史》，第 84 页。

两方面的特点，这就是以下我们要讨论的中心问题。

二、斯巴达妇女的地位

斯巴达妇女生活在实质上并不平等的共同体中，她们与古代所有的妇女一样，处于屈从男性统治的地位，无法支配自身的命运。斯巴达人的婚姻安排、婚礼习俗和夫妇间性生活的情况突出反映了斯巴达妇女所处的屈从地位。

斯巴达人的婚姻是由男性安排的，妇女对自己的终身大事没有发言权。希罗多德提到，如果斯巴达女继承人（patrouchos）的父亲生前没有对她们的婚姻作出安排的话，国王有权对她们应当嫁给什么人作出裁决。[①] 这一史实说明，斯巴达女子的婚姻是由父亲做主的，而国王可以干涉失去父亲的女继承人的婚姻。结婚之后，斯巴达妇女的命运也掌握在丈夫手中。斯巴达国王阿那克山德里迪斯（Anaxandrides）娶了自己亲姊妹的女儿为妻，由于他们没有孩子，监察官们让他把妻子打发走，只是由于他的坚持，妻子才没有被遗弃。不过，阿那克山德里迪斯按照监察官的建议娶了第二个妻子。[②] 另一个斯巴达国王阿里斯通（Ariston）设法让朋友阿吉图斯（Agetus）答应，各自从对方的所有物中挑选一件东西，

① 希罗多德：《历史》，VI, 57。
② 希罗多德：《历史》，V, 39–40。

致使中了计的阿吉图斯不得不把自己的妻子让给他。[1]在这里，我们看到的只是国王、监察官、元老和丈夫为斯巴达女子作婚姻安排，却听不到她们自己的声音和意见。最荒唐的是阿吉图斯失去妻子这件事，他竟然把妻子当作财产一样送给朋友。

斯巴达人的婚礼习俗也反映了斯巴达妇女在婚姻中所处的被动地位。普鲁塔克告诉我们，斯巴达新娘是在她们丰满成熟之时被丈夫用强力抢走的。新娘被抢走之后，伴娘负责照应她，把她的头发贴近头皮剪短，给她披上男子的外衣，穿上男式便鞋，再将她安置在地上的一张简易小床上，让她独自躺在黑暗之中。然后，等新郎像往常一样在公共食堂吃完晚饭后，悄悄地溜进新娘躺着的那间卧室，解开她的处女带，把她抱到婚床上。[2]在整个婚礼的过程中，我们看到的不是新婚夫妇之间甜甜蜜蜜互相爱慕的情景，而只是丈夫对妻子单方面的拥有。

关于斯巴达人夫妻性生活的情况，有一点十分引人注意，这就是丈夫可以把妻子"借"给别的男人,进行婚姻外的生育。色诺芬在叙述来库古改革措施时说，他要求年长的丈夫把他所钦佩的某个品德高尚而又身体健康的年轻男子引入家中，与他的妻子生育孩子。如果某个男人想与一个出身高贵的斯巴达女子性交，为自己生育后代，他只要征得这个女子丈夫

① 希罗多德:《历史》，VI，62。
② 普鲁塔克:《来库古传》，XV，3。

的同意，便可以放心地去做。[①] 斯巴达城邦作出这种规定，目的可能在于生育公民，但是这本身反映了斯巴达妇女所受的屈辱。因为在这里，妇女被丈夫像财产一样借给别人，失去了人的权力与尊严。雷德菲尔德在分析斯巴达人与人分享妻子的现象时认为，这也许与斯巴达人对财产的一般态度相一致，这就是财产应归私人所有，但它的使用可与其他人分享。如果是这样的话，妇女应当与奴隶、狗和马归为一类。[②] 笔者以为这一观点是有道理的。亚里士多德说："在斯巴达，对于朋友拥有的奴隶或狗、马都可以像自己的一样使唤。"[③] 色诺芬也提到过，来库古给予斯巴达人必要时使唤别人的仆人的权力，人们还可以打发别人的狗邀请它们的主人。如果一个人有事想要用马，他在任何地方看到马，都可以牵过来小心使用，并及时归还。[④] 由此看来，斯巴达的丈夫们把妻子借给别人使用的确可能与他们的"财产私有但可以公用"的思想有关。在他们的心目中，妻子被贬低到与奴隶、狗、马相似的私人财产的地步。史实充分说明，古代斯巴达妇女具有屈从男性统治的一面，把她们的地位理想化的观点失之偏颇，不够全面。

然而，古代斯巴达妇女的确享有一定的自由。与雅典妇女相比，她们的社会和家庭地位比较高，以下我们将重点从

① 色诺芬：《斯巴达政制》，I, 7-8。
② J. 雷德菲尔德："斯巴达的妇女"，见 CJ 第 73 期，1997 年，第 148 页。
③ 亚里士多德：《政治学》，1263a。
④ 色诺芬：《斯巴达政制》，VI, 3。

史料较多的经济、教育、政治等方面来讨论斯巴达妇女的地位与处境。

与经济上没有自主权，不能处置一麦斗以上交易事务的雅典妇女相比，斯巴达妇女享有很大的经济权力，她们能够真正拥有自己的财产，支配自己的地产、嫁妆和货币。与斯巴达情况相似的克里特岛多利亚人社会产生的《格尔蒂法典》规定：父亲负责管理财产及分配财产，母亲只管自己的财产；丈夫不可以出卖或抵押妻子的财产，儿子也不可以出卖或抵押其母亲的财产；父亲的财产将用于偿还父亲的债务，母亲的财产用于偿还母亲的债务；若母亲亡故后，父亲另娶新妇，孩子将负责管理其母亲的财产；若夫妻离婚，妻子可以得到她来夫家时所带来的自己的财产；若这私房财产有收益，她可得一半，她在这家所编织的某种物品，无论其为何物，亦可得一半；倘丈夫为离婚的起因，妻子还得5斯塔特。[①] 这些规定说明，在多利亚人的社会中，丈夫和妻子的财产不是共有的，他们各自拥有并掌握、控制自己的财产，斯巴达人的情况也不会例外。一些斯巴达妇女十分富有，她们掌握了大量的财富，并像富有的男人一样养马，雇人参加四匹马拉的战车比赛。她们可以作为马的主人间接地参加奥林匹克竞技会。西尼斯卡（Cynisca）是斯巴达国王阿吉西劳斯的妹妹，她在哥哥的说服下驯养参加四匹马拉战车比赛的赛马，[②] 还获得

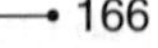

---

① 郝际陶译：《格尔蒂法典》，高等教育出版社，1992年，第17、27、51、29、11页。

② 色诺芬：《阿吉西劳斯传》（*Agesilaus*），IX，6。

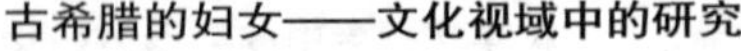

过一次战车比赛冠军的荣誉。铭文资料记载了她获得奥林匹克竞技会这个比赛项目冠军的情况：

我的父亲和兄弟是斯巴达的国王。
我，西尼斯卡，以自己的马拉战车获得了胜利。
谨立此像，我宣布，我是全希腊
获得此桂冠的唯一女子。[1]

这一铭文资料不但说明了某些斯巴达妇女的富有，而且说明了她们可以支配自己的财产。

与被排除在父亲家庭继承范围之外、接受现金形式嫁妆的雅典妇女不同，斯巴达妇女既可以继承父亲家庭的动产，也可以继承不动产。亚里士多德在谈论斯巴达贫富不均的现象时指出："由于女继承人的众多和妇女所得嫁妆的丰厚，使得全邦约五分之二的土地归属于妇女。"[2] 他的这段话说明，斯巴达妇女可以继承父亲家庭的财产，包括土地财产。《格尔蒂法典》的规定进一步证实了这个问题，有关条文规定："某死，其城里有农奴住着的房子及房中的物品，和乡下没住农奴的房子及不属农奴的大小牲畜，归其儿子；其余的财产将平分。无论有多少儿子，各将分得两份；女儿无论几位，各将分得一份…… 但若除房产外别无其他财产，女儿们将按

① 范撒姆等著：《古典世界的妇女》，第 64 页。
② 亚里士多德：《政治学》，1270 a。

上述规定得到一份。”[1] 这就意味着，儿子可以继承家庭财产的大部分，即房子和三分之二的土地以及家中的物品、牲畜等，女儿可以得到三分之一土地，在父亲除了房子没有其他财产的情况下，女儿可以得到部分房产。利杜斯分析说，女儿得到的三分之一土地是她拥有公民权的象征。[2] 因此，斯巴达和格尔蒂等多利亚人的社会中，尽管男女在继承中地位不平等，但妇女可以继承家庭的动产与不动产则是确定无疑的事实。

斯巴达女继承人的权力进一步说明了斯巴达妇女的经济地位。与意味着附属于家庭财产的有名无实的雅典女继承人（epikleros）不同，斯巴达的女继承人被希罗多德称为patrouchos，其字面上的意思是“祖传财产的所有者”。[3] 卡特里奇认为，斯巴达的patrouchos相当于格尔蒂的女继承人patroiokos。[4]《格尔蒂法典》有关女继承人的法规概括起来主要有如下内容：女继承人应嫁给近亲，她选择丈夫的次序为父亲的兄弟、父亲兄弟的儿子，年长者优先。倘若轮中者或女继承人过于年幼不能结婚，如有房产，女继承人要得到该房产，轮中者得全部财产的一半。若轮中者虽未成年，却已是青春少年但不愿结婚，则在结婚之前全部财产及产品将由女

① 郝际陶译：《格尔蒂法典》，第19页。

② 利杜斯：“古希腊的婚姻”，载乔治·杜比、米歇尔·佩洛特总主编：《西方妇女史》第1卷，第262页。

③ 希罗多德：《历史》，VI, 57。

④ 卡特里奇：“斯巴达的妻子们：解放或放纵”，《古典季刊》，第31期，1981年，第98页。

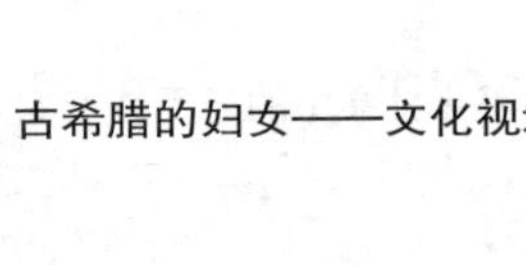

继承人支配。若女继承人不愿嫁给近亲中的轮中者，她可以嫁给本部落中的任何一个求婚者，但她必须把一份财产给近亲中的轮中者。倘若没有以上近亲，女继承人可以嫁给本部落中她所中意的任何一个求婚者。最后，如果本部落中没有人愿意娶她为妻，女继承人有权嫁给部落外的任何人。① 从法典的有关规定我们看到，多利亚人社会中的女继承人不但有比雅典妇女较大的择偶自由，而且能够真正拥有和支配她们的财产。前一段所引亚里士多德的关于斯巴达城邦贫富不均状况的评论，也说明斯巴达女继承人能够掌握自己的土地财产。因此我们可以说，斯巴达的 patrouchos 是真正的家庭财产继承人，接近女继承人这个名称的真正含义。

除了在经济上的权力之外，斯巴达妇女在教育方面也得到了比其他希腊城邦特别是雅典的妇女更多的机会。柏拉图在《普罗塔哥拉篇》中评论斯巴达妇女时说："不仅有男人，而且有妇女，为他们的教育感到自豪，我说的是真的，斯巴达人在哲学方面受到过最好的教育。"② 范撒姆等著的《古典世界的妇女》称："斯巴达妇女是唯一由城邦进行公共教育的希腊女性。"③

斯巴达妇女接受的教育首先是体育方面的训练，城邦要求她们锻炼身体。色诺芬说，来库古坚持女性的身体锻炼不

① 参见郝际陶译：《格尔蒂法典》，第 31-35 页。
② 柏拉图：《普罗塔哥拉篇》，342 D。
③ 范撒姆等著：《古典世界的妇女》，第 59 页。

能比男性少。[①] 如前所述，阿克曼在合唱颂歌中把斯巴达少女比作小马。他在描绘斯巴达少女阿吉多（Agido）时，说她在合唱队中格外引人注目，像是被放在牧地的畜群中的赛马，健壮、惊人。[②] 在阿里斯托芬的戏剧《吕西斯特拉忒》中，一个叫做拉姆皮托（Lampito）的斯巴达妇女身体显得很棒。作者形容她健壮得能够勒死一条牛，并且具有丰满的乳房。[③] 这些史料说明，斯巴达妇女经常进行体育锻炼，因而具有健壮的体魄。

像斯巴达男性一样，斯巴达妇女不但参加摔跤、扔铁饼和掷标枪等体育锻炼活动，而且也参加具有宗教仪式意义的跑步比赛。我们都知道，古希腊妇女无权参加奥林匹克运动会。但是，在奥运会结束后，她们就单独地举行"赫拉运动会"来向天后、婚姻女神赫拉表示敬意，运动会的地点也是在伊利斯的奥林匹亚。斯巴达妇女是"赫拉运动会"的积极参与者，她们参加该运动会的唯一项目——赛跑的比赛活动。鲍桑尼阿斯在著作中叙述了多利安人的城邦伊利斯（Elis）的妇女组织纪念赫拉仪式时的情节，从中我们可以推测到斯巴达妇女参加宗教仪式性赛跑的情况。他在文中提到，每隔4年，16名德高望重的已婚妇女为赫拉织一件法衣，并负责组织"天后节"的竞赛活动，比赛内容是少女间的赛跑。少女们年龄不一，最年轻的最先跑，下一个岁数的姑娘接着跑，最年长

① 色诺芬：《斯巴达政制》，I，4。
② 阿克曼，残篇，1，40-49。
③ 阿里斯托芬：《吕西斯特拉忒》，80-84。

者最后跑。她们跑步时头发向下垂着，穿着衬衫，右肩裸到胸部。派给她们的跑道是奥林匹亚运动场，但大约要比运动场短六分之一。获胜者获得橄榄树枝编成的花冠，并得到献祭给赫拉的母牛的一份，此外她们被允许奉献刻着她们名

少女运动员雕像

字的塑像。帮助这16名妇女组织赛跑的人也是已婚妇女。[①]平时经常参加体育锻炼的斯巴达妇女肯定在这样的竞赛中占上风，各种体育锻炼与竞赛活动增强了斯巴达妇女的体质。

斯巴达妇女可能裸体、半裸体进行锻炼。普鲁塔克说，斯巴达的少女们在参加宗教节日游行与体育竞赛时，半裸着身体出现在青年男子们的面前。[②]斯巴达的艺术作品中出现的裸体或半裸体的女性形象，说明了这种可能性的存在。在

① 鲍桑尼阿斯（Pausanias），V，16，2。
② 普鲁塔克：《来库古传》，XV，1。

一个公元前6世纪的黏土杯子内，描绘着三个裸体长发女孩在河边嬉戏时的情景。[①] 我们注意到，一尊古风时代年轻的斯巴达女运动员的塑像以半裸体的形式表现出来，这在当时其他希腊城邦的艺术中是十分罕见的。[②] 斯巴达妇女的衣着也适应她们经常从事体育锻炼的生活方式，她们穿着多利亚式的披肩外衣（peplos），和便于行动的开摆的裙子。

除了参加体育锻炼之外，斯巴达妇女也受到一定的文化教育。参加合唱队表演合唱颂诗的斯巴达妇女知道如何唱歌、跳舞，并能背诵诗歌中叙述的神话故事。在斯巴达产生了两名女诗人——梅加洛斯特拉塔（Megalostrata）和克利塔戈拉（Cleitagora），虽然她们的作品没有保存下来，但古代作家提到了她们的名字。除此之外，还有几名斯巴达妇女成了毕达哥拉斯学说的信奉者。[③] 与沉默寡言的斯巴达男子相比，斯巴达妇女很有讲话才能，她们对精美的斯巴达省略语的发展作出了贡献。一些刻着奉献者名字的还愿奉献物的铭文资料表明，一些斯巴达妇女基本上是识字的。[④] 大量的史实告诉我们，在斯巴达男性在接受城邦教育的同时，斯巴达女性也受到了体育和智育两方面的教育，并因此而获得了比深居在闺阁之中的雅典公民妇女大得多的行动自由。

① 卡特里奇："斯巴达的妻子们：解放或放纵"，《古典季刊》，第31期，1981年，第92页注47。

② 范撒姆等著：《古典世界的妇女》，第60页。

③ 范撒姆等著：《古典世界的妇女》，第60页。

④ 卡特里奇："斯巴达的妻子们：解放或放纵"，《古典季刊》，第31期，1981年，第93页。

在政治方面，由于男子长期征战在外，斯巴达妇女对城邦事务可能有一定的参与机会。亚里士多德说："在斯巴达人国力鼎盛的时期，他们的许多事情是由妇女管理的。执政者被妇女所统治和一个实际的妇女政府之间究竟有什么差别?"[①] 在他看来，斯巴达是一个与男子统治女人的自然等级次序相反的 gynaikokratia，即妇女统治的国家。[②] 普鲁塔克宣称，斯巴达的男人们服从他的妻子，并允许她们干预公共事务，这种干预比男性对私人事务的干预多。[③] 他还记载了一段关于斯巴达国王李奥尼达的妻子戈尔戈(Gorgo)的轶事。据说，当一个阿提卡的妇女问戈尔戈："为什么你们斯巴达妇女是唯一统治自己丈夫的女人?"她回答道："只是因为我们是男人们的母亲。"[④] 斯巴达国王阿基斯四世(约公元前 262-前 241 年)的母亲阿格西斯特拉就以母亲的身份对城邦政治发生过重要影响。公元前 3 世纪中叶，当阿基斯四世登上王位之时，斯巴达的社会矛盾十分尖锐。城邦的土地和财富集中在极少数富人手中，大多数人却担负着沉重的债务，因为贫困而破产，失去了土地和公民权。城邦公民人数急剧减少，城邦的社会基础大大削弱。失去土地的斯巴达人对富人十分痛恨和不满，他们随时都有可能爆发起义，斯巴达的统治者面临着统治危机。在这严峻形势下上台的阿基斯四世在母亲和城邦的其他妇女的支持下，对斯巴达城邦的政治和经济进

---

① 亚里士多德:《政治学》, 1269 b。
② 范撒姆等著:《古典世界的妇女》, 第 65 页。
③ 普鲁塔克:《阿基斯传》(*Agis*), 7, 3。
④ 普鲁塔克:《斯巴达妇女的言论》, 见《道德论集》(*Moralia*), 240 e。

行了大刀阔斧的改革。他以恢复来库古的宪法为口号，把土地分给失去土地的斯巴达人，并准备把边远地区的一部分土地分给庇里阿西人。他还宣布废除一切债务，把所有的债据都付之一炬。为了推动改革的顺利进行，阿基斯与自己的亲朋好友带头把自己的土地和财富交给城邦，由城邦进行分配。改革受到了占有大量土地的富人和寡头党的拼命抵制，他们趁阿基斯四世带兵出征之际控制了城邦。最后，阿基斯四世被以试图建立僭主政治的罪名而被判处死刑。在儿子为改革献出了生命以后，阿格西斯特拉也毫不畏惧地把头伸进了绞圈，并勇敢地说道："我的唯一的请求，就是这样做能够为斯巴达带来幸福。"[①]

虽然斯巴达妇女在城邦政治中发挥了一定的作用，但在笔者看来，亚里士多德关于斯巴达妇女统治国家的说法，可能有夸大其词和偏颇之处，因为尽管斯巴达妇女享有较大自由，但斯巴达仍然是一个以男性为中心的社会。无论如何，城邦的政治方向和重大事务是由男性决定的。统治城邦的少数政治寡头，如 2 名国王、5 名监察官和 28 名长老等，都是斯巴达的男性公民。妇女可能会对他们产生某些影响，但最终的决策权是在他们手中。从前文提及的斯巴达男性有权单方面决定抛弃妻子的做法来看，斯巴达的执政者不可能完全受他们妻子的摆布。不过斯巴达男性公民长期在外作战，妇女肯定对城邦事务的管理发挥了一定作用，上述普鲁塔克的记载证实了斯巴达妇女对城邦公共事务的干预。

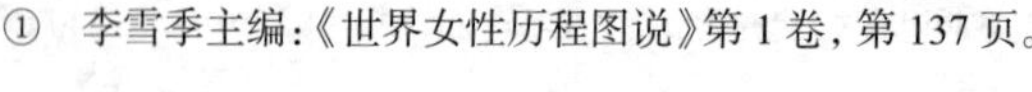

① 李雪季主编：《世界女性历程图说》第 1 卷，第 137 页。

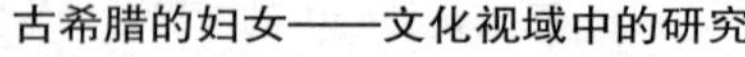

应当指出的是，斯巴达城邦之所以给予妇女较大的权力和活动自由，目的是为了生育强壮合格的公民战士。对此，普鲁塔克正确地指出，来库古让少女们锻炼身体，是为了将来她们腹中的胎儿能够在健壮的身躯中打下结实的底子，并发育得更好，也是为了使她们自己能够以充沛的精力怀胎足月，更从容顺利地应付分娩时的痛苦。[①] 色诺芬也告诉我们，为妇女设立了像男人一样的比赛和力量锻炼的来库古相信，如果父母都强壮，他们肯定会生育更强壮的后代。[②] 从斯巴达城邦对丧葬的有关规定上，我们也可以看出城邦对妇女生育公民战士的作用是相当重视的。根据普鲁塔克的说法，来库古不准人们在墓碑上刻死者的姓名，只有战死的男人和在产床上死去的女人可以例外。[③] 在这里，斯巴达城邦把女性公民生育战士和男性公民作战保卫城邦放到了同等重要的地位。相比之下，雅典城邦虽然也强调妇女的生育义务，但从来没有将它与男性公民的义务相提并论。从这里我们可以看出军事化的斯巴达城邦对妇女生殖作用的高度重视。在鼓励妇女生育的同时，斯巴达城邦对执意不结婚的单身男子也进行惩罚。据说，来库古不许单身汉观看竞技活动。在寒冷的冬天，地方长官命令他们只穿内衣内裤，绕着市场列队而行。边走边唱着一首关于单身汉的歌曲。在共餐团体一起吃饭时，比他们年轻的人也不给他们让座。[④] 从关于结婚、生育和

① 普鲁塔克:《来库古传》，XIV，2。
② 色诺芬:《斯巴达政制》，I，4。
③ 普鲁塔克:《来库古传》，XXVII，2。
④ 普鲁塔克:《来库古传》，XV，2。

丧葬的奖励和惩罚措施来看，斯巴达城邦考虑的中心问题无非是公民战士的再生产。

在这样的社会氛围中，斯巴达妇女自然也把生育公民战士看作自己首要的任务和神圣的职责。普鲁塔克记载说，当一个爱奥尼亚妇女为她编织的东西而感到自豪时，一个斯巴达妇女却夸耀她的 4 个英俊的儿子，说道："优秀的妇女应当有这样的杰作，这才是她值得自豪和夸耀的。"他还提到，当一个斯巴达妇女在埋葬她的儿子时，她对怜悯她的不幸的一个老妇人说："感谢神，多么幸运！这就是我为什么要生他的原因，好让他可以为斯巴达牺牲，现在这已经实现了。"[①] 妇女中的这种社会价值观念，扭曲了正常的母子之情。

史实充分说明，斯巴达城邦给予妇女相对平等的受教育权力和较大的户外活动自由，其出发点是为了保证繁殖优秀的公民战士，这与近代妇女解放运动倡导的建立在天赋人权基础上的平等思想是有区别的。因此，我们在承认斯巴达妇女享有较高的社会和家庭地位的同时，也不能将她们的处境理想化。

三、斯巴达妇女地位较高的原因

斯巴达妇女的社会和家庭地位总的说来要比雅典妇女

① 普鲁塔克：《斯巴达妇女的言论》，见《道德论集》，241 D。

高，其原因何在？笔者试图通过对斯巴达城邦文化背景的进一步研究和对斯巴达公民状况的重点分析，对此作出一些尝试性的解释。

第一，斯巴达妇女享有的经济权力，使她们在家庭和社会中处于比较有利的地位。

斯巴达妇女和经济上没有自主权的雅典妇女不同，她们能够继承、拥有并支配她们自己的财产。不仅如此，斯巴达城邦土地财产所有制的特点更使妇女处于有利地位。斯巴达是国有制和私有制并存的社会，私有制早在传说中的来库古改革时就已经产生。但是，这种私有制是受到限制的和不完备的，其突出的表现是城邦不允许买卖土地，在这种情况下，赠送、继承和嫁妆就成为财产转移和传递最重要的渠道，[①] 而这些渠道都与妇女密切相关。

由于斯巴达男性公民在长期征战中数量减少，以及妇女可以继承遗产，斯巴达女继承人的数量激增，她们掌握了大量的土地财产，因而身价倍增。

斯巴达盛行嫁妆制度，嫁妆的形式不仅表现为现金，而且也包括土地财产。随着私有制在斯巴达发展，富有家庭交换妇女的婚姻成为财产集中的重要途径，带着嫁妆出嫁的妇女成为平等人公社家庭之间经济竞争的筹码。斯巴达人之间的婚姻与雅典人以及其他古希腊人一样，把经济的利益放在

① 亚里士多德:《政治学》,1270 a；关于斯巴达的土地财产制度，可参见黄洋：《古代希腊土地制度研究》，复旦大学出版社，1995 年，第 81-116 页。

婚姻考虑的首位，因此富人和富人的结合以及近亲结婚成为斯巴达人婚姻的特点之一。根据希罗多德的记载，斯巴达国王阿那克山德里达斯、李奥尼达和阿尔奇达莫斯都是与血缘亲属结婚的。[1]通过富有家庭之间交换妇女的联姻，富者更富，土地日益集中到少数富人手中，作为城邦社会基础的公民的数量也不断减少。因此我们说，是私有制的发展，而不是妇女的奢侈导致了斯巴达城邦的衰落。斯巴达女性只是表达了男性被压抑的发财欲望，充当了男性兼并财产的工具。由于斯巴达妇女在财产传递和集中过程中扮演了特殊角色，而且她们本身拥有财产所有权，这就不能不使她们凭借自己的经济实力，对家庭和城邦事务发生影响，取得比雅典妇女大得多的发言权和主动权。

第二，黑劳士和庇里阿西人的劳动，使斯巴达公民妇女能够把精力用于体育锻炼。

斯巴达人不事生产，以排斥经济活动而闻名。色诺芬在《斯巴达政制》中将斯巴达人与其他希腊人作过比较。他说，在其他城邦，所有的人都尽可能地去赚钱。有人当农民，有人是船主，有人经商，还有些人靠不同的手艺为生。但在斯巴达，来库古禁止自由公民从事任何赚钱的行业，规定他们只能把为城邦带来自由的活动当作自己的职责。[2]普鲁塔克在《梭伦传》中，也将梭伦与来库古作了比较。他告诉我们，

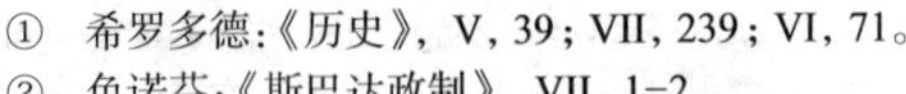
① 希罗多德：《历史》，V, 39；VII, 239；VI, 71。

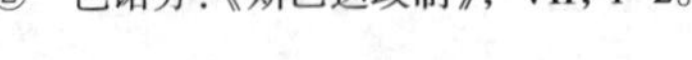
② 色诺芬：《斯巴达政制》，VII, 1–2。

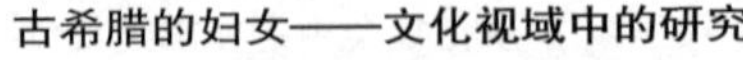

梭伦把公民们的注意力引向工艺，规定一个人如果没有叫他儿子学会一门手艺，他就不能让儿子承担赡养的义务。而来库古却让国内众多的黑劳士不断地做苦工，叫他的公民从辛劳的手工业中摆脱出来，专门把思想集中在准备战争方面，只要学习和从事军事这一种行业就够了。[①] 由此看来，斯巴达人是古希腊人中的特例，他们远离经济活动，脱离生产劳动，完全靠黑劳士和庇里阿西人来养活。斯巴达女性公民也不例外，她们生活所需的一切，全靠黑劳士和庇里阿西人等被统治阶级提供。

被统治阶级的劳动不仅使斯巴达男性公民摆脱了繁重的农业和手工业劳动，让他们能够全身心地投入军事训练，而且还把斯巴达妇女从传统女工和许多家务劳动中解放出来。当色诺芬提到斯巴达妇女把时间花在体育训练和比赛时，他解释道："来库古认为女奴隶的劳动已足够满足穿衣的需要了。"[②] 虽然斯巴达人也拥有动产奴隶，但希腊人在习惯和文献上常把黑劳士称作奴隶，色诺芬这里所说的女奴隶应当是指黑劳士妇女。黑劳士妇女的劳动使斯巴达妇女减轻了负担，使后者获得了比承担着纺织和监督奴隶劳动等职责的雅典妇女更多的时间来从事体育锻炼，完成生育强壮公民的义务。

第三，斯巴达男女两性婚龄差距与教育水平距离的缩短，

① 普鲁塔克：《梭伦传》，XXII，2。
② 色诺芬：《斯巴达政制》，I，4。

改善了斯巴达妇女的处境。

如前所述，当斯巴达男性接受严厉的城邦教育时，斯巴达女性也受到了相应的体育和智育方面的训练。因此，她们与男性在教育水平方面的差距不像雅典夫妻之间的距离那么大，因而在家庭中处于较为有利的地位。

不仅如此，斯巴达男女两性成婚年龄的差距也不如雅典人那样大。普鲁塔克提到，来库古为斯巴达男人们和女人们规定了结婚年龄，以便由成熟的父母生下健壮的孩子。[①] 他还说过，斯巴达女子是在她们的大好年华、丰满成熟时出嫁的。[②] 色诺芬告诉我们，来库古坚持男性应当在他们的盛年时期成婚。[③] 这些史料虽然没有提供关于斯巴达人成婚年龄的准确消息，但至少可以说明斯巴达女子结婚的年龄要比雅典女性年龄相对大一些，因为前者结婚时已经成熟，后者出嫁时还只是十四五岁的孩子。斯巴达妇女成婚年龄较晚可能与多利亚人的习俗以及斯巴达男女都必须接受体育训练等教育有关。卡特里奇根据尼尔逊关于斯巴达的女性教育与男性教育相配合的设想推断，斯巴达女子较低的结婚年龄大约为18岁，斯巴达男性正常的结婚年龄大约为25岁。[④] 达到了比较成熟的年纪而又接受了一定教育的斯巴达女性在与丈夫的相处中，不会显得像雅典的新娘们那样年幼无知，因而会在

---

① 普鲁塔克:《斯巴达人的言论》，见《道德论集》，228 A。

② 普鲁塔克:《来库古传》，XV，3。

③ 色诺芬:《斯巴达政制》，I，6。

④ 卡特里奇:“斯巴达的妻子们:解放或放纵”，《古典季刊》，第31期，1981年，第94页。

家中享有较大的发言权。同时，达到盛年而教育水平并不比妻子高多少的斯巴达男性在与妻子相处时，也就没有了雅典男性的那种居高临下的优越感。

第四，斯巴达城邦的军事化特征和尚武的社会风气，使妇女得到了某些好处。

亚里士多德指出："事实上，神话把战神阿瑞斯和爱神阿佛洛狄特连接为配偶是有一些道理的，因为一切好战的人往往好色，无论是女色或男色，这在斯巴达人中表现得十分明显……"① 亚氏的这段话尽管带有一些对斯巴达人的偏见，但也在一定程度上揭示了斯巴达社会军事化特征与妇女地位之间的关系。

斯巴达的军事化特征，使它把保持希腊世界最好的战斗力量来保卫城邦作为奋斗目标，并使它的男女公民都卷入了为实现这个目标的努力之中。男性公民的职责是为了城邦的利益和安全而英勇地战斗在疆场，他们的长期服役和征战给了斯巴达妇女涉足城邦管理的机会。女性公民的主要任务就是生育强壮的公民战士。为了这个目标的实现，斯巴达妇女获得了与男性公民同样的体育锻炼和比赛的机会，因而享有较多的户外活动和与人交往的自由。也是为了保证这个目标的实现，斯巴达女孩得到了身体发育所需的食物。色诺芬在将斯巴达妇女和其他希腊妇女比较时评论说，其他城邦的女孩子们被以一种人们赞成的方式养大，靠着极其有限的粮食，

① 亚里士多德：《政治学》，1269 b。

过着最为简单的生活。她们不能喝葡萄酒，如果允许她们喝，也是掺了水稀释过的。其言下之意，无外乎斯巴达女孩得到了比其他城邦的女孩更多的营养。[①] 得到正常食物供给和体育锻炼机会的斯巴达妇女必然会比其他希腊城邦的妇女身体健康强壮。

与爱好智慧的雅典人不同，军事化社会中的斯巴达人崇尚勇武。在斯巴达文化氛围熏陶下成长起来的妇女，形成了与男性同样的荣辱感和价值观念，她们不为战争中死亡的男性亲属感到悲伤，而是为他们感到骄傲。根据普鲁塔克的记载，一个斯巴达妇女在部队出征前把盾牌交给她的儿子，并告诫他说：“儿子，携盾而归，或者躺在上面回来。”另一个斯巴达妇女的儿子们在作战中逃跑来到她的身边时说：“可耻的奴隶，在你们逃跑时，你们要到哪里去？难道你们是想爬回你们生出来的地方吗？”说着，她就扯开衣服，露出她的腹部。还有一个叫作达玛特里亚（Damatria）的斯巴达妇女，当她听说儿子是个胆小鬼给她丢脸时，就亲手杀了他，她的墓志铭上刻写了这一事件。[②] 普鲁塔克叙述的史实说明，社会文化价值观念在斯巴达妇女的头脑中打下了深深的烙印，并内化为她们自己的行动准则。与此同时，她们对男性公民品行的评价也对社会产生了影响。

斯巴达妇女的评价和看法，受到了注重公共舆论、珍视

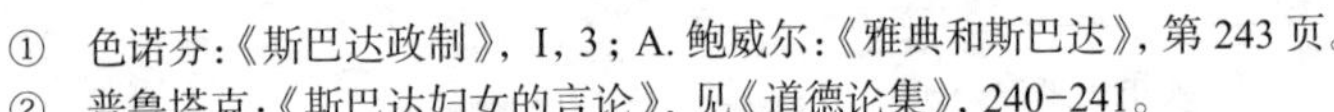

① 色诺芬：《斯巴达政制》，I, 3；A. 鲍威尔：《雅典和斯巴达》，第 243 页。
② 普鲁塔克：《斯巴达妇女的言论》，见《道德论集》，240-241。

个人荣誉的男性公民的重视。普鲁塔克告诉我们，斯巴达女子有时善意地嘲笑，批评青年男子的错误，有时则歌颂那些具有男子汉美德的人，因而激起了青年男子们的雄心壮志。凡是受到她们称赞的人都喜气洋洋地走开了，而她们幽默的讽刺，尤其是在国王、长老和其他公民在场的时候，听起来就像是严肃的告诫一样尖锐。[①] 这段话一方面证实了斯巴达妇女可以自由地与男性交谈，另一方面也充分说明了斯巴达妇女的意见在男性公民心中的分量，这与要求妇女保持沉默的雅典的情况形成了鲜明的对比。

竞赛获胜的一对孪生兄弟受到父母的迎接　陶瓶画（公元前6–前5世纪）

① 普鲁塔克:《来库古传》，XIV，3。

第五，家庭作用的削弱，使斯巴达男性对女性的控制放松。

波伏娃指出："既然压迫女人的动机在于使家庭永远存在以及完整地保存世袭财产，那么女人要彻底摆脱依附地位，就必须逃离家庭。若一个不许私有制出现的社会，也能够对家庭予以抵制，人们就会发现这个社会的女人命运将得到极大的改善。"[①] 在这里，波伏娃明确地阐述了妇女的地位与家庭的关系。

斯巴达制度是对家庭（oikos）传统的挑战。在斯巴达，家庭价值被压抑，家庭生活被故意地减到最低的限度。如前所述，斯巴达的父亲们不能按照自己的意愿抚育后代，孩子生下后要由部落的长老代表城邦检查婴儿，根据孩子的结实与否决定其生死命运。[②] 男孩们到了 7 岁就离开家庭，开始过集体生活，接受长者的关注、规劝和惩罚。在完成教育并结婚之后，斯巴达男性也不能过正常的家庭生活，他们仍然与同伴生活在一起，只是不经常地去拜访他们的妻子。即使是在 30 岁之后，他们还是和同伴一起进餐。[③] 由于斯巴达男性长期在军营和集体中生活，留在家中的公民妻子和女儿们就获得了较大的自由。在正常的家庭生活被降低到最低限度的情况下，斯巴达男性公民无法像雅典男性公民那样严密地监

① 西蒙娜·德·波伏娃：《第二性》，陶铁柱译，中国书籍出版社 1998 年，第 101 页。

② 普鲁塔克：《来库古传》，XVI，1。

③ 奥斯丁和纳奎特：《古希腊经济和社会史》，第 83 页。

视自己的妻子和女儿们的举止行为。

第六，性贞洁观念的淡薄给斯巴达妇女带来了较大活动自由。

众所周知，雅典人对于公民妇女的性贞洁有严格的要求。然而，斯巴达人对妇女的性忠诚却不十分重视。如前所述，在征得丈夫的同意下，妻子可以与丈夫的友人发生性关系。这虽然说明丈夫把妻子当作财物一样借给别人，但也说明斯巴达人性贞洁观念比较淡薄。对性贞洁的忽视甚至使斯巴达人没有通奸的概念。普鲁塔克告诉我们，斯巴达人根本就不知道通奸是怎么一回事。一次，当一个外邦人向一个名叫格拉达斯的斯巴达人了解他的城邦是怎样处治通奸犯时，他说："外邦人，我们这里没有通奸犯。"外邦人接着说："那么就假设有一个吧。"格拉达斯便回答说："我们将罚他一头公牛，一头奇大无比的公牛，能把头伸过泰格托斯山峰去饮欧罗塔斯河的河水。"这个外邦人十分惊讶地问道："哪来这么大的公牛呢?"格拉达斯笑着回答说："斯巴达怎么能有通奸犯呢?"[①] 斯巴达男性公民长期居住在军营中，这在客观上给了斯巴达妇女以较大的性生活自由。而在帮助友人"传宗接代"或者"优生"考虑下允许妻子与别人性交的风俗也模糊了通奸与帮助他人的界线。斯巴达妇女性生活的相对自由还表现在女性同性恋现象的流行上。普鲁塔克告诉我们："在斯巴

① 普鲁塔克:《来库古传》,XV,10;译文参见陆永庭、吴彭鹏译:《希腊罗马名人传》上册，第106页。

达，人们赋予爱以十分荣耀的地位，甚至连最高贵的妇女也会迷恋少女。”[①]斯巴达人的性生活习俗主要是由斯巴达的军事化的社会环境和私有制不够完备发达的情况所造成的，他们性贞洁观念的淡薄使城邦和男性公民对妇女的控制有所放松，这在一定程度上也给了斯巴达妇女更大的活动自由。

综上所述，笔者认为，斯巴达妇女一方面不得不屈从男性的统治，服从男性的婚姻安排；但另一方面，与雅典等城邦的妇女相比，她们又享有较高的社会和家庭地位，她们具有经济上的自主权，可以与男性一样进行体育锻炼和户外活动，受到一定的文化教育，还能够在男性公民长期征战的情况下，在一定程度上参与城邦事务的管理。柏拉图在《理想国》中提出给予女性同等的受教育和参政权力的主张，看来的确是以多利亚传统的斯巴达城邦为原型的。斯巴达城邦的军事特征、经济、教育、婚龄、家庭和社会风尚等多方面的文化因素决定了斯巴达妇女较高的地位。史实说明，经济因素对妇女的处境是十分重要的，但是决定妇女地位的不仅仅是经济因素，教育等多方面的因素对妇女在社会和家庭中的位置也具有不可低估的影响，我们研究妇女问题不能忽视经济之外的其他文化因素。

① 普鲁塔克:《来库古传》，XVIII，4。

第五章

希腊化时代的妇女

在希腊化时代，希腊妇女的地位发生了很大变化。“希腊化”（Hellenismus）的概念首先是由19世纪德国历史学家德罗伊森（Droysen）在其所著的《希腊主义史》一书中提出来的，他用这个概念来概括古代地中海东部地区由亚历山大东征而开创的一个时代的文化特征，后逐渐被各国学者接受和采用。希腊化时代从公元前334年亚历山大东侵开始，到公元前30年罗马征服埃及为止，大约经历了300年时间。[①]在这段时间内，由于政治版图的变化和东西方文化交流的空前扩大，希腊化世界出现了一种新的政治和文化秩序，并在东西方文化交汇和融合的基础上产生了一种与已往以城邦为根基的希腊古典文化不同的“世界主义文化”。与此相适应，希腊化各王国的不同学术领域和公民的社会生活都呈现出新的特点。本章重点考察希腊化时代妇女生活的变化及其原因，并试图从这个视角来认识希腊化时代东西方文化交融的特点。

① 也有人把公元前323年亚历山大去世作为希腊化时代开始的标志。

一、希腊化时代妇女地位的变化

在希腊化时代，托勒密、塞琉古和马其顿这三大希腊化王国的妇女在政治、经济、法律、婚姻、教育、文学艺术方面的地位都发生了不同程度的变化。

在政治上，希腊化时代的广大妇女仍然像希腊古典时代的前辈一样没有参与政治的权力，但与此同时，少数王室妇女和富有的上层妇女通过不同途径掌握了政治权力，对国家或地方的政治生活发生了重大影响。希腊化时代掌有实权、最能影响国家政治的王室妇女的代表人物是奥林匹娅斯（Olympias）、贝勒妮丝二世（Berenice Ⅱ）和克利奥佩特拉七世（Cleopatra VII）。

奥林匹娅斯（约公元前375-前316年）是马其顿国王腓力二世的王后，亚历山大的母亲。她精力充沛，做事果断，极有才能，因而在丈夫和儿子死后的宫廷权力斗争中，扮演了十分重要的角色。奥林匹娅斯原是伊庇鲁斯的公主，公元前357年嫁给马其顿国王腓力二世。结婚后，她以全部精力与国王的其他妻子以及她们的孩子作斗争，以确保她的儿子亚历山大继承王位。公元前336年夏天，腓力二世在其女儿的婚宴上被刺身亡，年仅20岁的亚历山大如母亲所愿，继承了王位。两年后，亚历山大率兵东征，奥林匹娅斯实际上主持了朝政，并常与亚历山大留在国内的摄政安提帕特发生摩

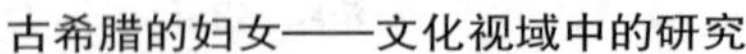

擦和冲突。公元前331年，她离开马其顿退居伊庇鲁斯，在那里统治了许多年。亚历山大去世后，她发动了反对安提帕特的宣传战。直到公元前317年，当安提帕特之子卡山德拥戴腓力二世的傻儿子腓力三世为马其顿国王时，她应摄政波利佩孔的请求，在军人们的支持下，处死腓力三世夫妇、卡山德的党羽百余人，毫不费力地掌握了马其顿的政权，使她的孙子亚历山大四世成为唯一的国王。由于她无节制地杀人，丧失了巩固权力的机会，使卡山德乘机卷土重来。公元前316年，她被迫向卡山德的军队投降，并被判处死刑。即使如此，把她看作是亚历山大的神圣母亲的士兵们仍不敢执行命令，最后，她被自己所杀的那些人的亲属动手杀死。[①]

贝勒妮丝二世（约公元前273-前221年）是昔兰尼国王马格斯的女儿，她勇敢坚强、意志坚定，敢于骑马奔驰在战

贝勒妮丝二世像　银币，正面与反面（公元前3世纪）

① 参见《牛津古典辞书》，1949年，第621页；波梅罗伊：《女神、妓女、妻子和奴隶》，第122页。

场上。她父亲生前把她许配给了埃及的托勒密三世，但在马格斯死后，她母亲却把马其顿的王子底米特里乌斯请来与女儿结婚。贝勒妮丝与他们两人相对抗，并派人把底米特里乌斯杀死。公元前 247 年，她与托勒密三世结婚，当托勒密三世准备去叙利亚参加战争时，她奉献一绺头发，以祈求神灵保佑丈夫平安返回家园。在丈夫死后，她和她的长子托勒密四世成为共同统治者，掌握了管理国家的实权。公元前 221 年，她被托勒密四世毒死。尽管如此，慑于母亲的威信和影响，托勒密四世专门设立了一个向贝勒妮丝表示敬意的女祭司职位，还以“救世主”的称号为她在亚历山大里亚建立了一座庙宇。[①]

克利奥佩特拉七世（公元前 69–前 30 年）是希腊化时代最著名的女王，也是埃及托勒密王朝最后一位女王。她受过良好的教育，才华出众，胆识超人，聪颖机智，善于玩弄政治手腕，还会讲多种语言。普鲁塔克说：“她的声音甜美，舌头就像有着许多根弦的乐器能够时刻转换成任何她喜欢讲的语言，因此她在会见蛮族人时，很少需要翻译。”[②] 公元前 51 年，其父亲去世，她和异母兄弟托勒密十三世成为继承人，共同执政。在这以后近 20 年的时间内，克利奥佩特拉掌握着埃及的实际统治权。为了维护托勒密王国的利益，加强和扩大自己的权力，克利奥佩特拉以自己特有的魅力和种种手段先

① 范撒姆等著：《古典世界的妇女》，第 145–151 页。

② 普拉塔克：《安东尼传》(*Antony*)，27，2。

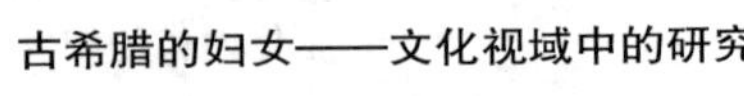

克利奥佩特拉正面与侧面像　大理石雕像

后卷入了罗马著名统帅恺撒和安东尼的生活，取得了他们的支持。因而，她的政治活动不仅影响了埃及，也影响了罗马的历史进程。她曾随恺撒去罗马居住20个月，在这期间，她帮助罗马人制订新的税收计划，改造罗马的造币厂，还与天文学家一起创立了一种新的历法体系以修正罗马历法。她与安东尼的关系激起了罗马人的非议和愤怒，屋大维利用这一点，鼓动罗马人对克利奥佩特拉宣战，并把安东尼宣布为"祖国之敌"。亚克兴战役失败后，克利奥佩特拉自杀，埃及并入了罗马的版图（公元前30年），从而也宣告了托勒密王朝和希腊化时代的结束。

除了王室成员之外，也有一些上层妇女通过不同渠道获得了政治权力或外国城市的公民权。公元前218年，一名叫亚里斯托达玛（Aristodama）的士麦那女诗人，被拉米亚

(Lamia)的埃陀利亚人授予荣誉公民权,因为她在诗歌中赞扬埃陀利亚人和他们的祖先。拉米亚城作出的向亚里斯托达玛致意的法令称:“当她在我们城市的时候,当众背诵了她的诗歌,这些诗极好地纪念了埃陀利亚人的民族及其祖先,由于这场演出是以极大的热情完成的,她将成为这个城市的朋友和恩人,她将被授予公民权和购买土地、房子以及使用牧场的权力。在战争与和平时期,无论是在陆地还是在海上,她和她的后代的安全将得到保障;她们的财产以及她们作为城市的朋友而享有的所有其他特权也将得到保证;她的兄弟狄奥尼西奥斯,以及她兄弟的后代也将享有城市的朋友、公民权和不受侵犯的权力。”值得注意的是,这种荣誉和权力以前仅授给那些对城市有贡献的外国男性。[①]亚里斯托达玛作为一名女诗人,不仅仅以出众的才华为自己赢得了殊荣,还为自己的兄弟及其后代带来了政治荣誉和权力。除了获得外国城市的公民权外,有些妇女还担任了公共官职。根据一份铭文资料,公元前2世纪,希斯特里亚(Histria)的一名妇女担任了该城的执政官。公元前1世纪,普里尼(Prine)的一位名叫菲丽(Phyle)的女子成为这个城市的行政长官,她还自己出资为该城建造了水库和水道。[②]

在希腊化时代,少数妇女凭借王室血统、财富或才学获得了政治权力和人们的尊敬,而大多数妇女在政治上仍然默

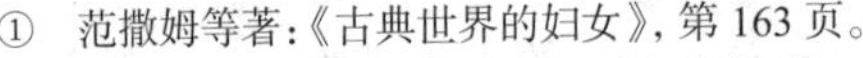

① 范撒姆等著:《古典世界的妇女》,第163页。
② 波梅罗伊:《女神、妓女、妻子和奴隶》,第126页。

默无闻。但在经济领域内，希腊化世界中的广大妇女的地位则普遍有了较大提高，不少地区的妇女拥有土地和财富。

托勒密埃及的贝勒妮丝二世拥有大量的钱财和用来在尼罗河上运送粮食的船只，从航运中获得大量收入。她还拥有赛马，用来参加在尼米亚和奥林匹亚举行的竞技比赛。她在尼米亚的竞技会中取得了四匹马拉战车比赛的胜利，昔兰尼诗人卡里马库斯写了《贝勒妮丝的胜利》一诗，来向她表示敬意。[①] 斯巴达妇女在希腊化时代仍然与在古风时代和古典时代一样，可以积聚财产，她们拥有大量土地，反对重新分配土地的经济改革。

希腊化时代的妇女取得了较大的经济权力，她们有权买卖商品和财产，抵押她们自己的物品，提供和取得贷款，可以被指定为继承人并继承财产，也可以自己订立遗嘱。[②] 希腊化世界的妇女有权控制她们的特殊财产——奴隶。在铭文中不少妇女被列在释放奴隶的名单之中。公元前 150 年以前，在德尔斐登记的 491 名释放奴隶名单中，有 123 名是妇女。在监护人的参与下，妇女们越来越主动地参与到各种经济活动之中。在开俄斯（Ceos）和泰诺斯（Tenos），土地买卖记录了许多妇女的名字。在提洛岛（Delos），已婚妇女在其监护人的帮助下借钱，这说明是她们自己，而不是她们的丈夫对她们的债务负责。[③] 同样，在阿摩哥斯（Amorgos），也发现了不

① 范撒姆等著：《古典世界的妇女》，第 144–146 页。

② 坎塔瑞拉：《潘多拉的女儿们》，1987 年，第 91 页。

③ 波梅罗伊：《女神、妓女、妻子和奴隶》，第 130 页。

少妇女参加经济活动的证据。一份公元前 3 世纪的抵押借款的契约称：“根据存放在克里托劳斯的儿子伊万塞斯那里的协定，克列狄乌斯的儿子安特诺把房子和花园抵押给伊万格拉斯的女儿帕莎里斯特，以借 90 德拉克马银币。”阿摩哥斯的另一份公元前 3 世纪的契约表明，谢诺克列斯在抵押土地、房子和花园时，得到了他的妻子伊拉托克拉特以及她的监护人的同意。[①] 大量的史实表明，在希腊化时代，妇女的经济地位显著上升，然而，妇女经济地位的提高在希腊化世界的各地区发展得并不平衡，当广大妇女获得更多的控制财产的权力时，雅典妇女仍然无权真正拥有和支配财产，她们只是在有关她们嫁妆的交易中被提及，这说明她们极少参与其他经济活动。

在法律和婚姻方面，希腊化世界的妇女获得了一定的行动能力和自主权。古典时代希腊妇女的一切经济、法律事务都由监护人来负责安排。到了希腊化时代，希腊妇女进行诉讼或订立财产契约时仍然需要监护人的帮助，但她们加强了在经济和法律活动中的主动性，可以像男人一样，对她们从事的买卖、出租、承租、借贷等活动承担起责任。在某些情况下，居住在埃及的希腊妇女可以不通过监护人或在没有监护人的情况下，为自己的利益而采取行动。一些妇女为了自己的事向政府或警察写请愿书。例如，一位妇女在请愿书中

① 莱夫科维兹和范特：《希腊和罗马的妇女生活》(K. Lefkowiz and M. B. Fant, *Women' s Life in Greece and Rome, A Source Book*)，约翰斯·霍普金斯大学出版社，巴尔的摩，1992 年，第 82-83 页。

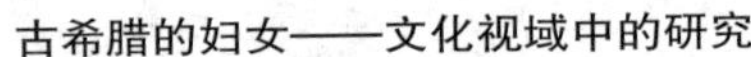

援引早先的政府规定，请求免除自己耕作国家土地的义务。[1]寡妇或私生子的母亲拥有 matera potestas 权力，依据这种权力，她们能够安排女儿的婚姻和儿子的学徒事宜，还可以在与女儿的婆婆商量的条件下决定遗弃女儿的遗腹子。在希腊化时代，母亲与父亲的名字有时一起出现在婚姻契约上。母亲法律行为能力的加强，也使她们的义务相应增加。法律规定，孩子的父亲死后，孩子的母亲必须承担起供养孩子的责任。[2]

在婚姻问题上，父亲的决定作用在一定程度上受到了削弱，女性的自我意识逐渐觉醒，产生了掌握自己命运的愿望。根据希腊的古典传统，父亲有权替女儿选择丈夫，还可以不顾女儿的意愿解除女儿的婚姻。在希腊化时代，尽管父亲仍然对女儿的婚姻起重要的作用，但女儿本人的意愿受到了一定的尊重。即使是在父权制思想最为浓厚的雅典，父亲决定女儿婚姻的权力也受到了质疑和挑战。一份公元前 2 世纪的纸草文书保存了一部戏剧的片断。在剧中，女主人公试图说服她的父亲，不要把她嫁给比她现在的丈夫更富有的男人，她对父亲说道：

> 父亲，尽管一个妇女在判断别的事情上可能是傻瓜，但对她自己的事务却有良好的理解力。请您告诉我，到

① 波梅罗伊：《女神、妓女、妻子和奴隶》，第 127 页。
② 坎塔瑞拉：《潘多拉的女儿们》，第 91 页。

底他在哪一点上虐待了我……您说，他是一个好人，但是他太穷！现在您告诉我，让我与一个富有的男人结婚，以使我不至于一辈子生活在痛苦中。在一个金钱的世界里，如果我拥有金钱，它会让我比与所爱的人在一起更快乐吗？如果我只能与他有福同享，不能与他有难同当，这是公正而荣誉的吗？如果这个将与我结婚的人失去了他的财产，您会让我嫁给另一个男人吗？假设另一个男人又失去了所有财产，那又该怎么办？父亲，您还要用我的生命作运气试验多久？当我是个孩子的时候，是您为我找到了一个丈夫并把我嫁给了他，那时也是您的选择。可是，一旦您把谁给了我，我就必须照管自己的命运。正因为这样，如果我的判断失误，我自己的生活就会受到损害。所以，看在我家女神的份上，不要抢走那个你曾使他与我结婚的那个男人。父亲，这就是我向您提出的唯一请求。[①]

在这里，这位妇女显示出了对父亲包办自己婚事的做法极端不满，表达了女性要求把握自己命运的强烈愿望。

从希腊化时代订立的婚姻契约中，我们也可以看出妇女地位的上升。在希腊古典时代，法律和社会道德体系维护不平等的男女两性关系。它们只要求女性对男性保持贞节，不要求男性守贞节和遵守婚姻道德规范。希腊化时代的婚姻契

① 范撒姆等著：《古典世界的妇女》，第162−163页。

约在规定夫妻双方的权力义务和相互关系方面取得了很大的进步。现存的一份最早的希腊人婚姻契约(公元前311年)，为我们提供了希腊化时代爱琴海岛屿上希腊居民夫妻关系的信息：

> 赫拉克利德斯和德梅特里亚的婚姻契约。赫拉克利德斯从科斯的德梅特里亚的父亲，科斯的利普提尼斯和其母亲菲洛提斯那里，接受德梅特里亚为自己合法的妻子。两人都是自由的。德梅特里亚带来了价值1000德拉克玛的结婚衣服和饰物。赫拉克利德斯将提供给德梅特里亚所有适合于自由人出生的物品，两人将居住在利普提尼斯和赫拉克利德斯经过共同商量、认为是最合适的地方。
>
> 如果德梅特里亚被抓获以欺骗性的诡计给她丈夫赫拉克利德斯带来耻辱，她将丧失她所带来的一切东西。但赫拉克利德斯必须在夫妻双方赞成的三个人面前证实他指控德梅特里亚的事情。对于赫拉克利德斯来说，如果他把另一个女人带回家，以至于对德梅特里亚傲慢无礼，这将是不合法的，他也不可与另一个女人生孩子，他不能以任何借口沉迷于欺骗性的诡计来反对德梅特里亚。如果赫拉克利德斯被抓获做了这些事中的任何一件事，德梅特里亚又能在夫妻双方同意的三个人面前证实这一点，赫拉克利德斯就要还给德梅特里亚她所带来的价值1000德拉克玛的嫁妆，并支付1000德拉克玛银币

的罚款……

赫拉克利德斯和德梅特里亚每人有权各自保管一份契约书，以便引用它来对付对方的越轨行为。[①]

另一份保留在纸草上的婚姻契约是公元前92年由两个波斯人菲利斯库斯和阿波罗尼亚订立的，这个契约反映了希腊化时代埃及地区普通居民的婚姻状况，契约提到：

阿波罗尼亚同意与菲利斯库斯生活在一起并服从他，正像一个妻子所应当对她的丈夫所做的那样，与他共同拥有共同的财产。菲利斯库斯无论是在家还是不在家，都将提供给她生活必需品、一件斗篷和其他适合于他们生活水平的妻子习惯上应拥有的物品。菲利斯库斯不可把另一个妻子、或者妾、或者娈童带回家。只要阿波罗尼亚活着，他就不可以与另一个女人生孩子，除了阿波罗尼亚主持的家庭以外，他不得另外建立一个家庭。他答应决不抛弃她，也不虐待她，并且不以伤害她的方式让渡他们的共同财产。如果菲利斯库斯做了任何这样一件事，或者他没有提供给生活必需品、斗篷或其他规定的物品，菲利斯库斯就必须立即归还2塔兰特和4000德拉克玛铜币的嫁妆。

同样，没有菲利斯库斯的同意，阿波罗尼亚不可以

① 范撒姆等著：《古典世界的妇女》，第158-159页。

离开家一个晚上或一个白天，她不可以与别的男人住在一起，或者引起共同家庭的毁灭，或者给菲利斯库斯带来任何一件使他蒙受耻辱的事。如果阿波罗尼亚自愿与菲利斯库斯分开，菲利斯库斯必须在10天之内完整无缺地把嫁妆归还给她。如果他不能归还指明的嫁妆，他必须还给她原来的数目再加上一半。[①]

从以上两类婚姻契约的摘要中我们可以看出，希腊化时代的男女两性关系中仍然保持着不平等的因素，妻子必须服从丈夫，没有丈夫的批准，妻子不能离开屋子，法律也没有提供阻止丈夫与家庭以外的其他妇女和男人发生性关系的办法，甚至连男女双方居住的地方也是由男方和女方的父亲共同决定，而不是由男女双方商定的。但是希腊化时代的婚姻契约把婚姻双方解释为地位平等的人，承认婚约是对双方行为的规定，婚姻双方都受到了社会和道德的权利和义务的约束，都被要求在家庭中保持性贞洁，这与仅要女性单方面地保持忠诚的希腊古典时代的婚姻道德相比无疑是一个很大的进步。

在希腊化时代，妇女受教育的机会扩大，一些妇女具备了读和写的能力。从埃及的纸草文献中我们发现，不少妇女能够在契约上签她们的名字。这个时期希腊化各王国广大妇女逐渐获得了接受体育教育的权力，曾经被视作男性教育的

① 莱夫科维兹和范特：《希腊和罗马的妇女生活》，第90页。

马拉战车比赛　陶瓶画（约公元前550年）。古希腊各时期战车比赛的情况大体相同。因而，根据该古风时代的绘画可窥见后世比赛的情景。

基本部分的体育运动向女性敞开了大门。在古典时代，除了斯巴达妇女外，希腊世界的广大妇女无权参加体育锻炼。就体育竞赛而言，除了一些在奥林匹亚举行的与男性隔离的比赛和在埃利斯（Elis）按年龄分组的由少女参加的向赫拉致敬的赛跑外，直到公元1世纪以前，希腊妇女从来没有作为个人参加过体育运动竞赛。公元1世纪开始，妇女的名字出现在与体育运动有关的铭文上。这时德尔斐道德一份铭文向来自特拉莱斯(Tralles)的三位女运动员表示敬意。铭文提到，她们三人中一位叫作海迪(Hedea)的女子由于在雅典弹竖琴唱歌、在尼米(Nemea)参加赛跑和在伊斯米亚(Isthhmia)驾驭马拉战车而获奖。[①]

在希腊化时代，妇女受教育机会的扩大以及她们的读写能力的增强，为妇女从事各种职业创造了条件。这个时期各地出现了不少女诗人。特洛斯(Telos)的女诗人爱琳娜(Erinna)大约生活于公元前4世纪末，受到了古代评论家的高度赞扬，人们认为她的诗可以与萨福的诗相媲美。她富有想象力和创新精神，当人们普遍采用传统的两行诗或合唱的音步形式来创作时，她毅然采用长短短格的六音步诗行形式来创作哀伤诗。她的一首哀伤诗是她为哀悼她终生的好友鲍西丝(Baucis)而作的，诗中写道：

> 鲍西丝，我为你而悲伤，
> 往事浮现涌心头，
> 件件似在我眼前，
> 昔日欢乐早已化成灰。
> 忆当年年幼时，
> 我们坐在房里，无忧无虑，
> 假装年轻的新娘。

① 波梅罗伊：《女神、妓女、妻子和奴隶》，第137页。

还记得吗？天刚亮，
给仆人们分发羊毛的“母亲”来了，
叫你帮助腌制咸肉。
忆当年年幼时，
常常被妖怪吓得魂不附体，
它头上长着两只奇大耳朵，
用四只脚在地上走来走去，
它的脸不断地改变着模样。
然而，当你登上丈夫的床榻，
这些事都被你抛到了脑后，
也忘了年幼之时，

母亲告诉你的一切。
亲爱的鲍西丝，阿佛洛狄忒把遗忘送给了你。
我悼念你，忽视了我自己的职责……
一阵阵悲伤撕着我的面颊。[①]

除了在文学方面崭露头角之外，希腊化时代的一些妇女也踏入了艺术的殿堂，成为颇有名望的艺术家。普林尼在《自然史》中提到了提玛瑞忒（Timarete）、阿里斯塔瑞特（Aristarete）和拉娅（Laia）等女画家。根据普林尼的介绍我们得知，女画家拉娅生活于公元前 1 世纪，她主要画妇女肖像，还用镜子画了一幅自画像。她作画速度快，技艺娴熟，所创

① 波梅罗伊：《女神、妓女、妻子和奴隶》，第 138 页。

作的书画价格要比当时大多数画家的作品高得多。[①]

一份德尔斐城的铭文告诉我们，一位名叫波丽格诺塔(Polygnota)的女竖琴师，由于她为神庙提供的服务而被授予包括拥有土地的权力在内的许多荣誉。[②]

在希腊化时代，一些妇女潜心学习和研究哲学理论，进入了传统上被认为是男人的领域的哲学王国。早在古典时期的雅典，柏拉图的学园里就有两名妇女像男人们一样学习哲学。当历史的车轮驶入希腊化时期时，更多的妇女成为哲学家。大约在公元前 300 年左右，一位希腊贵族女子希帕奇亚(Hipparchia)与她的兄弟一起热心地学习犬儒派哲学思想，并爱上了犬儒派哲学家克雷茨(Crates)。她不理会许多出生高贵的求婚者，执意要与这位看来又穷又丑的哲学家结合。她甚至威胁父母说，如果不让她与克雷茨结婚，她就会自杀。[③]与克雷茨结婚后，她与丈夫一起外出，一起出现在大庭广众面前，一起参加各种聚会，并为自己把时间和精力放在教育上，而不是放在织机上感到自豪。希帕奇亚的事迹充分说明了希腊化时代知识妇女对智慧的爱好，以及她们对事业的执着追求。

更值得一提的是，在希腊化时代，部分妇女开始正式学习医学，以行医作为自己的职业。大约是在公元前 4 世纪后

---

① 普林尼:《自然史》(Pliny, *Natural History*), 35, 147-148。

② 布里登撒尔和库恩兹主编:《开始显露——欧洲历史上的妇女》(Renate Bridenthal and Claudia Koonz, *Becoming Visible. Women in European History*), 霍夫顿·米夫林公司, 1977 年, 第 76 页。

③ 范撒姆等著:《古典世界的妇女》, 第 167-168 页。

期，一位名叫哈格诺迪塞（Hagnodice）的雅典女子因渴望学医而剪掉了自己的头发，穿上了男人的衣服，跟希罗菲鲁斯（Herophilus）学医，在掌握了医学知识和技能之后，她深入到妇女中去为她们治病，并帮助她们解决分娩时出现的问题，成了雅典的第一个女产科医生。[①]

大量史实告诉我们，在希腊化时代，妇女的社会和家庭地位有了较大提高。

二、妇女地位变化的文化背景

为什么希腊化时代妇女的地位要比古典时代的希腊妇女地位有所提高？对这个问题的探讨离不开对希腊化时代文化背景的全面考察。

首先，希腊化时代妇女地位的提高是东西方文化汇合交融的结果。不少西方学者站在希腊人的立场上，透过玫瑰色的眼镜，把希腊化看作是先进的希腊人给愚昧落后的东方人的文明礼物。他们把希腊化时期理解为希腊、马其顿征服东方和希腊文化在亚洲、非洲广大地区传播的时期，并把希腊、马其顿征服者看作是希腊文明"积极因素"的传播者，将东方各国人民只是视为希腊文化的被动承受者。例如，德罗伊森就认为，希腊主义的本质在于希腊的治权和教化普及到东

① 范撒姆等著:《古典世界的妇女》，第168页。

方衰败的文明民族中间。[①] 其实，希腊化是在融合了希腊和东方因素的基础上产生的一种新文明，希腊化的过程实际上是希腊文化和东方文化互相碰撞、互相影响和互相渗透的过程。

由于希腊、马其顿人处于征服者的特殊地位，希腊文化在希腊化时代多元的文化结构中的确居于主导地位。

从政治方面来看，希腊人掌握政权成为希腊文化传播的保证。希腊、马其顿征服者在希腊化的广大地区建立了君主制度，国王成为希腊化各王国政治统治的关键人物。希腊化君主一方面建立中央行政机构来进行统治，另一方面通过各级地方官员来贯彻自己的命令和意图。托勒密王朝统治下的埃及被分成四五十个州，由将军掌握军事政治大权，还有御任秘书、财务官和市廛官等辅助他进行工作。一州分为若干县，一县再分为若干村，县和村都由中央行政机构所委任的官吏来管理。塞琉古王国的官僚机构组织与托勒密埃及基本相似。塞琉古一世把帝国分为 72 个州，总督（文官）与将军（武官）掌握州政权，州又分为若干骑兵管区，由骑兵司令管辖。专员财政官掌握州的财政，祭司负责宗教事务和祭祀仪式。[②] 托勒密王朝和塞琉古王朝的行政管理机构主要是由希腊人而不是当地人担任官职。在大约两代人的时间内，塞琉古王朝完全把被征服的当地人排除在统治集团之外。即使在

① 塞尔格叶夫：《古希腊史》，缪灵珠译，高等教育出版社，1956年，第434页。
② 塞尔格叶夫：《古希腊史》，第 437–465 页。

这段时间之后，非希腊人进入官僚阶层的比例也从来没有超过2.5%，[①] 希腊人在中央和地方行政机构中占有的绝对优势地位，为他们扩大希腊文化的影响开辟了道路。

从金融方面来看，希腊式货币在东方的流通是希腊文化传播的财政基础。公元前4世纪，亚历山大征服了波斯帝国的广大地区以后，在那里铸造发行金币、银币和铜币等不同类型的货币，每种货币都包括不同的单位。金币的正面是雅典娜的头像，反面站立着人格化的有翼的胜利女神像。银币的正面是戴着狮皮头饰的英雄海格立斯的头像，反面是坐在王位上的宙斯的神像。青铜货币的正面与银币相似，反面是一张弓和一根棍棒。公元前3世纪，伊朗的国王们大量发行希腊式货币，与此同时，他们减少了阿提卡式希腊货币的重量标准。公元前2世纪，塞琉古王国和巴克特里亚等地的统治者仍然以纯粹希腊的风格大量铸造各种货币，其中银币占有重要地位。公元前150年左右，巴克特里亚的国王尤克拉提德斯一世(Eucratides I)铸造了一块价值为20斯塔特(stater)的金币，这是古代世界最大的金币之一。[②] 以金银货币为基础的货币体系不仅促进了地中海东部和西亚广大地区商业的发展，而且也为希腊文化影响的扩大提供了有利的财政基础。

从社区方面来看，广泛建立的希腊化城市成为希腊文化

① 波德曼等主编：《希腊和希腊化世界》(John Boardman, Jasper Griffin, Oswyn Murray, *Greece and the Hellenistic World*)，牛津大学出版社，1988年，第319页。

② 库尔特和怀特主编：《东方的希腊主义》(Amelie Kuhrt and Susan White, *Hellenism in the East*)，伦敦，1987年，第139-153页。

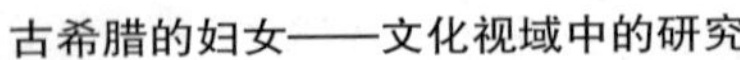

传播的载体。城市的迅速成长是希腊化时代突出的社会现象，亚历山大及其后继者在远征和统治帝国的过程中，在一些战略要地和交通要道上建立了许多新的希腊式城市，与此同时，一部分东方原有的城市受到希腊移民带来的希腊文化的影响，也被改造成为希腊化的城市。据说，亚历山大本人就建立了70多座城市。有的西方学者估计实际数字可能只达到它的一半左右，但这仍然是一个相当可观的数字。塞琉古王朝的国王们在从土耳其到伊朗的广阔地域内建立了60多座城市。该王朝的第二位国王在波斯湾建立了一座新的城市，根据自己的名字，把它称为安条克，并通过派殖民者的办法来增加它的人口。[①] 底格里斯河附近的塞琉西亚，在不到两个世纪的时间内，成长为具有几十万居民的大都市。在所有希腊化城市中，埃及的亚历山大里亚最为著名，其居民在50万以上，可能达到100万人。它交通便利，布局整齐，具有华丽的王宫、庙宇和公共建筑，[②] 还拥有一所博物馆和两座图书馆。第一座图书馆是王家图书馆，它靠近柱廊和博物馆，其藏书达到50万卷。第二座图书馆与塞拉皮斯神庙相连，藏有42000卷书籍。[③]

亚历山大城内外国商贾游客云集，东西地中海的学者艺人荟萃，居住着埃及人、希腊人、马其顿人、犹太人、波斯人、

① 波德曼等主编:《希腊和希腊化世界》，第315–316页。

② 伯恩斯和拉尔夫:《世界文明史》第一卷，罗经国等译，商务印书馆，1987年，第269页。

③ 波德曼等主编:《希腊和希腊化世界》，第335页。

叙利亚人和阿拉伯人等具有不同文化背景的居民，是一个名副其实的国际化大都市。所有这些希腊化的大都市，都按照希腊城市的政治制度和文化传统建立了城市议事会、公民大会和陪审法庭等机构，并建造露天剧场和体育馆等设施，成为东方世界中希腊文化的样板和传播基地。

从教育方面来看，体育馆（gymnasion）是希腊化文化传承的重要场所。体育馆在希腊古风和古典时代主要是用来进行体育训练的地方。到了希腊化时代，它发展成为一种综合性的教育机构，也就是当时的学校。希腊的各城邦和西亚、埃及的城市以及有些乡村地区都设有这种体育馆。体育馆具有教室、图书馆等教学设施，开设语言、文学、音乐和体育等课程，进行各种课程的比赛，[①] 因而成为培养具有希腊思想和文化传统的人才的摇篮。亚历山大里亚体育馆是城市中最漂亮的建筑物，它对希腊人和仰慕希腊文化的非希腊人有着强大的吸引力，因为并不是所有的人都有资格进入体育场。裸体进行体育锻炼是希腊人的习惯做法，这与当地的文化传统有很大区别，当亚历山大里亚的非希腊人像希腊人一样在体育馆内脱去衣服进行锻炼时，他们本身已经偏离了当地文化传统的航线，融入了希腊文化的海洋。

从语言方面来看，共同的希腊语成为希腊文化传播的媒介。语言是人类文化的基础，是使文化得以共同享有和传播的主要工具。“隔离会带来语言集团的分化，反过来，接触则

① 张广智主编：《世界文化史》（古代卷），第252页。

会导致更大的相似。”[①] 古希腊各城邦拥有和使用各自的方言，如阿提卡方言、爱奥尼亚方言和多利安方言等。随着希腊化时代城邦独立地位的丧失和东西方文化的接触，希腊的古代方言遭到了破坏，形成了一种新的古希腊共同语，或称为科因内(κοινη)语。这种语言是希腊化国家的官方语言，它不仅被希腊移民所使用，也成为希腊化世界内东方其他民族成员的交际媒介。古希腊共同语还是当时人们从事文学创作、学术研究和宗教文献编译整理的重要工具。在希腊化时代，方言在诗歌创作方面仍然延续了较长时间，但在散文创作中人们普遍使用古希腊共同语。在学术研究中，除了阿基米德等少数人坚持用方言撰写著作和论文外，大多数学者都用古希腊共同语进行写作。[②] 就宗教典籍而言，“七十子希腊文本”(Septuagint)是运用古希腊共同语进行翻译的突出事例。大约在公元前 3 世纪至前 2 世纪的时候，根据托勒密二世的命令，一群住在亚历山大城的犹太学者为了使希腊人了解犹太宗教传统，并使已经希腊化、不懂希伯来语的犹太人能阅读自己的经典，将希伯来《圣经》译成希腊文，这一译本就被称为“七十子希腊文本”。据说，国王将这些犹太学者分别安置于法鲁斯(Pharus)岛上的一间房间进行翻译，使他们彼此不能交谈，结果各人的译本竟然一字不差，因而得到了国王的

---

① C. 恩伯和M. 恩伯:《文化的变迁》,杜杉杉译,辽宁人民出版社,1984年,第 145 页。

② 芬利主编:《希腊的遗产》(M. I. Finley, *The Legacy of Greece*),牛津大学出版社, 1984 年, 第 44、97 页。

重赏。这个故事可能是有人为了证实《圣经》的神圣而故意编造的。[①] 然而，无论这个译本的翻译过程究竟如何，希伯来文《圣经》被译成希腊文却是不争的事实。希腊化世界共同语言的产生和应用，为希腊文化的进一步传播和扩散创造了重要条件。政治、金融、社区、教育和语言等多方面的因素为希腊文化在希腊化王国中占据主导地位奠定了基础。

在希腊化时代，希腊文化对东方的影响突出地表现在建筑和雕刻艺术方面，在商品贸易，雕像和陶器的制作，要塞、宫殿和神庙的建筑上，人们都可以发现希腊文化因素的痕迹。考古学家在东方的希腊化王国境内发现了许多雅典黑像陶器的碎片，这些陶器制作于公元前 4 世纪后期。直至今日，在伊朗西部的哈马丹（Hamadan）城仍然屹立着一座巨大的石狮雕像，虽然经过了 2000 多年的风蚀，人们还是能够清楚地看出它是希腊工艺的结晶。据说，这座雕像是亚历山大为了纪念死在埃克巴塔那的朋友赫菲斯提昂（Hephaestion）而建造的。亚历山大征服波斯帝国以后，东方希腊化王国的统治者建造的宫殿在保持东方建筑风格的同时，也吸取了希腊建筑设有柱廊和注重建筑装饰的优点。东方希腊化王国的神庙建筑也受到了希腊艺术的影响。塞琉古王国最早建造的阿耳特弥斯神庙大约建于公元前 3 世纪或者公元前 2 世纪，它由一个带有柱廊的庭院和一个祭坛组成，柱廊是按照多利亚式

① 威尔·杜兰:《世界文明史·希腊的生活》,东方出版社,1999 年,第 772-773 页。

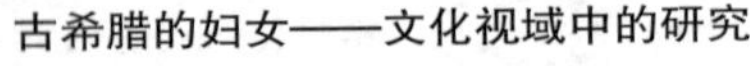

风格建造的。公元前250年左右，波斯湾地区的一个要塞中建有两座希腊式的神庙。其中一座神庙的建筑风格为多利亚式，它的前面是一个环形石头祭坛。另一座神庙则取爱奥尼亚式，其凸壁墙之间有两根廊柱，神庙前设立了一个长方形的石头祭坛。[①]

然而，希腊化时代东西文化交流的特征是双向的，而不是希腊单方面地影响东方。当亚历山大雄心勃勃地远征之时，西亚、埃及、印度等东方地区早已有了两三千年的文明史，这些地区的人民用他们的勤劳和智慧创造了各具特色的文化。作为远征军主力的希腊人经历了古代城邦兴起、繁荣和危机的历程，他们的文明与东方文明基本处于相同阶段，而作为远征军领导和中坚力量的马其顿人从野蛮迈向文明的时间并不长，东方人辉煌的文化成就对他们无疑具有很大的吸引力。亚历山大征服了波斯等东方国家后，力图建立一种将希腊因素与东方因素混合起来的文化。他以埃及法老和波斯国王的合法继承人自居，亲自拜谒阿蒙神庙，采用东方宫廷礼仪，积极鼓励马其顿将士与亚洲女子通婚，允许波斯贵族充当他自己的卫队成员，还下令修复了巴比伦的马都克神庙，[②] 这些行动统统说明他不能不承认东方文化的力量。在希腊化时代，被征服的东方各民族决不是希腊文化的被动承受

① 库尔特和怀特主编:《东方的希腊主义》,第139-144页。希腊人在建筑上善用柱廊，并创造了多利亚、爱奥尼亚、科林斯三种石柱的形式。

② 马都克是巴比伦城的守护神，古巴比伦王国建立后，被推崇为诸神之首和王权的保护神。

者，它们的文化对作为征服者的希腊人和马其顿人产生了不可低估的巨大影响，这种影响在宗教方面表现得尤为突出。

在希腊化时代，东方宗教对希腊人和马其顿人格外具有吸引力。例如，托勒密王朝的国王们就参加了对古埃及的圣牛阿皮斯（Apis）的祭拜仪式。在这个时期，古希腊人信奉的奥林帕斯十二位主神只有阿佛洛狄忒和狄奥尼索斯作为重要的神保存下来，而这两个神都起源于东方。阿佛洛狄忒祭典的某些特点表明这种崇拜来自亚洲，对她的崇拜盛行于塞浦路斯岛、小亚细亚以及其他海岛，后来才传入希腊大陆。狄奥尼索斯神传播最广的别名叫巴克科斯，它用希腊语根本无法解释。神话中提及他长大的地方——倪萨山，在古代有人说在埃及，有人说在阿拉伯，还有人说在印度。[①] 希罗多德也认为希腊人是从埃及人那里学到有关狄奥尼索斯的祭仪的。[②] 在希腊古典时代，这两位神都以外来者和入侵者的形象出现，为了把它们吸收到奥林匹亚众神队伍中去，人们必须通过一种接纳或再生的仪式来克服它们的外族特征。在希腊化时代，由于人们对神秘宗教和繁殖力的注意，这两位源于东方的神受到了重视，托勒密王朝的一位国王还计划使狄奥尼索斯成为帝国的主神。[③]

塞拉皮斯（Sarapis）是托勒密王朝统治时期亚历山大里亚出现的一个新神，他综合了古埃及圣牛阿皮斯、地下世界之

① M. H. 鲍特文尼克：《神话辞典》，黄鸿森、温可铮译，第14、81–82页。
② 希罗多德：《历史》，Ⅱ，49。
③ 布里登撒尔和库恩兹：《开始显露——欧洲历史上的妇女》，第73–74页。

神奥西里斯和一些强有力的希腊神的特征，其塑像的脸像希腊最高天神宙斯，留着胡须，表情和蔼，头上顶着象征着丰产的谷物量器。他被认为是疾病的治疗者、奇迹的创造者和命运的掌管者，具有冥王奥西里斯的力量。这一新神本身就是东西方宗教文化融合的产物，是托勒密王朝的统治者把希腊因素移植到古老的埃及神身上产生的地下神。对于这一神的来源，学者们有不同的看法。有人说，是托勒密一世把塞拉皮斯从西诺佩(Sinope)引入埃及的；有人认为，该神与巴比伦人的信仰有关；还有不少人认为，塞拉皮斯祭典来自埃及古城孟斐斯；古罗马历史学家塔西佗则报道说，从叙利亚的塞琉西亚城来的居民带来了这一崇拜。[1]这些人对于塞拉皮斯祭祀来源的看法虽有不同，但在承认它

塞拉皮斯头像(罗马摹制品)

① 《牛津古典辞书》，1949年，第793页。

来自东方这一点上都是共同的。

对古埃及女神伊西斯的崇拜在希腊化时代得到了广泛的传播，她是这个时期希腊化诸王国内最重要的神。在托勒密一世和二世统治时代，亚历山大博物馆出钱资助在伊西斯女神庇护下的科学研究。就像伊西斯曾经是埃及法老的保护神一样，至少在托勒密三世统治时代，伊西斯确立了作为国王的保护女神的地位。在东西文化汇合的希腊化时代，埃及人和希腊人开始把以前分散到许多男神和女神身上的力量都集中到了伊西斯身上。一份公元前 1 世纪后期刻在伊西斯神庙白大理石柱上的铭文称：

> 我是伊西斯，每一片土地的统治者；我受到赫耳墨斯的教导，并与他一起创造了文字。我把法律给予人们，没有任何人可以将它们改变。我是克洛诺斯的长女，我是奥西里斯的妹妹和妻子。我为人类发现了谷物耕作，我是国王荷鲁斯的母亲……我把天与地分开，我为星辰指定道路，我规定了太阳和月亮的轨道，我还发明了航海。我使正义变得强大，我把男人和女人们带到了一起。我使妇女怀胎十月生子，我命孩子热爱他们的父母，我将惩罚那些虐待父母的人。与我的兄弟奥西里斯一起，我制止了人们食人肉的习性……我教人们向神致敬，我为众神确立了管辖区，我压制暴君的政府，我阻止谋杀，并迫使男人爱女人……我是河、海和风的女主人，没有我的知识没人会扬名四方。我是战争的女主人，也是雷

电的女主人，我能使海洋平静和波涛翻滚。我在太阳的光辉之中。[①]

在这里，伊西斯王国的领域包括了整个人类和自然界，它象征着人和自然之间本质上的统一。在希腊化时代，伊西斯女神被赋予这样强大的力量，并受到人们最广泛的崇敬绝非偶然，这充分说明了东方宗教对希腊人的巨大影响。此外，在东方宗教传统的熏陶下，国王崇拜在希腊化各王国也十分流行。

除了宗教以外，希腊化世界的东方民族在科学方面的成就也使希腊人获益匪浅。希腊人吸收了东方的科学成果，使希腊化时代成为古代科学发展的一个黄金时代。希腊化时代的天文学是在巴比伦天文学发展的基础上建立起来的。这个时代最著名的天文学家希帕克受到了巴比伦天文学和巴比伦当时最卓越的天文学家基德那斯的巨大影响。他是按照巴比伦的方式把天文仪器上的圆周分为360度的第一个希腊人。他吸取了基德那斯的研究成果，发现了岁差。[②] 他还从基德那斯那里吸收了251个太阳月等于269个近点月的说法。在植物学方面，希腊哲学家兼科学家提奥弗拉斯图的有关著作中包括了许多亚洲的植物标本，在描写无花果树及枣椰树的传粉与授精时他采用了巴比伦人的说法。在数学方面，亚历

① 范撒姆等著：《古典世界的妇女》，第154–155页。
② 丹皮尔：《科学史》上册，李珩译，商务印书馆，1995年，第88–89页。

伊西斯女神石像

山大里亚的科学家归纳总结了埃及人的几何学知识，采用了巴比伦的60进位制和解二次方程等方法，[1]把数学研究推进到了一个崭新的发展阶段。

在这东西文化如此交融的希腊化时代，东方民族尤其是古埃及人对于妇女和家庭婚姻的态度必然会对希腊、马其顿人产生影响。与古希腊妇女相比，古埃及妇女的地位高得多。古希腊作家为古埃及妇女所享有的自由感到惊讶，在他们眼中，这似乎是性别角色的颠倒。公元前5世纪希腊历史学家希罗多德到埃及旅行时，当地的风俗习惯使他大吃一惊。他在《历史》一书中提到，埃及的妇女上市场做买卖，男人在家里纺织。埃及的妇女用肩担东西，男子却用头顶着

① 杨巨平："论希腊化文化的多元与统一"，《世界历史》，1992年第3期，第98页。

东西。儿子除非是自己愿意，没有赡养父母双亲的义务，女儿则不管本人意愿如何，必须扶养双亲。[①] 这说明埃及妇女的处境与他熟悉的希腊妇女的境况有很大区别。近现代学者也认为古埃及妇女有着较高的社会和家庭地位。麦克斯·缪勒认为，从古到今，古埃及妇女的地位恐怕要数第一。西蒙娜·德·波伏娃指出："在埃及，女人的处境十分有利。女神般的母亲保持着做妻子时的威望。夫妻是一个宗教的、社会的单位，女人仿佛与男人结了盟，和他相辅相成。"[②]

古埃及妇女在社会经济生活中扮演了重要角色。除了希罗多德提到过的经商活动之外，她们和男性一样，从事各种农业和手工业生产活动。在河水泛滥过后的播种季节，在麦浪翻滚的丰收时刻，在堆满谷粒的打谷场上，在紧张忙碌的织布作坊里，处处可以看到古埃及妇女辛勤劳作的身影。古埃及艺术家创作的《酿麦酒的妇女》、《搓谷子的妇女》、《运贡品的少女》等壁画和雕塑都生动地反映了古埃及妇女参加生产劳动的情况。第十九王朝时期底比斯墓葬中的一幅灰墁画也描绘了男女共同耕作的场面。画面上的女子参加收割亚麻，伴随耕种，捡拾其丈夫割过的麦田里的麦穗。[③] 正是由于古埃及妇女在生产中所起的作用，使她们赢得了社会的尊重。

根据古埃及法律，埃及女子享有财产权和继承权，并可

① 希罗多德:《历史》，Ⅱ，35。

② 西蒙娜·德·波伏娃:《第二性》，I，陶铁柱译，第 98 页。

③ 安德烈·比尔基埃等主编:《家庭史》第1卷上册，袁树仁等译，三联书店，1998 年，第 202 页。

以根据自己的意愿自由地立遗嘱。曾在第三王朝末至第四王朝初担任高级官吏的梅腾在他的自传性的铭文中称，他从其母亲那里继承了50斯塔特的土地。尤其使人感到惊奇的是，古埃及的女奴隶有时也像自由民一样拥有土地财产。一份铭文资料记载道，一位女奴隶由于穷困而要求把她的土地卖给她的主人谢吉斯特，以换取布匹、谷物以及其他生活必需品。[①]在古埃及的家庭中，当丈夫死了之后，领导全家生活的责任就落到孀妇的身上。她完全享有她为夫妻财产所带来的那一份以及夫妇结婚后获得的共同财产，可以作为家长的替代人自由行动，甚至可以为她的长子代理某一行政职务。子女不尽养老义务时，她有权剥夺他们的继承权。[②]在法庭上，古埃及妇女享有与男性同等的权力。当采取与个人权力相关的法律行动时，埃及妇女不必像希腊妇女那样，需要一个监护人作为她们的代表。

与深居内室的多数希腊妇女相比，古埃及妇女享有较大的行动自由。埃及的妇女热衷于社交与文化活动，她们可以与男性一起参加饮宴活动。在新王国的宴席上，底比斯的贵妇人是在场的，一男一女相间坐在席上或女宾聚在一起。在这过程中，有舞女和弄乐女艺人为大家作表演。这与从不参加男性酒会等娱乐社交活动的雅典公民妇女形成了鲜明对比。

在政治上，古埃及是唯一允许女子继承王位的东方民族。

① 李雪季主编：《世界女性历程图说》，第1卷，第54页。
② 安德烈·比尔基埃等主编：《家庭史》第1卷上册，袁树仁等译，第229页。

早在公元前3000年左右，埃及第一王朝出现了一个女王——莫耶特—尼特（Meryet-nit），她独立地统治这个王朝，人们相信她在南北埃及统一后的政治动乱情况下起过稳定局面的重要作用。一千五百年以后，埃及出现了女王哈特舍普苏特（Hatsepsut）。[①] 哈特舍普苏特是埃及新王国时代十八王朝第三位法老图特摩斯一世的女儿，与其异母兄弟图特摩斯二世结婚后成为王后，十分热心政事活动。丈夫死后，她于公元前1503年登上了王位。为了巩固权力，她身着男装，面带假胡须，表现出一副男性法老的模样。后来她又为自己封上了"荷鲁斯女神，上下埃及之王，太阳神之女"的尊号。传统上法老的化身荷鲁斯神，也被她改成了女性形象。[②] 在她统治埃及期间，她为扩大埃及的贸易活动作出了巨大努力。她曾经派船队前往东非索马里一带（古埃及称punt），带回了黄金、白银、象牙和许多奇花异木。在古埃及传统的影响下，希腊化时代治理过朝政的女性有阿西诺爱（Arsinoe）、贝勒妮丝和克利奥佩特拉等人。为了保证王位继承血统的"纯正"，埃及王族盛行兄妹结婚的做法，王太后和王后往往从国王的女儿、国王的妹妹和妻子以及国王的母亲多重身份中获得参与政治的机会。古埃及的下层妇女虽然不像一些王室妇女那样有机会过问政治，但在一定的时机，她们也会以自己的方式影响国家的政治生活。第一中间期（约公元前2181—前2040年）

① 坦娜希尔：《历史中的性》，第61页。
② 刘文鹏：《埃及学文集》，内蒙古大学出版社，1996年，第273页。

哈特舍普苏特女王船队运航蓬特（埃及十八王朝）

时，埃及发生过一次大规模的平民奴隶起义。起义推翻了国王的统治，一度颠倒了以往的社会关系。《伊浦味陈辞》告诉人们，从前默默无闻的女奴隶越来越擅长说话，从前只有贵妇人才能佩戴的珠宝挂到了女奴隶的脖子上。关于起义的这些描述说明，下层妇女，尤其是深受压迫的女奴隶是这次起义的一支重要力量。

古埃及妇女在宗教领域中也十分活跃。像古希腊妇女一样，她们积极参加各种宗教节日的庆祝活动。希罗多德记载说，埃及的布巴斯提市每年都要举行隆重的阿尔忒弥斯祭典。人们去该市举行宗教集会时，不论男女都坐船循水路前往，船上的一些妇女打着响板，一些男子则吹着笛子，其余乘客则都唱歌和鼓掌。到达目的地后，参加宗教集会的男女一起开怀畅饮，用丰富的牺牲来庆祝祭日。在埃及三角洲的布希里斯城举行伊西斯祭典时，成千上万的男女群众一起在牺牲结束后捶胸哀悼。[1]除了参加宗教节日的庆典外，妇女还在古埃及人举行的各种宗教仪式中发挥了重要作用。她们在祭祀神的时候弹奏乐器，或者充当歌手，有些妇女还担当了神的祭司。尤其值得一提的是，第十八王朝时埃及产生了被称为"神的妻子"的特殊女祭司，她们的权力超过古希腊的女祭司和女预言者，对埃及人宗教、经济和政治产生了很大影响。"神的妻子"只能由王室妇女来担任，其职责是侍奉阿蒙神。当古埃及人在神庙中举行重要宗教仪式时，"神的妻子"戴着假发，系着头带，站在男祭司旁边。在进神庙之前，她们首先在神圣的湖中净化自己。第十八王朝第一个国王雅赫摩斯（Ahomos）的妻子雅赫摩斯·诺弗雷塔丽（Ahomse Nofretary）王后是"神的妻子"的著名代表，雅赫摩斯竖立的捐赠石柱上的铭文说明，他的妻子是当时埃及十分重要的人物。

雅赫摩斯·诺弗雷塔丽十分关心并直接过问其丈夫的宗教建筑工程，采石场上的石柱刻写着她的名字。在作出有关宗教事务决定时，雅赫摩斯总是设法取得其妻子的支持。为了向雅赫摩斯·诺弗雷塔丽表示敬意，雅赫摩斯为她在阿比杜斯（Abydos）建立了一座纪念碑，他们的儿子阿蒙霍特普一世（Amenhotpe I）为她建立了一座神庙，其后的国王图特摩

① 希罗多德：《历史》，II，60-61。

斯一世(Thutmose I)在卡尔那克神庙竖立了一座她的雕像。埃及女王哈特舍普苏特在取得国王头衔之前也做过"神的妻子",在她成为女王之后,她就把"神的妻子"的职位给了她的女儿内弗鲁丽(Nefrue),后者拥有的刻着圣甲虫的护身符要比其他的公主和许多王后多得多。①

在家族传承和家庭生活方面,古埃及妇女的地位也比较高。与只是按男性亲属关系被人提起的雅典妇女相比,埃及亚历山大里亚的女子的名字广泛地被人知晓,她们的名字常常出现在铭文和纸草文书中。尽管在整个埃及历史过程中始终贯穿着以父亲论血统这条线,但母亲这条线也与之竞争,母亲也是赋予孩子名字的人。埃及人在为孩子取名时,儿子可以借用父亲的名字,女儿可以借用母亲的名字,但最普遍的习惯做法是重复祖父或祖母的名字,这样母亲的声音就在以父亲论血统的谱系库中产生了回响。古埃及人夫妻之间的关系要比古希腊人特别是雅典人显得亲密,家庭和睦是古埃及人家庭关系的主流。古埃及的文学作品中充满了对夫妻和谐幸福的赞美。如在埃及古老的说教著作《智慧经》中,塔霍特普大臣对儿子说:"如果你是个头面人物,成一个家吧,在你的家中适当地爱你的妻子吧!"艺术作品也反映出家庭生活的快乐,从古王国时代开始,雕塑经常描绘一些笑容满面的夫妻。在对家庭事务的安排和决策上,妻子意见受到一

① 卡梅罗和库尔特主编:《古代妇女的形象》(Averil Cameron and Amelie Kuhrt, *Images of Women in Antiquity*),韦恩州立大学出版社,1993年,第65–78页。

定程度的重视。一个军队里的书记官与他的妻子商讨之后，改变了原来要辞退佃农的主意。对家中孩子的抚养和教育方面，埃及人的性别歧视也不像古希腊人那么明显。与不时溺杀女婴并忽视女性教育的大多数希腊人不同，埃及人喂养所有的孩子，他们对女孩也进行舞蹈、音乐和书写等方面的教育。[①]

虽然古埃及妇女并没有真正达到男女平等，国家政权在绝大多数时期掌握在男性统治集团手中，家庭重大事情的决策权属于男性，丈夫打妻子的现象也时有发生。但是与比较歧视妇女的古希腊人相比，古埃及人对妇女的态度已经相当开明。在希腊化时代东西文化交汇之时，古埃及人的妇女观和家庭婚姻观必然也会像宗教思想那样对古希腊人产生潜移默化的影响，从而使妇女的地位得到改善。公元前 200 年左右，在亚历山大里亚这个国际化的都市里，各阶层的妇女都可以在街上自由行动，她们在商店购物时，毫不介意地与男性混杂在一起。事实说明，埃及的社会风俗影响了包括希腊移民在内的各族人。

其次，城邦独立地位的丧失和公民生活的变化也是希腊化时代妇女地位提高的重要原因。

在希腊化时代，各城邦的独立地位由于君主制的建立而丧失。到公元前 2 世纪左右，希腊人不再按城邦把自己称为雅典人、斯巴达人或科林斯人，而只是按种族和会说希腊语

① 安德烈 · 比尔基埃等主编:《家庭史》，袁树仁等译，第 193-233 页。

的标准把自己认同为希腊人。希腊各王国的中央政府对城市的内部政治发生重要影响。希腊移民城市虽然建立了议事会和公民大会等权力机构，但这些城市受到了王室成员的监督。由于土地财富和城市权力日益集中到富人手中，希腊化时代的普通民众参与政治管理的热情下降。因此，城市的政治生活和公民权对于普通民众来说，已不像希腊古典时代显得那么至关重要。失去了城邦独立的古希腊人把注意力从城市的公共生活转向了私人生活和家庭欢乐，男女两性的关系也随之发生了变化。多数希腊家庭的夫妻关系由淡漠转向亲密。人们开始把夫妻朝夕相伴当作生活中最重要的事来看待，因此，美国心理史学家黎黑指出，从社会观点来看，希腊化时代最大的赢家就是妇女，原先那种把婚姻作为生儿育女的契约的思想终于为爱情和伴侣的思想所取代。[①]

在希腊化时代，古风和古典时代流传下来的歧视妇女的思想并没有完全消失。但是，表达普通人的日常生活和情感，歌颂男女之间的爱情成为这个时期文学的主旋律。

洛克里（Locri）的女诗人诺西斯（Nossis）大约生活在公元前3世纪前半期，她以写爱情诗而著称，被称为“爱情诗人”。她把爱情看作世界上最美好的事情，认为爱比蜂蜜甜蜜，她在一首诗中写道：

世上无它物能比爱更甜蜜，

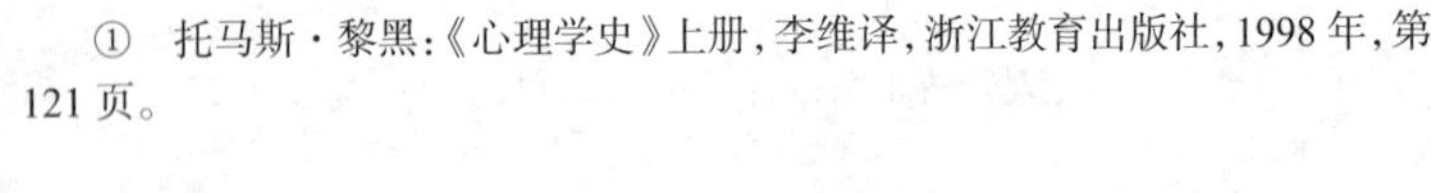

① 托马斯·黎黑：《心理学史》上册，李维译，浙江教育出版社，1998年，第121页。

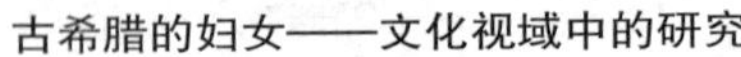

所有别的快乐都名列其次，
拥有爱，我甚至唾弃蜂蜜。
阿佛洛狄忒所不爱的女人，
将永远不会在夏季的花朵中发现这美丽的玫瑰。

希腊化时代的一位男诗人也以生动活泼的笔调，热情地讴歌爱情：

此时此刻，我需要淘气的孩子——爱神厄洛斯，
拂晓时，他拍着翅膀离开了我的床榻。
当他开怀大笑的时候，
他是多么痛快无畏而又逗人喜爱；
当他低声哭泣的时候，
他又是多么温文尔雅而又软柔和缓；
在他的背上，有着金色的翅膀和神奇的箭筒。①

就爱情而言，希腊化时代的男女两性关系在一定程度上是比较平等的。爱情不仅给女性带来欢乐和痛苦，也同样给男性带来痛苦和欢乐。在一首田园诗中，一个叫做波利菲姆斯的男子由于深爱一个女孩而感到痛苦，诗中写道：

他不是以苹果、玫瑰，

① 布里登撒尔和库恩兹：《开始显露——欧洲历史上的妇女》，第78页。

也不是以长长的卷发，
是用真正的疯狂爱她，
世界上没有任何别的事比这爱更重要。

在这个时代的另一首诗中，一位女孩停在一扇关着的门前歌唱，请求她的心上人让她进去，她唱道：

爱与情占满了我的心灵，
我无法控制这美好感情，
亲爱的星辰和夜晚，
我所钟爱着的恋人，
驱使我来到他面前，
爱情女神把他交给我作人质，
他那巨大的热情早把我征服。[①]

希腊化时代男女两性对家庭欢乐和爱情的共同追求，不仅促进了这个时期男女两性关系的变化，使妇女得到了男性较多的关注和尊重，而且也使这个时期希腊艺术的风格有了很大的转变，对女性人体美的欣赏成为这个时期希腊艺术的时尚，裸体女性雕像的涌现成为希腊化时代艺术发展的显著特征。

对于古希腊艺术来说，女性裸体是一个挑战性的主题。

① 坎塔瑞拉：《潘多拉的女儿们》，第95-96页。

女性裸体违背古希腊的社会风俗。除了斯巴达妇女外，有身份的古希腊妇女都不参加必须脱去衣服的体育锻炼。希罗多德在《历史》中提到，撒尔迪斯（Sardis）的国王坎道列斯（Candaules）为了炫耀自己妻子的美丽，同意侍卫巨吉斯（Gyges）偷看王后脱去衣服时的情景，愤怒的王后为了报复，让巨吉斯杀死自己的丈夫，并让巨吉斯当上了新国王；[①]希腊神话称，阿克泰翁（Actaeon）由于在狩猎时看到阿耳忒弥斯女神沐浴而被女神变成一只鹿，最后被他的猎犬撕碎；铁列西阿斯（Tiresias）由于看见雅典娜沐浴而成为瞎子。[②]正因为古希腊社会的这一传统，古风和古典时代的希腊艺术中，男子塑像往往被表现为裸体的形式，大多数女性的雕像则被塑造成穿着带褶衣服的样子，只有个别雕像、陶瓶绘画和男性在酒会上使用的酒杯上才出现女性裸体的形象，而且这些裸体绘画描绘的一般都是妓女。[③]

裸体女性雕塑创作的开拓者，是公元前 4 世纪中叶希腊著名的雕塑家普拉克西特利斯（Praxiteles），他创作的裸体的阿佛洛狄忒成为不朽的经典之作。这座雕像外形美丽、目光柔和、表情喜悦，受到了人们高度的赞美和喜爱。有人在一首赞誉它的诗中，借女神之口情不自禁地叫道："普拉克西特利斯，你究竟在哪里看到过像我这样的裸体？"据说，这座雕

---

① 希罗多德：《历史》，Ⅰ，8–12。

② M. H. 鲍特文尼克：《神话辞典》，黄鸿森、温可铮译，第 21、287 页。

③ 波梅罗伊：《女神、妓女、妻子和奴隶》，第 143 页。

普拉克西特利斯的阿佛洛狄忒雕像
（罗马摹制品，原作于公元前 350 年左右）

像曾被尼多斯的公民买去，当比尼西亚的国王尼古米底提出以取消尼多斯人的巨额公共债务作为条件换取这座雕像时，深深喜爱这座雕像的尼多斯人表示拒绝。[1] 普拉克西特利斯没有继续工作到希腊化时代，但是通过他的同是雕塑家的儿子和他的画坊的影响，裸体的阿佛洛狄忒成为希腊化和罗马时代艺术的中心形象。[2]

公元前 3 世纪起，希腊艺术中的裸体的阿佛洛狄忒的形象有了进一步的发展，阿佛洛狄忒的塑像由古典时代的冷漠超然站立着的样式变成了弯下腰或蹲在地上的姿势。这时雕像的外形较胖，臀部也趋于宽大，它反映了当时人们审美标准的改变和对丰收的企盼。

与此同时，在希腊化时代艺术中，表现男性之间同性恋活动的作品越来越少，大多数作品都细腻地表现了夫妻之间相亲相爱的情景，所有这一切都从艺术方面体现了希腊化时代男女两性关系的改善。

再次，古典哲学及价值观的衰弱和新的哲学伦理思想的产生从客观上也有利于希腊化时代妇女地位的提高。

在希腊化时代，随着社会生产力的发展，希腊化各王国内贫富两极分化日益严重。由于奴隶劳动的竞争，自由劳动者工资下降，生活必需品的价格上涨。穷人酝酿着起义，富人心中满怀着对革命的恐惧，社会矛盾不断加剧。早在亚历山大开始东征之时，他就与哥林多联盟国家订立条约，规定联盟任何城邦都不得为了革命的缘故而没收个人的财产，分

① 苏珊·伍德福特等著：《剑桥艺术史》第一卷，罗通秀、钱乘旦译，中国青年出版社，1994 年，第 97 页。

② 范撒姆等著：《古典世界的妇女》，第 174 页。

配土地，免除债务或者解放奴隶。[1]

这个时候，面临着经济上不平等的古希腊人在心理上也承受着巨大的冲击。斯塔夫里阿诺斯指出："随着许许多多的人被逐出传统的环境，他们在新的大城市不知所措。过去，在旧城邦，生活比较简单，法律、道德、宗教和义务全有明确的规定，为大家所普遍接受。而现在，所有这一切都消失了。"[2]离开了旧日的城邦生活轨道的古希腊人发现自己处于一个到处是阶级、种族和文化冲突的动荡世界中，心中充满着忧虑和不安，他们力图找到从这个艰难的世界中解救出来的办法，旧的建立在城邦基础之上的古典哲学思想和价值观逐渐衰落，新的哲学伦理思想应运而生。这个时期哲学家们的兴趣由理性转入了人们的心灵，他们不再把注意力集中在解决自然和社会的根本问题上，伦理学被当作他们哲学思想体系的中心，逃避现实生活的不幸成了他们研究的重点问题。犬儒主义、怀疑主义、伊壁鸠鲁主义和斯多葛主义是希腊化时代的重要哲学派别，它们各自对人们如何在这纷乱的世界处世立身提出了看法。

犬儒主义最早的领导者是西诺普人狄奥根尼（Diogenes），他藐视一切社会传统和习俗，宣称要学着像狗一样生活。怀疑主义的创始人是参加过亚历山大远征的皮浪

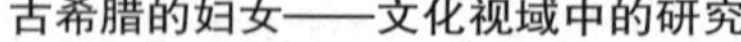

① 罗素：《西方哲学史》上卷，何兆武、李约瑟译，商务印书馆，1996 年，第 287 页。

② 斯塔夫里阿诺斯：《全球通史——1500年以前的世界》，吴象婴、梁赤民译，上海社会科学出版社，1992 年，第 223 页。

(Pyrrhon),他和他的门徒试图通过否认获得知识的可能性来达到一种“不动心”不受干扰的理想境界。他们认为,人们如果放弃对绝对真理的徒劳追求,并不再为什么是善与恶烦恼,就会达到心灵的宁静和满足。生于萨摩斯岛的伊壁鸠鲁(Epikouros)继承和发展了德谟克里特的原子论,主张通过克服对神的恐惧来实现心灵的宁静。斯多葛主义的创始人系塞浦路斯人芝诺(Zenon),他和他的门徒则主张通过宿命论来求得心灵的平静。

希腊化时代的这四个哲学派别对待妇女的态度并不一样,其中犬儒派和伊壁鸠鲁派对妇女的态度比较开明。犬儒主义向女性敞开了学习哲学的大门,使有些妇女进入了犬儒派哲学家的行列。前面所提及的希腊贵族女子希帕奇亚就是通过与兄弟一起学习犬儒主义哲学而认识该学派的哲学家克雷茨的。他们为了爱情而结合,并以平等的方式居住在一起。伊壁鸠鲁派对女性也比较尊重。公元前307-前306年,伊壁鸠鲁在雅典郊区的一座花园里建立了学校,向人们传授他的哲学思想。他欢迎妇女前来听讲,甚至把女性吸收到生活于他身边的小群学生的队伍中。他不但接受地位较高的自由民妇女,也接受妓女和奴隶,毫无性别和身份的歧视和偏见。[①]斯多葛主义具有平均主义和博爱主义的倾向。它否定阶级差别,声称人都是上帝的儿子,人与人都是兄弟,应当相互友爱,希望建立一个无国家界限、无阶级区分、无贫富差距和无主

① 威尔·杜兰:《世界文明史——希腊的生活》,第839页。

奴分别的大社会。但是斯多葛派主张的平等只是男性之间的平等和兄弟关系，并没有肯定男女两性之间的平等关系。[①] 一般说来，怀疑主义的文献中很少涉及妇女问题。

尽管希腊化时代这些重要的哲学派别在哲学思想、如何应付这个动荡的世界和对女性态度上存在差异，但它们有一个共同之处，这就是关心和追求的都是个人的幸福，而不是社会的福利。犬儒学派主张通过回归大自然，过简朴的生活和独立自处而达到满足自己需要的目标。怀疑主义者提出，为什么要忧虑未来呢？未来完全是无从捉摸的，人们不妨享受目前。[②] 伊壁鸠鲁说过："快乐是幸福生活的开始和目的。因为我们认为幸福生活是我们天生的最高的善，我们的一切取舍都从快乐出发，我们的最终目的乃是得到快乐，而以感触为标准来判断一切的善。"[③] 斯多葛学派则断定对于一个人来说，好的生活就是依照自然本性的生活。[④] 这些哲学伦理思想反映了在希腊化这个"世界主义"时代中，个人主义的发展和当时人们对社会政治和公共生活所持的淡漠态度。它们的流行更加促使人们对个人和家庭幸福的追求，从而从客观上有利于男女两性关系的改善和妇女地位的提高。

除了上述原因以外，妇女经济权力的增长实际上是希腊

① 波梅罗伊:《女神、妓女、妻子和奴隶》，第 132 页。

② 罗素:《西方哲学史》上卷，何兆武、李约瑟译，第 297 页。

③ 北京大学哲学系外国哲学史教研室编译:《古希腊罗马哲学》，商务印书馆，1982 年，第 367 页。

④ 特伦斯·欧文:《古典思想》，覃方明译，辽宁教育出版社和牛津大学出版社，1998 年，第 211 页。

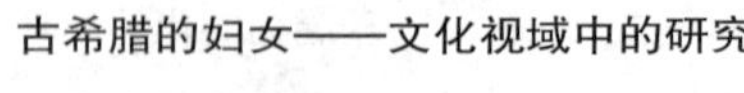

化时代妇女地位提高的最重要的基础，由于前文已有所涉及，在此就不再赘述。

总而言之，笔者认为，希腊化时代妇女的社会和家庭地位有了较大变化，得到了一定程度的提高，这种变化是由当时的社会文化环境造成的，它是东西文化汇合交融、妇女经济权力增长、城邦衰弱、古典价值观崩溃和新的哲学思想兴起等多种因素相互作用的结果。对于希腊化时代妇女地位的考察，充分说明了这个时期东西文化交流的特征是双向的，在希腊文化向东方传播的同时，东方文化也对希腊人产生了深刻影响。

第六章

古希腊妇女与宗教

古希腊妇女的地位不仅在不同的历史阶段和不同文化传统的城邦中有所不同，而且在不同的领域中境遇也不一样。除了斯巴达，古希腊各城邦的妇女基本上都被排除在政治生活之外。但是，她们被以各种方式包括在城邦的宗教生活之内。她们参加家庭的各种祭仪，出席城邦的许多宗教节日庆典，负责主持某些宗教仪式，特别是那些与生死有关的宗教仪式。由于她们对宗教活动的积极参与，有人甚至称她们为"宗教崇拜的公民"。宗教在古希腊人的生活中占有特别重要的位置，研究古希腊妇女问题不能忽视在这一领域内的考察。在本章中，笔者拟通过对古希腊妇女宗教活动和仪式的探讨和对她们被包括在城邦宗教生活之内的原因的分析，来研究古希腊妇女在宗教领域内的地位，以更全面地认识她们在家庭和社会中的处境。

一、古希腊妇女的宗教活动和仪式

贝格尔指出："最早的宗教表达总是以仪式为特征的。仪式行动一般是由两个方面构成的——不得不做的事和不得不说的事。举行仪式是与重复神圣公式密切地联系在一起的。换言之，宗教的观念化是以宗教活动为基础的……"。他还强调说："宗教的根源在于日常生活的实际事务。"[①] 古希腊妇女的宗教生活也是由一系列的仪式和活动构成的，她们的每个人生阶段和每个重要转折关头都伴随着频繁的祭祀仪式和奉献活动。她们是家庭祭祀不可缺少的成员，也是城邦宗教活动的积极参与者。由于古希腊宗教仪式和庆典极多，笔者不能一一列举妇女参加的全部宗教活动，只能选取一些有代表性的仪式和庆典来考察妇女的地位，在下一部分对希腊妇女参加城邦宗教生活的原因的探讨中，我们还会进一步涉及这一问题。

古希腊妇女的一生——从处女到生孩子的母亲，再到不能生育的老年妇女；从出生到结婚，再到死亡，都离不开宗教仪式。我们先来看年轻姑娘的宗教活动。根据古希腊的神话观念，年轻的姑娘就像未驯服的母马，要通过训练才能将她们变成完美和驯服的妻子。因此，古希腊的处女们(parthenoi)

① 彼得·贝格尔：《神圣的帷幕》，高师宁译，上海人民出版社，1991年，第49-50页。

要经过一系列的初始仪式，才能进入社会，并为结婚和成为公民的母亲做好准备，这些少女的初始仪式，可以看作是“处女的宗教”。并非所有的少女都能受到这种女性初始式的训练，只有挑选出来的贵族的女儿才能享此殊荣。不过，处女的宗教祭仪具有重大意义，没有直接参加初始式的少女们会感到似乎她们也通过代理人而直接参加了活动。[①] 阿里斯托芬在《吕西斯特拉忒》中，通过妇女合唱队之口，戏剧化地概括了少女初始仪式的过程：

> 芳龄七岁，神秘的匣子；
> 长到十岁，我们妇人的磨坊工；
> 然后是黄色的布劳朗熊，
> 接着在盛大节日里挎着那神圣的篮子。[②]

在雅典，与少女初始仪式有关的一个节日叫做阿瑞福拉节，这个节日是雅典人纪念雅典娜女神的庆典之一。节日之前，公民大会从出身贵族家庭的 7 岁至 12 岁的少女中选出四名阿瑞福拉（Arrephorae），或者捧神圣匣子者。 王者执政官从这四人中选出两名，参加将在泛雅典娜节奉献给女神的法衣的纺织劳动。另外两人则住在波利阿斯（Polias）圣殿，也就是护城女神雅典娜神庙附近，参加阿瑞福拉节的庆典活

---

① 泽德曼（Louise Bruit Zaidman）：“潘多拉的女儿们及希腊城市的仪式”，载乔治·杜比、米歇尔·佩洛特总主编：《西方妇女史》第 1 卷，第 340－341 页。

② 阿里斯托芬：《吕西斯特拉忒》，641–648。

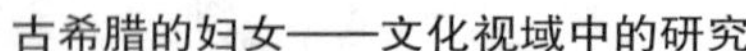

动。在此期间，她们要参加一个特殊的夜间仪式：她们头顶一个装着她们不能看的东西的密封匣子，在阿佛洛狄忒神庙附近的花园里，用这些东西交换另外一些同样神秘的东西，某些词典编纂者认为它们是蛇状和阴茎状的饼。关于这个仪式的意义，学者们有不同的解释，有人说它是少女初始式结束的标志，有人认为它与城邦建立的神话有关，也有人认为举行祭仪的目的是增加土地的肥力和保证雅典城邦的幸福。[①]无论怎样，看来这个仪式肯定与初始式期间少女侍奉城邦女神雅典娜的活动有联系。

布劳朗人举行的熊的节日也与古希腊少女的初始仪式有着密切的联系。布劳朗（Brauron）位于阿提卡的东海岸，离雅典约有 23 英里。当地人每四年在阿耳忒弥斯神庙举行一次 Arkteia 节，或者叫做熊的节日。这个节日的庆典仪式包括体育竞赛、跳舞和合唱等内容。体育竞赛的参加者是 7 岁至 14 岁的女孩，按年龄分组，青春期之前的年幼女孩可能裸体参加比赛，年龄较大的女孩则穿着长达膝盖上方的短袖束腰外衣，比赛时公众都可以前往观看。在该节日期间举行的初始仪式中，年轻的姑娘们穿着富有特色的黄色长袍（rocote），并模仿“雌熊”的行为。这个仪式与一则神话有关，据说有一只温顺的雌熊常常光顾布劳朗，与少女们玩耍。一天，它抓伤了一个小女孩，女孩的兄弟怒不可遏，杀死了这只熊。雌

① 参见鲍桑尼阿斯，I,27,3；M. H. 鲍特文尼克等编著：《神话辞典》，黄鸿森、温乃铮译，第 28 页。

熊属于狩猎女神阿耳忒弥斯的领域，这个行动得罪了她，从而导致了一系列灾难的发生。神谕指示布劳朗人说，让小女孩们扮作熊并穿上黄袍，可以使女神息怒。在布劳朗的阿耳忒弥斯神庙发现的文字资料和花瓶绘画表明，少女的初始仪式的确包括让女孩们在结婚前像熊一样地行动的做法。考古学家在布劳朗和雅典的阿耳忒弥斯神庙中发现了一些举行仪式用的小器皿的残片，其年代被断定为公元前 5 世纪末或公元前 4 世纪初。残片上的绘画描绘了姑娘们进行赛跑时的场面，还画有动物与姑娘们在一起的情景。在其中的一个画面中，一头雌熊的画像占据了中心的位置，姑娘们则离开它走向一个祭坛。[①] 因此，考古的证据也证实了希腊少女初始式中熊崇拜仪式的存在。

对于这一仪式，学者们有不同的解释。伯尔曼指出，黄色的衣服与新娘和已婚妇女相联系，在熊的节日里，姑娘们穿上这种颜色的衣服，说明她们已作好了结婚的准备，新的衣服代表着向新的社会身份的转变。[②] 英武德认为，少女们脱下这些黄色的长袍，意味着她们对“熊的生活”的抛弃，以进入一个新的人生阶段——青春期。泽德曼在此基础上提议，把布劳朗的典礼看作长达数月的少女初始仪式的高潮，仪式的目的是为了驱逐每一个小女孩身上“雌熊”特性(少年时代野性的一种象征)，并为她们进入结婚前的挎篮者阶段

① 参见克雷默:《她对神恩的分享》(Ross Shepard Kraemer, *Her Share of the Blessing*)，牛津大学出版社，1992 年，第 22–23 页。

② 克雷默:《她对神恩的分享》，第 22–23 页。

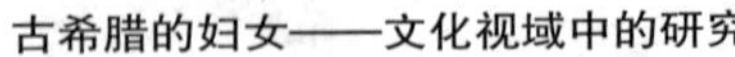

作好准备。[①] 尽管他们的说法有差异，但有一点是共同的，即认为熊的节日中的初始仪式标志着少女身份的转变。

在伊里昂（Ilion），少女的初始仪式由两个出身于最高贵的洛克里（Locri）家族的姑娘作代表。她们要在雅典娜·伊里阿斯（Athena Ilias）神庙里待上一年，在此期间，她们的头发被剪短，光着脚，只穿一件衣服，并要保持整洁。凯欧斯（Keos）的婚龄少女则白天在圣殿中跳舞和进行体育活动，晚上到别人的家中干仆人的活。[②] 通过各种不同的初始仪式，古希腊少女为她们过渡到结婚时刻作好了准备。

结婚是妇女一生中最重要的转折关头。它意味着妇女身份和家庭的变化，她们将由处女变为已婚妇女，走向成人世界，并离开父母的家庭与丈夫生活在一起。因此，古希腊妇女在婚期临近之时，必然会举行向神献祭的活动。在古希腊，各城邦新娘在婚礼前向神献祭头发的做法十分普遍。如前所述，斯巴达的新娘们在将自己交托给丈夫之前要剃头发。准备出嫁的古希腊新娘除了向神奉献头发之外，还将象征着少年时代的玩具、饰带和其他东西也一起献给神。一份向拉科尼亚的女神阿耳忒弥斯·利姆纳提斯（Artemis Limnatis）表示敬意的短诗涉及这样的献祭。诗中提到，一个名叫提玛瑞塔（Timareta）的女孩，结婚之前向女神献上了她的手鼓、球、

① 泽德曼："潘多拉的女儿们及希腊城市的仪式"，载乔治·杜比、米歇尔·佩洛特总主编：《西方妇女史》第 1 卷，第 343 — 344 页。

② 布雷默：《希腊宗教》（Jan N.Bremmer, *Greek Religion*），牛津大学出版社，1994 年，第 69 页。

发网和娃娃，以求神的庇护。[①] 即将结婚的古希腊姑娘们进行这种向神讨好的献祭活动，目的是为了赎出贞洁，祈求神保佑她们婚后生活幸福，并表示向少女时代告别。

古希腊新娘和新郎的婚礼更是包括一系列的宗教仪式和活动，古希腊人用“神圣的仪式”一词来称呼婚礼，可见他们的婚礼与宗教有着密切的联系。古希腊人的婚礼要选择在良辰吉日举行，他们一般把冬季和月圆之时看作是最适合结婚的时候。举行婚礼的当日，天刚亮，新娘和新郎或者是他们的家人要到圣水所在地汲水回来，给他们沐浴。接着，新郎就穿着吉服，戴着花冠，前往新娘的家。正式的婚礼分为三个步骤进行。第一，是在新娘家举行的仪式。新郎一到新娘的家中，新娘的父亲就率领族人举行祭祀，向宙斯和主管婚姻的女神赫拉以及分娩女神阿耳忒弥斯献祭。祭礼完毕之后，新娘的父亲就宣读祝语，郑重声明把女儿交给她的丈夫。从此，新娘就脱离了父亲的支配和他家的圣火与祖先崇拜，转而加入丈夫的家族，受夫权支配，祭祀丈夫家的圣火与祖先。把新娘交给新郎后，欢乐的喜筵开始。男女宾客分席而坐，共同向新人祝贺。第二，是新娘前往夫家的婚礼游行。约在黄昏的时候，新娘身穿白衣，头戴花冠，面上蒙纱，在新郎的搀扶下羞羞答答地坐到车内，在火炬手和吹打手的引导下和婚礼赞歌的伴随下，穿街走巷来到新郎的家门前。此时，

① 巴顿译：《希腊诗集》（*The Greek Anthology*, Translated by W. R. Paton），VI，280。

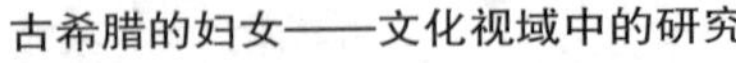

婚礼游行　陶瓶画（约公元前 440–前 430 年）

新郎家的大门高搭彩棚，一派喜气洋洋的景象。新娘并不自己走进门去，而是作出不愿意的样子。新郎上前来抢，新娘假装呼号，送亲的女人们假装抵抗。不久，新娘便在众人的哄笑声中，被新郎抱过门槛。第三，是在新郎家举行的仪式。进门之后，一对新人共同站立在新郎家的炉火前。新娘以净水挥洒夫家的家神神龛，手触圣火，口念祷词，祈求新的家神和祖先保佑。最后，新婚夫妇合吃一个胡麻饼或者面包，表示双方的结合以及与同一家神的相通。[①] 整个婚礼过程生

① 顾素尔：《家族制度史》，黄石译，上海文艺出版社，1989 年影印本，第 110–112 页；古朗士：《希腊罗马古代社会研究》，李玄伯译，第 28–29 页。

动地反映了古希腊妇女在宗教和从属对象上的转变。

古希腊妇女结婚后，她们虽然不再是处女(parthenoi)，但还不是完全成熟的妇女 gyne，她们在生育前被称为 nymphe，也就是没有生孩子的年轻妇女。[①] 要完成由新婚妇女向母亲角色的转变，古希腊妇女还是要祈求神的帮助。一些希腊城邦也对这个时期妇女的宗教活动作了规定。公元前 4 世纪，昔兰尼(Cyrene)关于宗教祭祀的条款要求，新娘必须在阿耳忒弥斯的节日到阿耳忒弥斯神庙为她们特别准备的房间作一次仪式性的朝拜，如果她没有这样做，除了作常规的奉献外，她还必须清洗神庙，并奉献一头牲畜作为惩罚。该城邦还规定，怀孕的妇女在生育孩子以前，必须作同样的朝拜，并向熊的女祭司奉献一头牺牲动物的头、脚和皮。如果她不能这样做，在分娩之后，她就不得不献祭一整头完全成熟了的动物牺牲作为惩罚。[②] 分娩的妇女同样也要向神献祭，不但顺利分娩的妇女向作为分娩女神的阿耳忒弥斯献祭，而且死于分娩的妇女的衣物也被献给这位女神。欧里庇得斯在《伊菲革涅亚在陶里斯》中提到，人们把在产床上死去的妇女的衣服献到布劳朗的阿耳忒弥斯神庙。[③] 因此，古希腊

① 泽德曼:“潘多拉的女儿们及希腊城市的仪式”,载乔治·杜比、米歇尔·佩洛特总主编:《西方妇女史》第 1 卷, 第 365 页。

② 莱夫科维兹和范特:《希腊和罗马的妇女生活》(Mary R.Lefkowitz and Maureen B.Fant, *Women's Life in Greece and Rome*), 约翰·霍普金斯大学出版社, 巴尔的摩, 1992 年, 第 284-285 页。

③ 欧里庇得斯:《伊菲革涅亚在陶里斯》(*Iphigenia in Tauris*), 1464-1467; 参见伯克特:《希腊宗教》(Walter Burket, *Greek Religion*), 塞尔·布莱克威尔公司, 牛津, 1990 年, 第 151 页。

妇女的一生都离不开宗教活动与仪式，其中婚礼、分娩时的仪式属于古希腊家庭最重要的祭祀活动。

古希腊妇女除了参加与她们生活的各阶段和各个方面相关的宗教仪式外，还和男性一起参加全城邦的宗教节日庆典活动，其中最著名的是泛雅典娜节。这个节日是阿提卡地方纪念护城女神雅典娜·波利阿斯的庆典。节日每年举行，持续两天。从公元前566年起，每四年举行一次大型的泛雅典娜节，庆典至少持续四天。节日中，人们进行火炬赛跑等各种竞技比赛，获胜者的奖品是装有圣橄榄油的泛雅典娜奖瓶。庆典最隆重的场面是泛雅典娜游行，游行在传说中的雅典娜诞辰祭月（Hekatombaion）28日举行。[①] 雅典的妇女和男人们一起参加这盛大的节日游行，从帕特嫩神庙中楣上的浮雕形象我们可以看到，年高德劭的老人拿着橄榄树枝，正当壮年的男性牵着献祭的牲口，意气风发的年轻男子骑在马上，美丽的少女挎着篮子，还有被称为阿瑞福拉的女孩也在队列中。然而，游行的

泛雅典娜节奖瓶　陶瓶画
（约公元前6–前5世纪）

① 参见西蒙:《阿提卡的节日》,第55–58页;罗伯特·弗拉塞列雷:《伯里克利时代希腊的日常生活》,第198–199页。

主角却是为雅典娜织法衣的雅典妇女。整个游行场面，真可以说是一幅男女同庆节日的生动图画。

挎篮少女（canephorae）在游行队伍中十分引人注目。她们提的篮子里装的是即将被放在祭坛上和动物牺牲头上的神圣大麦，祭司或者其助手使用的屠宰动物牺牲的刀藏在大麦下面。挎篮少女是从贵族家庭的少女中挑选出来的。对于雅典少女来说，被选中挎盛祭品的篮子是极大的荣誉。从铭文资料上我们得知，公元前4世纪中期的一条雅典法令将挎篮少女与执政官、宗教官员和将军一起列在祭品受惠者的名单上。[①] 分享宗教仪式的祭品，这是妇女很少能享受到的权力，由此可见挎篮少女的特殊地位。被拒绝担任这一角色是雅典少女和她们家族的耻辱。修昔底德记载说，雅典僭主希庇阿斯的弟弟希帕库斯爱上了美少年哈莫迪俄斯，向后者求爱，但遭到了拒绝。于是，希帕库斯和他的哥哥想了一个办法来报复哈莫迪俄斯。他们先是邀请哈莫迪俄斯的一个妹妹带着一个篮子来参加泛雅典娜节的游行。但当这个姑娘到达之后，他们又叫她回家，说她根本不配担当这个任务和参加游行。这对哈莫迪俄斯的家族来说是极大的侮辱，令他非常愤怒，终于和自己的同性恋情人一起杀死了希帕库斯，并因此而成为雅典反僭主的英雄。[②]

① 弗格逊和奇斯霍姆主编：《雅典伟大时代的政治和社会生活》（John Ferguson and Kitty Chisholm, *Political and Social Life in the Great Age of Athens*），空中大学出版社，1978年，第182页。

② 修昔底德：《伯罗奔尼撒战争史》，VI，56。

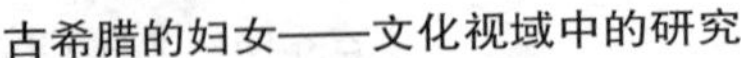

泛雅典娜庆典中奉献给雅典娜女神的法衣是由两个阿瑞福拉先开始纺织的，其他雅典妇女接着织，并为法衣绣花。[①]游行者将它系在带轮子的圣船的桅杆上，从雅典的制陶区出发，经过市中心，最后送到雅典卫城，穿到雅典娜的木雕像上。从泛雅典娜节的庆典特别是游行的过程来看，我们不能不说雅典妇女扮演了重要角色。

古希腊妇女被包括在城邦宗教生活之内，不仅表现为她们对家庭与城邦宗教活动和仪式的参与，而且表现为她们可以担当神的祭司和神谕所的预言者，从而对希腊世界各城邦的政治和社会生活产生极大影响。

在雅典，护城女神雅典娜·波利阿斯的女祭司是城邦最重要的宗教显贵。她是从埃特奥波塔德斯(Eteoboutades)家族中挑选出来的，并终身任职。她负责主持城邦的卡里特节(Kallyteria)和普林特利节(Plyteria)的宗教仪式，还领导捧神圣匣子者阿瑞福拉，正是她把阿瑞福拉将要运送的神秘东西藏进匣子。当城邦举行厄琉西斯秘密大祭典所需的神秘物品从厄琉西斯运到雅典之时，人们要向她报告圣品的到达。[②]雅典的王者执政官之妻得到“巴西莉莎”(Basilissa)的头衔，协同丈夫一起主持城邦的庆典，并在雅典每年举行的纪念狄奥尼索斯神秘婚姻的仪式中扮演神的妻子。[③]除了这些从贵

① 波梅罗伊：《女神、妓女、妻子和奴隶》，第76页。

② 泽德曼：“潘多拉的女儿们及希腊城市的仪式”，载乔治·杜比、米歇尔·佩洛特总主编：《西方妇女史》第1卷，第372页。

③ 贾斯特：《雅典法律和生活中的妇女》，第24页。

泛雅典娜节游行　帕特嫩神庙西侧中楣浮雕饰带
（约公元前 440 年）

族家庭选出的女祭司外，雅典也有出身于普通公民家庭的女祭司。例如，雅典娜·尼刻（Athena Nike）神庙的女祭司就是从所有的雅典妇女中用抽签的方法产生出来的。她每年可以得到50德拉克玛的津贴以及献祭的动物牺牲的腿和皮。[①]

在厄琉西斯，德墨忒耳和科瑞神庙的女祭司与男祭司（hierophant）一起负责主持该神庙，她是从菲雷德斯（Philleides）氏族的女儿们中选举出来或者通过抽签的办法产生的。她住在神庙的一间“圣室”内，担负着重要的宗教责任。她是哈洛亚（Haloa）节宗教仪式的首要主持者，并掌管神庙基金。根据公元前4世纪的一份铭文资料来看，有时她还打官司，以反对男祭司对她神圣权力的侵犯。[②]

古希腊的女祭司与男祭司的地位相近，享有同样的权利和荣誉。像男祭司一样，她们有时享有名祖的特权。例如，厄琉西斯的重要事件是根据德墨忒耳女祭司的名字和她在位持续的时间来记载的。[③]女祭司们有时还享有 proedria 的权力，也就是在剧院或体育馆拥有一个荣誉座位的特权。在奥林匹亚，德墨忒耳·查米尼亚（Demeter Chamynea）的女祭司在奥运会运动场上的座位面对着裁判。[④]不仅如此，女祭司们对虔诚信神的古希腊人的政治、军事和社会生活也产生了影响。公元前508年，当斯巴达国王克列欧美涅斯

① 莱夫科维兹和范特：《希腊和罗马的妇女生活》，第282页；Nike系雅典娜作为胜利女神的别名之一。

② 泽德曼：“潘多拉的女儿们及希腊城市的仪式”，载乔治·杜比、米歇尔·佩洛特总主编：《西方妇女史》第1卷，第372页。

③ 波梅罗伊：《女神、妓女、妻子和奴隶》，第77页。

④ 鲍桑尼阿斯，6，20，9。

(Cleomenes)试图通过反对民主派改革家克里斯提尼而干预雅典政治，并靠近雅典娜圣殿之时，女祭司提醒他，多利安人进入圣殿是不合规定的，这实际上也表明了女祭司的政治态度。公元前480年，在萨拉米海战开始之前，雅典娜神殿的女祭司告诉雅典人，说雅典娜的圣蛇已离开了卫城，从而支持了雅典人把妻子和儿女都撤出雅典的决定。[①] 史实说明，古希腊的女祭司受到社会的尊重，享有很高的威望，因而影

正在接受阿波罗教诲的皮提亚　陶瓶亚（公元前5世纪）

① 希罗多德：《历史》，V，72；VIII，41。

响到各城邦的政治和社会生活。

然而，对古希腊人影响最大的女性神职人员当数各地神谕所的女预言者，尤其是德尔斐的阿波罗神庙的女预言者——皮提亚（Pythia）。皮提亚是出生于社会下层的处女，古希腊人试图依靠她的贞洁来与神沟通。普鲁塔克在形容他生活的时代的一位皮提亚时说，她生长在贫穷的农民家庭，没有把一点点艺术、知识或才能带到这个预言的位置上，她接近神确实凭的是其处女的灵魂。[①] 皮提亚坐在阿波罗神谕所的三脚架上，吸着岩石裂缝冒出的瘴气，处于入迷状态，高声谵语，一旁的男祭司则把这些话语记录下来，作为阿波罗的旨意传达给请示神谕者。由于她们所扮演的与神联系的特殊角色，皮提亚往往成为希腊各城邦政治纷争的调停人和仲裁者，并对古希腊人的思想和行动起到了指导和规劝作用。古希腊人在采取重要的政治、军事行动和殖民建邦之时，往往要到德尔斐的阿波罗神谕所请示神谕。斯巴达人得到德尔斐神谕的支持，在利翁、阿尔息达和达马刚三人的率领下，建立了殖民地赫拉克里亚（Heracleia）。[②] 深受干旱之苦的铁拉人，根据德尔斐女预言者的提示，在利比亚建立了殖民地。[③] 据说，来库古是从德尔斐求得“瑞特拉”神谕后，开始在斯巴达实行政治改革的。[④] 德尔斐神谕也为梭伦夺取萨拉米和当

① 普鲁塔克：《论皮提亚的神谕》（*On the Oracles of the Pythia*），405 c，3-11。

② 修昔底德：《伯罗奔尼撒战争史》，III，92。

③ 希罗多德：《历史》，IV，151－157。

④ 普鲁塔克：《来库古传》，VI，1。

选为雅典执政官助了一臂之力。[1]德尔斐女预言者受人贿赂和利用的事实，也反过来说明了她们在希腊政治中的作用。希罗多德提到，德尔斐的女预言者受人贿赂，因而发布神谕，促使斯巴达人去帮助雅典人推翻僭主政治。女预言者还被人说服，编造了不利于戴玛托拉斯继承王位的谎言。[2]除了在政治上的作用之外，德尔斐的女预言者对古希腊的思想家也有很大的影响力。毕达哥拉斯声称，他从德尔斐的一位女预言者那里得到过箴言，还给她写过一封信，并受到了她的回答的影响。苏格拉底十分坦率地说，他不仅从皮提亚那里获得了灵感，而且他著名的说理、反对论证的方法也来自她们。[3]由此看来，德尔斐的女预言者并不像普鲁塔克说的那样没有知识和才能。她们见多识广，对希腊各邦情况比较熟悉，因而能够不时给人以良好的忠告，加上她们声称的神谕常常以含糊其词、模棱两可的方式表达出来，这也使她们的话获得了很大的伸缩性和解释的余地。

应当指出的是，尽管古希腊妇女被包括在城邦的宗教生活之中，但是，在宗教领域内男女不平等的问题仍然存在，其中最突出的表现，是妇女一般被排除在血祭和随后的分配祭献用肉的活动之外。泽德曼指出："血祭是希腊宗教的核心，因为它使得神与男人们之间的协定为人所见，并更新人类社

---

① 普鲁塔克:《梭伦传》, IX, 1; XIV, 4。

② 希罗多德:《历史》, V, 63; VI, 66。

③ 比尔德:《对妇女的理解》(Mary R. Beard, *On Understanding Women*),纽约, 1931年, 第84页。

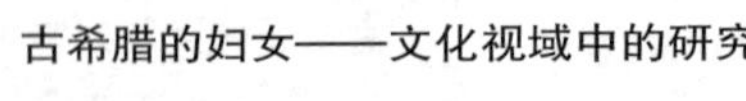

会的情感联结；它是政治生活所依据的基础。”[①] 与这种宗教上被排除在血祭之外的情况相呼应的是，绝大多数古希腊妇女也被排除在城邦的政治生活之外，她们不是城邦的积极公民。另外，在古希腊社会有影响力的女祭司本身也是由男性公民通过投票或抽签选拔的。因此，我们在承认古希腊妇女在宗教领域中的作用的同时，也不能不看到男女两性之间仍然不平等的事实。

二、古希腊男性吸纳妇女参加城邦宗教生活的原因

为什么古希腊男性愿意将女性包括在城邦的宗教生活之中？笔者试图通过对宗教社会功能的论述和对古希腊人宗教心理的分析，对此作出尝试性的解释。

第一，对丰产的企盼是古希腊男性吸纳妇女参加宗教活动的重要原因。

古希腊社会生产力和科学技术水平低下，生存环境十分艰苦。由于古希腊部分城邦粮食不能完全自给和外邦人、奴隶劳动等因素，在古风和古典时代，古希腊各城邦的商业和手工业有了一定的发展。尽管如此，自给自足的农业经济仍然是古希腊各城邦经济的基础。在各个城邦中，公民的主体

① 泽德曼：“潘多拉的女儿们及希腊城市的仪式”，载乔治·杜比、米歇尔·佩洛特总主编：《西方妇女史》第1卷，第338页。

是农民。公元前403–前402年，雅典四分之三的公民是农民，并习惯于生活在土地上。[①] 古希腊公民财富的主要形式是土地，他们生活和收入的主要来源也依靠土地。农业最容易受到不可预测的气候的摆布，有时无论农民怎样辛勤劳动，也会因旱灾或水灾而颗粒无收。宗教具有使人们克服焦虑心理和树立信心的心理调节功能，正如威尔逊所说："宗教仪式是一种企图把种种情感活动变为比实际状态要缓和得多的压抑形式，一种唤起人们信心的行为。"[②] 面对自然灾害威胁的古希腊人必然会祈求神的帮助。由于妇女在生育中扮演的重要角色，古希腊人认为她们与丰产存在着直接的联系，希望通过以妇女为中介的对神的祭祀奉献和多产魔法的实施，来换取风调雨顺，实现他们丰饶多产的愿望，这从古希腊妇女对地母节(Thesmophoria)的纪念中可以充分反映出来。

地母节是古希腊人纪念德墨忒耳和珀耳塞福涅(也叫科瑞)两位女神的节日。前者是丰产和农业女神，司谷物的成熟；后者是地狱的女统治者，司谷物生长和土地的丰收。希腊神话称，德墨忒耳的女儿珀耳塞福涅被冥王哈得斯拐走，失去女儿的德墨忒耳悲痛欲绝，四处寻找女儿，后来得知，哈得斯是经宙斯的同意才将珀耳塞福涅拐走的。她气愤地离开奥林帕斯山，化装成老太婆的模样来到厄琉西斯，当地国王刻勒俄斯(Keleos)收留她做自己儿子的保姆，最后她向厄

① 哈塞布洛克:《古代希腊的贸易和政治》(Johannes Hasebrook, *Trade And Politics In Ancient Greece*), 1933年, 芝加哥, 第33页。

② 池田大作和威尔逊:《社会与宗教》, 梁鸿飞、王健译, 四川人民出版社, 1991年, 第4页。

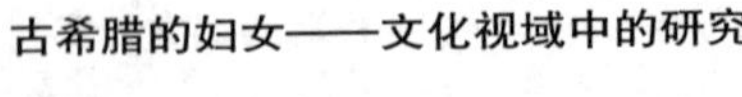

从冥间回到母亲德墨忒耳身边的珀耳塞福涅
陶瓶画（约公元前520年）

琉西斯人民吐露真情，并让他们为自己建立神庙，创制仪式。德墨忒耳离开之后，土地不长庄稼，饥荒来临，宙斯无奈，只好同意珀耳塞福涅回到母亲身边。然而，在珀耳塞福涅离开冥国之前，冥王哈得斯迫使她吞下了几颗石榴子（婚姻不断的象征物），使她不能永远离开冥国。这样一来，珀耳塞福涅每年只能有三分之二的时间跟着母亲，其余三分之一时间则在冥国当冥后。德墨忒耳见到女儿后，重返奥林帕斯山，大地又重新结出果实。[①] 希腊的神话传说实际反映了植物一年

① 克雷默：《她对神恩的分享》，第24－25页；M. H. 鲍特文尼克等编著：《神话辞典》，黄鸿森、温乃铮译，第75页。

一度的枯荣，也说明了这两位女神与农业的密切联系。

对于地母节的含义，学者们有不同看法。泽德曼认为 Thesmophoria 具有丰产和立法的双重含义，因为 Thesmoi 和 Thesmia 这两个词既有具体的也有抽象的涵义。它们或者是指祭献猪仔的残体和由节日的庆祝者第一天带来的种子，或者更为抽象地指“法律”这个词汇。[①] 西蒙的看法与此相反，他认为 Thesmophoria 来自希腊词 θεσμοι，意为“放于地下的东西”，节日的名称源出于此。荷马以后，这个词在希腊文字中具有“法律”的含义，但希腊人对地母节的庆祝要早于荷马时代。[②] 西蒙的观点比较有说服力，因为从节日的仪式来看，庆典的目的无疑是为了确保谷物种子的生长。在雅典，地母节的纪念活动在秋天的播种时节进行，庆典延续三天。第一天称为 Kathods 和 Anodos，意为下去和上升。妇女们到地窖中将夏季放于地窖中的猪的残余部分挖出，将它与谷物的种子拌在一起，置于祭坛上。第二天称为 Nesteia，意为斋戒，妇女们坐在地上斋戒，模仿德墨忒耳失去女儿时的行为。第三天称为 Kalligeneia，意思是美好的降生，妇女们将猪的残体与谷物的种子撒于田野之中，[③] 表示对珀耳塞福涅返回的庆祝和对丰饶多产的祈求。只有品行端正的已婚自由妇女，并且出生于阿提卡的雅典女公民才能参加这个节日的庆典，她

① 泽德曼：“潘多拉的女儿们及希腊城市的仪式”，载乔治·杜比、米歇尔·佩洛特总主编：《西方妇女史》第1卷，第351页。

② 西蒙：《阿提卡的节日》，第19页。

③ 波梅罗伊：《女神、妓女、妻子和奴隶》，第77-78页。

们被要求保持贞洁三天，避免性关系的发生。斋戒时，她们坐在由纯洁树木的枝条做成的垫子上，因为纯洁与多产是互补的，只有纯洁的新娘才有希望生出美丽的孩子。[①] 与此同时，她们又沉湎于以污秽的语言和污秽的行动为特征的多产仪式之中。这一切都是为了明确的目的，即保证土地的丰产。

在厄琉西斯，妇女们都参加哈洛亚节的庆典，崇拜的对象也是德墨忒耳和珀耳塞福涅。节日的祭祀仪式在雅典历法的波赛地翁月（Poseideion，约公历12-1月）举行。庆祝节日的这一天，妇女们斟满酒杯，开怀畅饮，除了石榴等禁止吃的食物外，可以尽情地享用美味佳肴。德墨忒耳和珀耳塞福涅的女祭司在妇女们的耳边低声说着猥亵淫秽的悄悄话，妇女们则把这些话喊出来，并且挥舞着象征着男性和女性生殖器的东西。在祭奠仪式上，妇女们还要吃一种做成生殖器形状的糕点。当妇女们在一个关闭的房间里举行仪式的时候，行政长官坐在门外，向不能参加这一仪式的男人们宣布奉献给德墨忒耳的礼物，并向他们显示生殖器形状的糕点。[②] 哈洛亚节庆典的仪式显然是在模仿男女的性交以促进人类的多产。而在古希腊人看来，土地的丰收与人类自身的多产是同一回事。因此我们说，由于对土地和人类多产的渴望，古希腊各城邦的男性不得不为妇女在宗教的圣殿中保留一席之地。

① 泽德曼："潘多拉的女儿们及希腊城市的仪式"，载乔治·杜比、米歇尔·佩洛特总主编：《西方妇女史》第1卷，第352页。

② 克雷默：《她对神恩的分享》，第27页。

第二，对死亡的恐惧和对“不洁”的禁忌，使古希腊男性将妇女推到了某些祭仪的前列。

贝格尔指出：“每一种人类秩序，都是一种面对死亡的社团。神正论代表着与死亡签订契约的努力。”[①] 古希腊人不仅在生产活动中受到自然灾害的困扰，而且他们本身的生命也面临着疾病和死亡的严重威胁。由于医疗技术和条件极其有限，患病者尤其是瘟疫感染者死亡率很高。众所周知，在伯罗奔尼撒战争期间，瘟疫夺走了许多雅典人的生命，就连首席将军伯里克利也未能逃脱这一厄运。按照据说是古希腊著名医生希波克拉底所写的瘟疫病例记录的说法，他治疗的 42 名患者中，有 25 名不幸死亡。[②] 由此可见，古希腊人的生命遇到了比现代人更为严峻的挑战。

疾病和死亡对古希腊人造成了巨大的心理压力，按照普鲁塔克的说法，伯里克利病重之时，他将妇女挂在他脖子上的护身符拿出来给朋友看，[③] 这说明对死亡的恐惧甚至扭曲了一个伟大的雅典政治家的心灵。古希腊人对死亡的畏惧，还可以从他们热衷于参加厄琉西斯密仪的事实中体现出来。这个密仪是古希腊人纪念德墨忒耳和珀耳塞福涅两位女神的又一祭典，仪式在每年秋天的 Boedromion 月（大约相当于 10 月）举行，男人、妇女、奴隶和外邦人都可以参加。在密仪的表

---

① 贝格尔：《神圣的帷幕》，高师宁译，上海人民出版社，1992 年，第 96 页。

② 约翰 · 古尔德：“对古希腊宗教的理解”，见伊斯特林 · 缪尔主编：《希腊宗教和社会》，第 6 页。

③ 普鲁塔克：《伯里克利传》，XXXVIII，2。

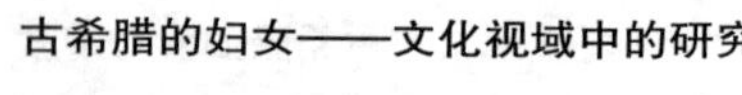

演中，地下世界并不像人们想象的那么可怕，其中一个情节是当地下世界的门被打开后，祭司宣布一个神的诞生，他报告说：“女主人生了一个神圣的男孩，布瑞默斯。”然后，他默默地向人们展示玉蜀黍穗。[①] 这个仪式与珀耳塞福涅在冥国回到母亲身边，大地回春长出青苗的神话相一致，它象征着死亡后的再生。密仪除了给人们以再生的希望外，还给密仪参加者以在死后世界过幸福生活的许诺。被归于荷马名下的关于德墨忒耳的赞美诗称：“看到这个密仪的凡人死后会得到福佑，而没有参加这个仪式的人，一旦到了黑暗的地下世界，就不会具有同样的命运。”[②] 给畏惧死亡的人以安慰，这是厄琉西斯密仪吸引众多古希腊人的原因，但它又反过来衬托了古希腊人对死亡的恐惧。

在古希腊人看来，凡是有疾病和死亡的地方都是被污染的不洁之所，凡是拜访过丧失亲人家庭的古希腊人在离开时都要把水洒在自己身上净化自己。[③] 阿里斯托芬在《公民大会妇女》中提到了挂在举行葬礼人家门口供来访者净身的水壶。[④] 因此，为了使男性不受这种不洁之源的伤害，妇女被推到了与死亡打交道的前列。当古希腊人家中亲人死亡之时，妇女们净化尸体、领头嚎哭、唱挽歌、为死者祈祷，并在坟墓前倒上祭奠的酒，而男人们则等到尸体被洗过、洒上香水并

① 参见伯克特：《希腊宗教》，第 286–288 页。

② 《荷马的德墨忒耳赞美诗》(*Homeric Hymn to Demeter*)，479–482。

③ 伯克特：《希腊宗教》，第 79 页。

④ 阿里斯托芬：《公民大会妇女》，1033。

穿上衣服后，才去看尸体。在凯欧斯，尤里亚法（Lex Iulia）列举了那些应回避由于出席葬礼而受到玷污的人的名单，但它规定，与死者最亲近的妇女——母亲、妻子、姐妹、女儿以及五名亲近的女眷则必须参加称为 miainesthai 的葬礼仪式，在这之后她们必须为自己净身。[①] 因此，妇女对于和死亡有直接联系的仪式的介入，也成为对古希腊男性的保护措施，这也是为什么妇女在宗教性的葬礼中扮演重要角色的原因。

具有讽刺意义的是，渴望土地和人类多产的古希腊男性把生孩子也看作是与死亡同样严重的污染。欧里庇得斯剧作中的伊菲革涅亚讲道："假若一个人与一位谋杀者有关联，或者他接触了生孩子的妇女或一具死尸，那么，她（阿耳忒弥斯）会通过把这个人逐出其圣坛而延长这种玷污。"[②] 根据修昔底德的记载，公元前 525 年，雅典僭主曾经在提洛岛（Delos）进行过祓除祭典，也就是除灾求福的净化仪式。公元前 426 年，雅典人按照神谕的指示再次在此进行了祓除仪式。死者的坟墓被移走，雅典人宣布从此以后在该岛上不得再有出生和死亡的事，临近死亡的人和将要生产的妇女被运到累尼亚岛（Rheneia）。[③] 为了避免生孩子"不洁"的污染，古希腊男性要等产妇举行过净身仪式之后才能去触摸她们。因此，出于对男性保护的考虑，在有关生与死的宗教仪式中，妇女们被置

① 泽德曼："潘多拉的女儿们及希腊城市的仪式"，载乔治·杜比、米歇尔·佩洛特总主编：《西方妇女史》第 1 卷，第 368 页。

② 欧里庇德斯：《伊菲革涅亚在陶里斯》，II，381-383。

③ 修昔底德：《伯罗奔尼撒战争史》，III，104。

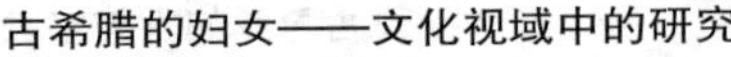

于直接接触“污染源”的前列地位。

第三，对神的敬畏，使古希腊男性无法将妇女排除在宗教生活之外。

和世界上其他民族的古代人一样，受到生产力发展水平和认识能力限制的古希腊人对似乎主宰一切的超自然力量——“神”怀有深深的敬畏之感，宗教渗透到他们生活的每一个阶段和每一个领域。出生与死亡，战争与和平，农业与工商业，政治与艺术，爱情与婚姻，古希腊人经历的每一个重要事件和采取的每一次重要行动都伴随着向神献祭的宗教仪式，他们千方百计地讨好神，以求得神的庇护。受到自然灾害威胁靠天吃饭的农民热衷于农事崇拜，他们把最早收获的谷物和瓜果奉献给神，并举行种种宗教节日庆典来求得风调雨顺和好收成。担心航海安全的商人们在扬帆远航之时都要进行献祭活动，面临着生命危险的战士在出征期间更忘不了奉献牺牲。根据色诺芬的记载，每当敌人靠近之时，斯巴达国王都要照惯例用一只山羊献祭，命令所有的战士都戴上花冠，并让所有的笛手都吹起曲子，然后投入战斗。[1] 处于这样一种敬畏神灵氛围中的古希腊人无法把妇女完全排除在宗教仪式之外，更何况妇女的宗教活动本身就与男性的利益很难分开。在古希腊人看来，妇女参加的泛雅典娜祭、地母节、织法衣等宗教活动涉及城邦的安全和丰收。而妇女参加的婚礼、生育祭祀和葬礼等又关系到了家庭的幸福和维系。因此，

① 色诺芬:《斯巴达政制》，XIII，8。

为了城邦和家庭的利益，古希腊男性也不得不在一定程度上把宗教的大门向妇女敞开。

此外，敬畏神灵的古希腊人把与神直接联系看成是一件危险的事。他们认为，女性具有充当与神沟通的中介者和预言者的神秘能力。西西里的狄奥多洛斯说，在皮提亚（Pythia）制度建立之前，那些期望去请示德尔斐神谕的人直接前往那里地上的一个神能出气的裂口，在吸了裂口中出来的气后相互传递神谕。但是由于许多人着了魔而跳进此裂口中并消失了，所以该地区的居民便决定任命一位妇女去担任所有人的预言者，以消除这种危险。自那以后，神谕的请示便以她为中介了。[①] 不论这个说法是否符合历史实际，我们仍然可以从中窥见古希腊男性既惧怕与神直接联系，又想得到神的保佑的矛盾心理。在这种情况下，一些妇女就成了希腊人，尤其是男性与神沟通的中介者。

三、古希腊妇女热衷于宗教活动的心理因素

古希腊妇女绝不仅仅是由于男性的推动才参与宗教活动的。她们不是宗教仪式的被动卷入者，而是祭祀崇拜活动的重要力量。斯特拉波甚至认为，妇女是宗教的主要创立者，

① 狄奥多洛斯（Diodorus of Sicily），XVI，26。

她们使得男性更加注意对神的崇拜，更加注意宗教节日和祈祷。① 那么，在以男性为中心的古希腊社会中处于屈从地位的妇女，为什么那么热衷于参加城邦和家庭的宗教活动呢？

笔者认为，第一，宗教具有的补偿功能，是吸引妇女参加宗教活动和仪式的心理因素。

亚布洛柯夫认为，宗教执行着补偿性的社会功能。他指出："在宗教里，一切矛盾被臆想地消除：现实压迫被'精神自由'克服，社会的不平等在罪恶和痛苦中变为平等；人们的互相不信任在'基督的怀中'化作兄弟情意；人实际上的无能被上帝的万能所补偿，死者成为永生；整个充满罪孽和不公正的世界被'天堂'代替。补偿功能的心理学方面在此起到了重要的作用，因此，宗教才能成为解除精神紧张状态的手段。"② 亚氏的这段话同样适用于古希腊宗教的情况。受到社会压迫、处于屈从地位的古希腊妇女之所以热衷于参加城邦和家庭的宗教活动和仪式，与宗教的心理补偿作用有着密切的联系，这可以从妇女对狄奥尼索斯（Dionysus）和阿多尼斯（Adonis）祭祀的热情以及地母节的某些仪式中反映出来。

狄奥尼索斯是古希腊神话和宗教中的植物神、葡萄种植业和葡萄酿酒业的保护神。传统的看法认为，对狄奥尼索斯的崇拜是在公元前第一千纪初期传入希腊的。但是，近年来发现的资料表明，在属于公元前第二千纪的派罗斯（Pylos）的

① 斯特拉波，7，3，4。

② 伊·尼·亚布洛柯夫：《宗教社会学》，四川人民出版社，1989年，第121页。

线形文字B泥版文书上，已列有狄奥尼索斯的名字。在凯欧斯的阿亚·伊瑞尼，人们还发现了表明是祭祀狄奥尼索斯的神殿以及它拥有的最早的谢恩奉献的铭文。在那里，有明确的证据证实，该神殿的祭祀从公元前15世纪到希腊时代具有连续性。[①]因此，希腊对狄奥尼索斯的崇拜可能要比传统上认定的时间要早得多。

在希腊，狄奥尼索斯的节日至少有四种类型：在爱奥尼亚——阿提卡地区主要是花月节（Anthesteria）和勒那节（Lenaia）。花月节设在阿提卡历法的第八个月，也就是安替斯铁里翁月（Anthesterion）的11-13日举行。这个月正是阿提卡地区春暖花开、万物复苏的时候，所以也被称为“花月”。花月节开始之际，正是秋天酿造的新酒可以饮用之时。节日庆典的第一天叫做“开桶日”（Caskopening）。这一天，雅典人和其他爱奥尼亚人都打开酒桶来品尝新酒。他们首先用新酒祭奠酒神，然后就开怀畅饮。在这同时，奴隶得到休息，儿童收到礼物，教师拿到束脩，大家都沉浸在节日的欢乐之中。第二天叫做“酒盅日”（Cups）。人们携酒而来，自备酒盅饮酒，还举行饮酒比赛。这一天，平时大门紧闭的狄奥尼索斯神庙向众人开放。人们还用带轮子的小舟把狄奥尼索斯的雕像送到据说是他与摄政王之妻秘密成婚的那个城中。庆节的最后一天称为“瓦钵日”（Pots），它被用来纪念亡灵接引

① 伯克特：《希腊宗教》，第162页；鲍特文尼克等编著：《神话辞典》，黄鸿森、温乃铮译，第82页。

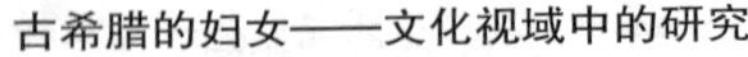

者赫耳墨斯。这一天，家家户户在继续饮宴的同时，摆出盛有各种煮熟的谷物或者豆类的瓦钵供鬼魂享用。到傍晚日落之时，人们喊道："鬼魂们走吧，花月节结束了。"[①] 因此，花月节具有饮酒欢乐和哀悼亡灵的双重含义。多利安和埃奥里克地区的狄奥尼索斯庆典称为阿格里奥尼亚节(Agrionia)。这时，妇女们一反常态，如痴如狂。在农村，人们在酒神节时用山羊献祭，并举着阴茎游行。公元前6世纪，雅典引入了海上的狄奥尼索斯，开始举行大狄奥尼索斯祭。[②] 尽管各地区狄奥尼索斯节日的类型不同，但都有一个共同的特点，这就是陶醉、狂欢和放纵。

值得注意的是狄奥尼索斯祭典时妇女的狂迷状况。尽管史料不能向我们描绘那时妇女的详细情况，但神话学向我们提供了十分有用的信息。一则神话在欧里庇得斯的剧作《酒神的伴侣》中得到了反映。在剧中，狄奥尼索斯的母亲塞墨勒(Semele)的三个姐妹，也就是忒拜国王卡德摩斯(Cadmus)的三个女儿，因不相信酒神是宙斯所生，因而受到他的报复。精神错乱的三个姐妹穿着羊皮，戴着常青藤，脖子上挂着蛇，拿着手杖，领着跳着舞的妇女们跑到附近的山中。她们抛弃家中嗷嗷待哺的婴儿，用奶水去喂野兽，喝着牛奶、蜂蜜和葡萄酒，还赤手空拳地把野兽撕成碎片。三姐妹之一的阿高厄(Agava)把自己的儿子潘修斯(Pentheus)也当成野兽杀死

① 参见鲍特文尼克等编著：《神话辞典》，黄鸿森、温乃铮译，第150–151页；王晓朝：《希腊宗教概论》，第141–143页。

② 伯克特：《希腊宗教》，第163页。

为酒神而舞　陶瓶画（约公元前 490 年）

并肢解。结果，卡德摩斯的家庭被毁灭，对狄奥尼索斯的崇拜在忒拜得到确立。[①]

另一则神话告诉我们，米尼阿斯（Minyas）的三个女儿拒绝参加狄奥尼索斯祭的舞蹈，她们辛勤地忙碌在织机旁。突然，常青藤和葡萄须缠绕在织机上，蛇埋伏在放羊毛的篮子里，从房顶上滴下葡萄酒和牛奶。她们放下了手中的活，撕扯了其中一人的儿子，奔到山上，加入到了酒神的狂女（maenads）的队伍。[②] 神话中叙述的妇女在狄奥尼索斯祭时表现的狂迷状况在德摩斯提尼和普鲁塔克的作品中得到了一定的证实。德摩斯提尼在演说中提到，埃斯奇内斯（Aeschines）

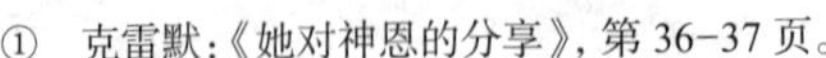

① 克雷默:《她对神恩的分享》, 第 36-37 页。
② 伯克特:《希腊宗教》, 第 164 页。

帮助其母亲进行祭祀活动，这些仪式与欧里庇得斯在剧中所描绘的情景十分相似。[①] 普鲁塔克也提到了妇女进行狂欢的狄奥尼索斯庆典的事，证实她们是在仲冬季节进行祭祀的，结果遇上暴风雪陷于困境，被搜寻的人们救回。[②] 因此，在狄奥尼索斯祭仪中，妇女离开孩子、织机和家庭，处于狂欢状态的说法是有根据的。纺织和做母亲是古希腊妇女的传统职责，在狄奥尼索斯庆典中，她们放弃了这些职责，违反正常的社会和家庭秩序，得到了平时只有男性才能享有的户外自由活动，甚至是狩猎的权力，心理上肯定得到很大的满足。

古希腊妇女最青睐两位男性神，一位是狄奥尼索斯，另一位是阿多尼斯。妇女们对阿多尼斯的祭祀同样使她们在心理上得到了安慰。Adonis 的闪语含义是“统治者”或者“君主”。阿多尼斯的崇拜中心最初是在腓尼基的比布勒斯（Byblos）。在那里，阿多尼斯是主宰自然界之神，是死而复生的植物的化身，并与丰饶女神一起受到祭祀。这一崇拜逐渐传布于地中海的广大地区，大约在公元前 5 世纪左右，阿多尼斯崇拜传入希腊。在这里，阿多尼斯变成了爱神阿佛洛狄忒的情人。希腊神话称，阿多尼斯是美女密耳拉的儿子，他是在母亲被众神变为没药树以后出生的。阿多尼斯风采动人，俊美无比，深得阿佛洛狄忒的喜爱，把他交给冥后珀耳塞福涅扶养。男孩长大以后，冥后舍不得放这位美少年离

① 德摩斯提尼，XVIII，259–260。

② 普鲁塔克：《冷的真谛》（*The Principle of Cold*），见《道德论集》，953D。

开。于是，便和阿佛洛狄忒发生了争执。后来，天神宙斯出面裁定：让阿多尼斯每年在两位女神处分别住四个月，余下的四个月归他自己支配。不久，阿多尼斯在打猎时不幸被野猪伤害致死，一滴滴鲜血变成为一株株艳丽的玫瑰。在腓尼基和叙利亚，人们在仲夏时节举行阿多尼斯的秘密祭典。有的哀悼他的死亡，有的则庆祝他死后复生。[①] 在雅典和其他一些希腊城邦，妇女们可能是在 7 月的一个炎热夜晚，自愿结合成小组，在房顶上举行秘密祭祀典礼。在祭典开始之前，她们就在花盆里种上了一些容易枯萎的花或者其他植物。晚上，她们把这些生命短暂的植物陈列在屋顶上，这就组成了“阿多尼斯花园”。妇女们围绕着花园一面唱歌、跳舞，一面说说笑笑。最后，倒掉盆里的泥土，并把这些植物放到泉水或者海水中，任其枯萎死亡。[②]

由于阿多尼斯祭典是秘密进行的，所以许多情况只是人们的推测。然而，公元前 3 世纪亚历山大里亚的诗人西奥克里图斯（Theocritus）的《叙事诗》却为我们提供了关于阿多尼斯祭典的信息。因为这次庆典是托勒密埃及的女王阿西诺爱二世（Arsinoe II，约公元前 316–前 270 年）为了向她死去的被神化了的母亲贝勒妮丝一世致敬而主办的，庆典举办的地点就在王宫，作者比较容易了解祭仪的详细情况。《叙事诗》描写了两个从西西里岛的希腊殖民城市叙拉古的女子参加

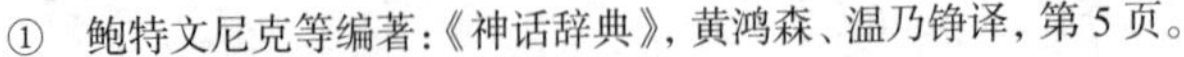

① 鲍特文尼克等编著：《神话辞典》，黄鸿森、温乃铮译，第 5 页。
② 克雷默：《她对神恩的分享》，第 30 页。

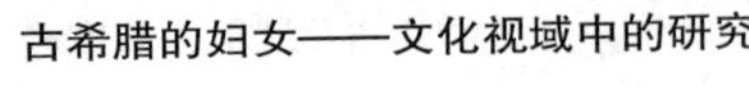

阿多尼斯花园　陶瓶画（约公元前 390 年）

阿多尼斯节日庆典的经过。这两名女子一个名叫普拉克西诺亚，另一个叫做戈高。诗歌一开始，两个多日没有见面的好友到了一块就埋怨各自的丈夫。接着，她们共同来到豪华的宫殿里参加阿多尼斯节日庆典。她们看见宫殿里摆放着许多祭品：新鲜的水果、摆放在银色篮子里的鲜花、用粗粒小麦和蜂蜜做成的甜糕等等。在阿佛洛狄忒和她的情人阿多尼斯的躺椅上铺着柔软的羊毛毯，情人的花园——“阿多尼斯花园”已经建成。在花园上方，有着正在飞翔的小爱神的像。庆典持续了两天。第一天，妇女们高唱颂歌，庆祝阿佛洛狄忒和她的情人的结合。第二天，妇女们把阿多尼斯神像抬到海边放到水中。然后，她们散开头发，解开衣服，裸露着乳房，唱起葬礼的挽歌来哀悼这位不幸死去的神。当歌声停止祭仪结束之时，戈高在心中深情地向阿多尼斯道别，并提醒女友说，她那脾气暴躁的丈夫正等着她回去做饭。于是，她们一起快步走回家去。[①]

让人深思的是，作者的描述和庆典的仪式究竟说明了什么？从阿多尼斯节的各种仪式我们不难看出，这时妇女的情况与她们平时孤立无助而又单调乏味的生活有很大的区别甚至是颠倒。

首先，在庆典中，男女两性的关系发生了暂时的变化。在以男性为中心的现实社会中，古希腊妇女往往是在十四五

① 西奥克里图斯：《叙事诗》（Theocritus, *Idyll*），15；克雷默：《她对神恩的分享》，第30–32页。

岁左右就匆匆地和一个岁数比她大一倍的男人结婚，像臣民服从君主一样听从他发号施令，而庆典中的阿多尼斯则是一个年轻可爱的伴侣。克雷默指出："与那些吝啬、爱发牢骚、喜欢发号施令的丈夫相比，阿多尼斯是一个理想的情人。他俊美年少，不超过十八九岁——他对女伴没有什么要求，只是置身于一个美丽的花园中，在铺着柔软毛毯的躺椅上和情人做爱。在他死后，他又带着爱和快乐归来。"[①] 虽然，在希腊化时代，亚历山大里亚城的男女两性关系和家庭中的夫妻关系已经有了一定的改善，但作为从希腊殖民城市来到该城的移民，她们的家庭肯定还是受着传统的以男性为中心的思想的影响。从西奥克里图斯的诗歌来看，两个女主角都与丈夫的关系不融洽，都有着已婚妇女的紧张心理。在诗歌开头的段落中，两个好友刚一见面，就开始埋怨起自己的丈夫。而在庆典结束之后，普拉克西诺亚由于害怕性格暴躁的丈夫着急，而和女友一起匆忙赶回家。处于这样紧张的两性关系和夫妻关系下，难怪她们会渴望从庆典中体会一下爱的温馨。

其次，在庆典中，妇女担当的角色有了暂时的改变。在现实世界中，男性安排给妇女的角色是做饭、洗衣、生养孩子。西奥克里图斯的诗告诉我们，她的丈夫正在等着他回家做饭。然而，庆典中的阿多尼斯不会把婚姻、生儿育女的负担强加给情侣，长着双翅的小爱神也不会像妇女们家中的婴儿那样啼哭不停。参加欢乐的庆典，从繁忙乏味的家务劳动中得到

① 克雷默:《她对神恩的分享》, 第 32 页。

短暂的解脱，无疑对妇女们具有很大的吸引力。

再次，在庆典中，社会等级差别被忽视。在现实世界中，人们由于出身、财产状况和法律地位不同而被划分为不同的等级，贵族和平民之间界线分明，很少交往。在诗歌里，王宫的大门在节庆时向普通妇女敞开，王后和她们一起庆祝节日，暂时忘却了贫富贵贱的差别，这不能不使妇女感到格外轻松和愉快。

最后，在庆典中，妇女们尤其是已婚妇女的紧张心理得到了缓解。在现实社会和家庭中，广大妇女受到男性的压抑、支配和控制，心理上处于焦虑状态。阿多尼斯节的庆典不但使妇女由于离开统治着她们的丈夫、抛开单调的家务、体验爱的甜蜜和尽情欢乐而感到精神上的慰藉和松弛，而且使她们在身体上也得到了放松。在哀悼阿多尼斯的时候，妇女们在公开的场合下，散着头发，解开衣服，裸露着乳房，放松了对自己身体的控制。道格拉斯认为，对身体的控制反映了社会对个人的控制。[①] 参加庆典的妇女在仪式上身体的放松，象征着社会对这些妇女控制的暂时放松。当然，节庆时得到的与人们交往的机会也对调节妇女紧张焦虑的心理发挥了作用。对此，我们还将作进一步分析。

与妇女们在狄奥尼索斯节和阿多尼斯节的祭祀仪式中得到平时少有的放松一样，她们在地母节的宗教庆典中也掌握了平时得不到的政治权力。在节日的三天中，男人们不到法

① 克雷默:《她对神恩的分享》，第 34 页。

庭和议事会见面。[1] 妇女的“德莫”（demos）开始拥有男人们所放弃的政界。雅典的妇女们在皮尼克斯（Pynx）供奉德墨忒耳和珀耳塞福涅两位女神的神庙中开会，这里是平时公民大会开会的地点。每一个德莫的妇女们选出在地母节执掌权力的人，由她们在传统确定的日期里主持公民大会，并做习俗所奉为神圣的任何事。[2] 在这短暂的宗教节日期间，古希腊妇女在仪式上得到了平时由男性公民独享的参政议事的权力，这对平时基本上被排除在政治生活之外的女性无疑起到了心理上的补偿作用。因此，古希腊妇女在宗教节日的庆典中纵情狂欢，放下了家庭的责任，忘却了生活中的恐惧和苦难，甚至还在祭仪中得到了平时男性才享有的权力，这使她们平时因受压抑而造成的紧张心理得到了放松和缓解，古希腊宗教活动和仪式的诱惑力很大程度上就是来源于这一点。

第二，宗教活动提供的社会交往机会也是古希腊妇女热衷于参加祭祀和庆典的重要原因。

宗教具有交往的功能。信教者在参加宗教祭祀活动的时候，不但能与他们心目中的神进行沟通，而且也可以与其他信教者交往与联系。古希腊妇女大多被隔绝在家庭中，住在家中的妇女住区内，很少有与其他家庭的妇女以及男性交往的机会，处于孤立无助的状态。亚历山大里亚诗人西奥克里图斯《叙事诗》中的两个女主角虽然都从叙拉古移居到亚历

① 阿里斯托芬：《地母节妇女》，80。

② 泽德曼：“潘多拉的女儿们及希腊城市的仪式”，载乔治·杜比、米歇尔·佩洛特总主编：《西方妇女史》第1卷，第349-350页。

山大里亚，又是好朋友，但是她们已经很长时间没有见面了。城邦举行的宗教节日庆典和祭祀活动不仅给古希腊妇女提供了与其他女性交往的机会，而且也使她们有机会与平时很少接触的男性在一起，扩大了她们社会联系与交往的范围。

地母节和阿多尼斯节等是古希腊妇女单独庆祝的节日，只有女性才可以参加。在这些节日的庆典中，妇女体会到了女性群体的力量。地母节上女公民大会的召开是这种思想的象征。希腊妇女种植的"阿多尼斯花园"里的植物长得快也枯萎得快，在庆典中她们笑着把枯萎的植物放进水中。这究竟说明了什么？温克勒解释说，男性声称自己在人类生育中起关键作用，但是，阿多尼斯节庆典中迅速发芽和枯萎的植物代表了男性在人类生成中所起的次要或者边际作用。妇女的笑声可以理解为她们对男性过高估计自己在人类生育中的作用的嘲笑。[①] 在笔者看来，这一解释似乎有些牵强附会。但是，在充满诗意的仲夏夜晚，聚集在金碧辉煌的宫殿中或者是神秘的屋顶上，和许多女性在一起共同庆祝佳节，妇女们平时在与社会相隔绝时的那种孤立无助感得以消失是一件很自然的事。

在更多的宗教节日庆典中，妇女获得了与男性接触的机会。泛雅典娜节是雅典城邦男女老少共同参加的盛大庆典。除此之外，雅典人在庆祝玻福尼亚节（Bouphonia）时也吸收妇女参加祭祀仪式。玻福尼亚节设在雅典历的司克洛福里

① 克雷默：《她对神恩的分享》，第 31 页。

翁月（Skirophorion，约公历6-7月），这是雅典人用牛向希腊天神宙斯献祭的宗教节日，玻福尼亚的含义就是宰牛。希腊神话提到了这个节日的起源。据说，雅典人曾经亵渎性地杀了一头公牛，在这以后就遭受了严重的旱灾。根据德尔斐神谕的指示，雅典人决定分担杀牛的责任，便产生了这一祭典。在举行祭仪的这一天，一些少女被选为提水者（water-carriers），负责屠宰牺牲的男人们用她们提的水来磨刀和斧子。磨好工具后，一个人传递斧子，另一个人接过斧子，把牛打昏，第三个人砍牛的咽喉。在这之后，这些男人把牛的皮剥下来，每人得到一份神圣的肉。然后，他们把牛的皮缝好，在它的腹中塞满稻草并把它立起来，使它看起来好像是活的一样。他们又给它套上犁，如同它在干活一样。接着，审判开始，所有参加这些活动的人被召集起来为自己作辩护。提水女孩把责任推给磨刀斧者，后者把责任推给传递者，传递刀斧者则将责任推给把牛击昏的人……最后，责任被转嫁到刀的身上，因为它无法开口为自己辩护。于是，刀被宣判有罪。[①] 从祭祀活动的过程来看，少女们虽然离开宰牛者最远，但她们已经参加了祭仪的中心部分，并在其中与男性配合行动。在这些仪式的准备过程中，少女们肯定也获得了与男性交往联系的机会。

以弗所（Ephesus）的阿耳忒弥斯节是少女们与少年男子告别少年时代的庆典，也是他们接触交流的重要场合。在举

① 波菲里：《论禁欲》（Porphyry，*Abstinence*），2，29-30。

行庆典的这一天，全城16岁的男孩和14岁的女孩手擎火炬，拿着篮子和香水，在俊男靓女的率领下浩浩荡荡地走出城市。在众人的围观下，他们向阿耳忒弥斯奉献牺牲。在这之后，少男少女便混合在一起尽情欢乐。色诺芬评论说："这样，年轻男子就可以找到年轻女子结婚。"① 不论少女们是否在这样的庆典中遇到如意郎君，但暂时扩大的交往机会肯定使她们兴奋不已。

公元前6世纪，庇西特拉图在提洛岛举行祓除仪式以后，雅典人每五年就在该岛举行一次向阿波罗神致意的提洛赛会。然而，早在这以前，爱奥尼亚人就在这里举行类似的赛会。这是一个男女老少共同参加的节日庆典。各爱奥尼亚城邦都带着最早收获的水果来祭祀阿波罗神，也向北风神玻瑞阿斯（Boreas）献上祭品，以纪念他的三个女儿把小麦带到提洛岛的事件。人们还在岛上举行体育、诗歌和音乐比赛，荷马的阿波罗颂歌描述了赛会的盛况：

福玻斯神啊，您最喜欢的提洛岛，
在那儿，爱奥尼亚人穿着他们拖曳的长袍，聚集在一起，
带着妻室儿女在他们的周围，在您的圣道上行走，
他们斗拳、跳舞和唱歌，给您以娱乐，

① 泽德曼："潘多拉的女儿们及希腊城市的仪式"，载乔治·杜比、米歇尔·佩洛特总主编：《西方妇女史》第1卷，第347页。

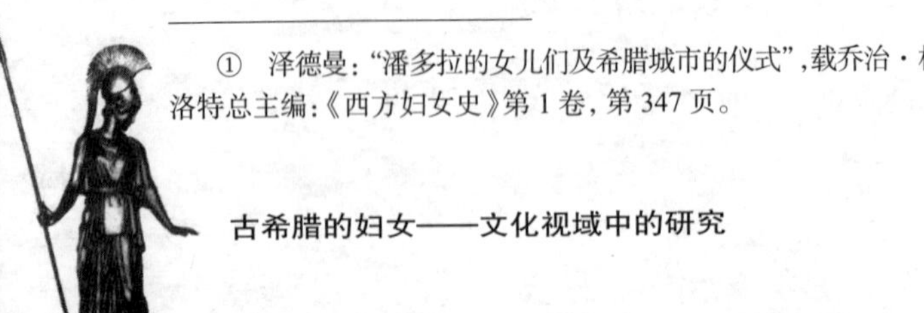

他们按次比赛的时候，高呼着您的名字。①

少女的合唱队在提洛赛会中起了重要作用，每个城邦都派合唱队参加比赛。少女们用甜美的声音，齐声歌颂阿波罗和阿耳忒弥斯的颂歌，据说荷马在离开提洛岛时赞扬了少女们的出色表演，还提到了他自己：

再见了，全体少女们，
愿阿波罗和阿耳忒弥斯保佑您们。
即使在将来，也请您们想到我，
无论什么时候，有其他旅途中疲乏的人来到这里，
询问您们："少女们啊，请告诉我，
所有的流浪歌手中，谁的歌声最甜蜜？
请告诉我，谁的歌声您们最喜欢？"
那时候，请一定用您们优雅的言词，众口同声地回答：
"住在开俄斯石岛上的盲诗人。"②

从荷马的诗歌中，我们可以看到，提洛赛会上的少女合唱队给诗人留下了深刻的印象。事实上，少女合唱队不仅在提洛岛纪念阿波罗神的赛会上起了很大作用，而且也在整个

① 修昔底德：《伯罗奔尼撒战争史》，III，104；译文参见谢德风译本，商务印书馆，1985年，第253页；福玻斯是阿波罗神的第二个名字，其含义是光辉灿烂。
② 修昔底德：《伯罗奔尼撒战争史》，III，104；译文参见谢德风译本，第253页。

古代希腊世界的宗教节日庆典中扮演了重要角色。

在男女老少共同庆祝宗教节日的欢乐时刻，妇女活动与交往的空间空前扩大，她们因为远离社会而造成的孤独和自卑感也得到了暂时的缓解和克服。少女合唱队的出色表演还给她们带来了荣誉和自信，使她们满怀希望地盼望着下一次宗教庆典的到来。

除了上述原因之外，宗教活动所具有的确定个人和团体身份的功能也是吸引古希腊妇女参加宗教庆典和祭仪的因素，前面提及的妇女从出生、告别少女时代到结婚、生子的各种宗教仪式，实际上就是对妇女身份转变的承认。只有已婚的雅典公民妇女才能参加的地母节也用宗教的形式确定了不同妇女集团的身份。对这一点，笔者就不再赘述。

综上所述，笔者认为：在宗教领域内，古希腊妇女与男性并不完全平等。她们被排除在最重要的血祭仪式之外，她们对生死仪式所起的重要作用一定程度上体现了男性对“不洁”的禁忌和保护自己的要求，而妇女在宗教领域里的活动往往是她们生殖角色在神圣化仪式中的反映和延伸。

但是，总的说来，古希腊妇女的宗教地位还是比较高的，也正是由于古希腊妇女担当的生殖角色和各种文化传统和心理因素使她们被男性包括在城邦的宗教生活之中，并在宗教领域内保有较大的权力。她们生活的每一个阶段和每一个重要事件都有宗教仪式相伴随，她们是城邦和家庭许多宗教活动的积极参加者和不可缺少的角色。有些妇女还担当了女祭司和女预言者的宗教职务，受到社会尊重，并对古希腊社会

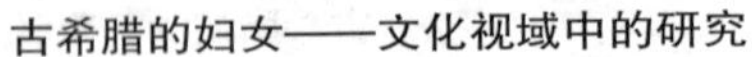

生活的各个方面发生了不可低估的影响，这与古希腊妇女在政治上被排斥的状况形成了鲜明的对比。由于宗教在古希腊人心目中占有十分重要的位置，而且古希腊的宗教节日庆典又十分频繁，这使没有政治权力的古希腊妇女由于能够参加祭祀活动而在心理上得到补偿和满足，这也在一定程度上掩盖并缓和了古希腊男女两性之间的紧张关系和矛盾。古希腊妇女在宗教领域中的地位较多地体现了古希腊文化中尊重妇女的传统。

因此我们说，对于古希腊妇女的地位不能一概而论。在不同历史阶段、不同城邦和不同活动领域内，妇女的地位是有区别的，而这些差异恰恰反映了希腊各城邦文化传统的差异和变迁。

结束语

对古希腊妇女史的研究，使我们看到了文化传统的力量。古希腊文化史中尊重妇女和歧视妇女的两种思想传统延续至今，对西方人产生了深刻的影响。赫西俄德叙述的女性邪恶的神话——第一个女人潘多拉的故事，在西方社会以不同的形式不断再版，从《圣经》中夏娃的堕落到民间传说的女巫传说，视女性为“祸水”的主题不断被重复。亚里士多德的妇女观在西方历史中产生回响，其歧视妇女的思想被许多神学家、哲学家和思想家所继承和发展。早期基督教神学家保罗在《以弗所书》中宣扬：“你们作妻子的，当顺服自己的丈夫，如同顺服主。因为丈夫是妻子的头，如同基督是教会的头，他又是教会全体的救主。教会怎样顺服基督，妻子也要怎样凡事顺服丈夫。”[①] 中世纪最著名的基督教哲学家托马斯·阿奎那在《神学大全》中强调：“女人天生是受男人统治的，因为男人在明察道理方面占优势。”[②] 就连主张“天赋人权”的法国

① 保罗：《以弗所书》，5，22–24，见《新约全书》，中国基督教协会，1992年，第221页。

② 托马斯·阿奎那：《神学大全》（St. Thomas Aquinas, *Summa Theologica*），引自格贝尔编：《妇女：从希腊人到法国革命》（*Women: From the Greeks to the French Revolution*, Edited by Susan Gbell），贝尔蒙特，1973年，第122页。

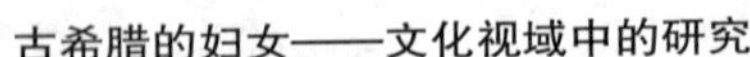

资产阶级启蒙思想家卢梭也把妇女看作是低于男性的二等公民。他说："女人是为了委身男人，忍受他的不公正而造出来的。"[①] 坚持"权力意志"的德国存在主义哲学家尼采更是公开鼓吹男性必须统治女性。因此消除歧视妇女的思想偏见还需要漫长的历史过程，任重而道远。在古希腊人歧视妇女的文化传统延续下来的同时，他们尊重妇女的传统也没有被西方人遗忘。柏拉图给予妇女同等的受教育和参政权力的主张，到近代得到了响应。法国哲学家狄德罗于1772年发表了《论妇女》一文，他充满激情地宣布："如果我是立法者，……我会给你们自由，我们会将你们置于法律之上，不管你们出现在什么地方，你们都将成为神圣不可侵犯者。"法国革命家孔多塞呼吁，给予妇女选举权、被选举权和从事一切职业的权力。他于1792年提出了一份旨在彻底改变妇女教育状况的法案计划，号召实行男女两性共同的教育。18世纪英国女作家玛丽·沃斯通克拉夫特发表了《女权辩》，她的这部著作被认为是英语世界的第一个男女平等主义宣言。[②]19世纪后半期，西方兴起了以追求社会平等为特点的第一次妇女运动浪潮，争取选举权、就业权、受教育权和婚姻自主权成为妇女们追求的主要目标。20世纪60年代，西方再度掀起了妇女运动的浪潮。运动的参加者把斗争的矛头指向了父权文化，力图消除两性差别，建构新的男女两性真正平等的文化模式，从而使这场运动表现出文化革命的特征。大量的学者和大学

① 引自西蒙娜·德·波伏娃:《第二性》，陶铁柱译，第126页。

② 参见余凤高:《西方性观念的变迁》，湖南文艺出版社，1996年，第82-85页。

生加入到妇女运动和女性研究的行列，他们倡导的女性主义(feminism)成了当代世界颇有影响的文化思潮，波伏瓦的《第二性》和弗里丹的《女性的奥秘》作为女性主义的经典著作唤醒了广大西方妇女，激励着她们冲出家庭，在社会和事业中寻找和实现真正的自我价值。西方女性主义运动至今仍方兴未艾，妇女们把男女平等的思想付诸行动，并得到了越来越多的男性的理解和支持。古希腊人尊重妇女传统的复兴，为妇女地位的改善和社会的进步带来了希望。

对古希腊妇女史的研究，引起了我们对中国古代妇女地位的思考。与古希腊一样，古代中国社会也存在着尊重妇女和歧视妇女的两种文化传统。道家主张阴阳平衡，男女相对平等；儒家强调尊卑有序，维护男性统治。与古希腊妇女一样，中国古代妇女也逐渐屈从于男性的统治，并远离社会，将生育子女作为主要职责。但是，中国古代妇女的地位和所处的文化环境与古希腊妇女又有差别。首先，古代中国人和希腊人"国"和"家"的观念不同。古希腊人"国"和"家"的观念是分离的，他们生活在以公民权为核心的城邦社会中，家庭观念比较淡薄。拉塞说，在雅典社会中，"一个公民的利益由于维持与一个包括朋友、邻居和亲属在内的广大男人圈子的友好关系而得到最好的照顾，这就使他卷入与这些朋友的交往和社会聚会而无暇顾及家庭。结果，家庭一般不是一个公民社会生活的中心。"[①] 古代中国人"国"和"家"的观念

① 拉塞:《古典希腊的家庭》，第156页。

是合一的，国是扩大了的家，家与个人的利益和前途休戚相关，对家的重视成为古代中国文化的一个特征。在这种文化环境中，男女两性之间的矛盾和对立就不像古希腊社会表现得那么尖锐和突出。其次，古代中国和古希腊社会的宗教氛围也大不一样。古希腊人笃信神灵，宗教为妇女提供了一块活动领域。而古代中国人的宗教观念则比较淡薄，妇女们在祖先崇拜等宗教活动中并不占据重要地位，离开家庭献身宗教的古代中国妇女要比古希腊和西方妇女人数少得多。笔者拟今后对古代中国和希腊妇女再作详细的比较研究，进一步探讨不同文化传统对妇女地位的影响。

对古希腊妇女史的研究，也给予我们许多启示。古希腊妇女的经验告诉我们，妇女的地位是多种文化因素相互作用的结果。因此，妇女地位的提高也有赖于社会文化系统各方面的改造。对于妇女的解放来说，妇女参加生产劳动和掌握经济自主权是十分必要的。与此同时，我们也必须重视其他文化因素。妇女受教育程度的低下是造成性别歧视的重要原因，斯巴达妇女和雅典妇女的处境从正反两方面说明了教育与妇女地位的关系。要想取得与男性同样的参与社会政治生活和职业竞争的机会，妇女首先要接受与男性同等的教育。家庭与妇女的解放问题密切相关，为使妇女从沉重的家务负担下解放出来，获得更多的就业、参政和受教育的机会，应当逐渐实现家务劳动社会化，并对家庭的功能实行扬弃。意识形态的作用是强大的，文化造成的男性刚强和女性柔弱的形象已给人们打下了深刻的烙印。若想创造一种新型的平等的男女两性关系，必须要改变人们传统的思想观念。在本书中，笔者强调了对文化和妇女地位差异性的研究，但了解这些差异并不是问题的全部。傅立叶说过："某一历史时代的发展总是可以由妇女走向自由的程度来确定，因为在女人和男人、女性和男性的关系中，最鲜明不过地表现出人性对兽性的胜利。妇女解放的程度是衡量普遍解放的天然标准。"[①] 我们应当发扬文化传统中有利于妇女发展和社会进步的因素，从而努力建设一个更美好和谐的社会。

① 马克思和恩格斯：《神圣家族》，见《马克思恩格斯全集》第2卷，人民出版社，1957年，第249-250页。

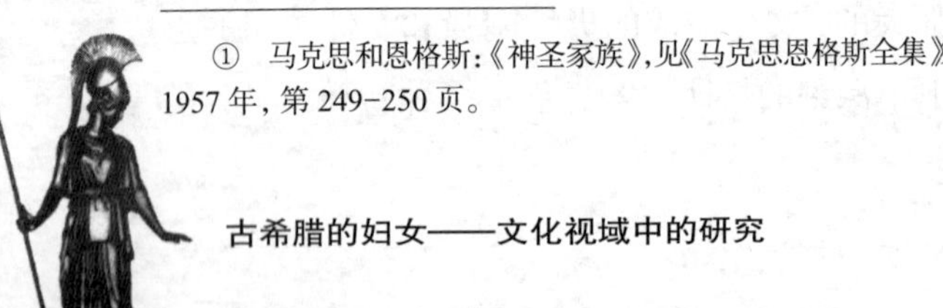

主要参考书目

一、中文译著

恩格斯:《家庭、私有制和国家的起源》,《马克思恩格斯全集》第 21 卷,人民出版社,1965 年。

里安·艾斯勒:《圣杯与剑——男女之间的战争》,程志民译,社会科学文献出版社,1995 年。

西蒙娜·德·波伏娃:《第二性》,陶铁柱译,中国书籍出版社,1998 年。

鲍特文尼克等编著:《神话辞典》,黄鸿森、温乃铮译,商务印书馆,1985 年。

荷马:《伊利亚特》,罗念生、王焕生译,人民文学出版社,1997 年。

荷马:《奥德赛》,王焕生译,人民文学出版社,1997 年。

荷马:《伊利亚特》,陈中梅译,花城出版社,1994 年。

荷马:《奥德赛》,陈中梅译,花城出版社,1994 年。

赫西俄德:《工作与时日·神谱》,张竹明、蒋平译,商务印书馆,1996 年。

罗洛译:《萨福抒情诗集》,百花文艺出版社,1989 年。

吉尔伯特·默雷:《古希腊文学史》,孙席珍等译,上海译文出版社,1988 年。

米歇尔·福柯:《性史》,张廷琛等译,上海科学技术出版社,1989 年。

色诺芬:《经济论》,张伯健、陆大年译,商务印书馆,1983 年。

色诺芬:《回忆苏格拉底》,吴永泉译,商务印书馆,1997 年。

柏拉图:《理想国》,郭彬和、张竹明译,商务印书馆,1994 年。

亚里士多德:《政治学》,吴寿彭译,商务印书馆,1983 年。

希罗多德:《历史》,王以铸译,商务印书馆,1985年。
修昔底德:《伯罗奔尼撒战争史》,谢德风译,商务印书馆,1985年。
普鲁塔克:《希腊罗马名人传》上册,陆永庭、吴彭鹏等译,商务印书馆,1995年。
郝际陶译:《格尔蒂法典》,高等教育出版社,1992年。
罗纳德·约翰斯通:《社会中的宗教》,尹今黎、张蕾译,四川人民出版社,1991年。
彼得·贝格尔:《神圣的帷幕》,高师宁译,上海人民出版社,1991年,第96页。
池田大作和威尔逊:《社会与宗教》,梁鸿飞、王健译,四川人民出版社,1991年。
伊·尼·亚布洛柯夫:《宗教社会学》,王孝云、王学富译,四川人民出版社,1989年。

二、西文古典著作

Aeschines, *Against Timarchus*, Translated by C. D. Adams, The Loeb Classical Library, 1919.
Aristotle, *Athenian Constitution*, Translated by H. Rackham, The Loeb Classical Library, 1952.
——*Generation of Animals*, Translated by A.L.Peck, The Loeb Classical Library, 1942.
——*Nicomachean Ethics*, Translated by H. Rackham, The Loeb Classical Library, 1934.
——*Politics*, Translated by H. Rackham, The Loeb Classical Library, 1944.
Aristophanes, *Lysistrata*, Translated by B. B. Rogers, The Loeb Classical Library, 1924.
——*Thesmophoriazusae*, Translated by B. B. Rogers, The Loeb Classical

Library, 1924.

——*Ecclesiazusae*, Translated by B. B. Rogers, The Loeb Classical Library, 1924.

Demosthenes, *Against Aphobus*, Translated by A. T. Murray, The Loeb Classical Library, 1936.

——*Against Boeotus*, Translated by A. T. Murray, The Loeb Classical Library, 1936.

——*Against Conon*, Translated by A. T. Murray, The Loeb Classical Library, 1939.

——*Against Eubulides*, Translated by A. T. Murray, The Loeb Classical Library, 1939.

——*Against Medias*, Translated by J.H.Vince, The Loeb Classical Library, 1935.

——*Against Neaera*, Translated by A. T. Murray, The Loeb Classical Library, 1939.

——*Against Spudias*, Translated by A. T. Murray, The Loeb Classical Library, 1939.

——*Against Stephanus*, Translated by A. T. Murray, The Loeb Classical Library, 1939.

——*On the Crown*, Translated by C.A.Vince and J.H. Vince, The Loeb Classical Library, 1939.

Euripides, *Electra*, Translated by A. S. Way, The Loeb Classical Library, 1912.

——*Iphigeneia in Taurica*, Translated by A. S. Way, The Loeb Classical Library, 1912.

The Greek Anthology, Translated by W. R. Paton, The Loeb Classical Library, 1916–1918.

Greek Lyric, Translated by D. A. Campbell, The Loeb Classical Library, 1988 –1992.

Herodotus, *Histories*, Translated by A.D. Godley, The Loeb Classical Li-

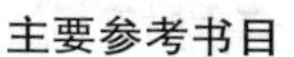

主要参考书目

brary, 1922–1938.

Hesiod, *Theogony*, Translated by H. G. Evelyn-White, The Loeb Classical Library, 1914.

——*Works and Days*, Translated by H. G. Evelyn-White, The Loeb Classical Library, 1914.

Homer, *Iliad*, Translated by A. T. Murray, The Loeb Classical Library, 1924 – 1925.

——*Odyssey*, Translated by A. T. Murray, The Loeb Classical Library, 1919.

Isaeus, *On the Estate of Apollodorus*, Translated by E . S . Forster , The Loeb Classical Library, 1927.

——*On the Estate of Aristarchus*, Translated by E. S. Forster, The Loeb Classical Library, 1927.

——*On the Estate of Astyphilus*, Translated by E. S. Forster, The Loeb Classical Library, 1927.

——*On the Estate of Ciron*, Translated by E. S. Forster, The Loeb Classical Library, 1927.

——*On the Estate of Hagnias*, Translated by E. S. Forster, The Loeb Classical Library, 1927.

——*On the Estate of Pyrrhus*, Translated by E. S. Forster, The Loeb Classical Library, 1927.

Lysias, *On The Murder of Eratosthenes*, Translated by W. R.M. Lamb, The Loeb Classical Library, 1930.

Pausanias, *Description of Greece*, Translated by W. H..S. Jones and others, the The Loeb Classical Library, 1918–1955.

Plato, *The Laws*, Translated by R. G. Bury, The Loeb Classical Library, 1926.

——*Meno*, Translated by W. R. M. Lamb, The Loeb Classical Library, 1924.

——*Republic*, Translated by P.Shorey, The Loeb Classical Library, 1935–

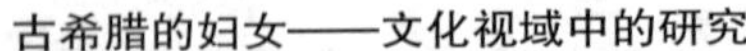

1937.
——*Timaeus*, Translated by R. G. Bury, The Loeb Classical Library, 1929.
Plutarch, *Lives*, Translated by B. Perrin, The Loeb Classical Library, 1914–1926.
——*Moralia*, Translated by F. C. Babbitt and others, The Loeb Classical Library, 1927–1976.
Strabo, *The Geography of Strabo*, Translated by H. L. Jones, The Loeb Classical Library, 1917–1932.
Thucydides, *History of the Pelopannesian War*, Translated by C. F. Smith, The Loeb Classical Library, 1921 – 1930.
Xenophon, *Agesilaus*, Translated by E. C. Marchant, The Loeb Classical Library , 1968.
——*Constitution of the Lacedaemonians*, Translated by E. C. Marchant, The Loeb Classical Library, 1968.
——*Hellenica*, Translated by C.L.Brownson, The Loeb Classical Library, 1918–1921.
——*Memorabilia*, Translated by E. C. Marchant, The Loeb Classical Library, 1923.
——*Oeconomicus*, Translated by E. C.Marchant, The Loeb Classical Library, 1923.

三、西文现代著作

B. S.Anderson and J. P.Zinsser. *A.History of Their Own*, vol.I, New York, 1988.
M. B.Arthur, ‘The Origins of the Western Attitude Toward Women’, *Women in the Ancient World*, Edited by J. Peradotto and J.P. Sullivan, State University of New York Press, Albany, 1984.
M. M. Austin and P.Vidal-Naquet, *Economic and Social History of Ancient*

Greece: *An Introduction*, University of California Press, Berkeley and Los Angeles, 1977.

Mary R. Beard, *On Understanding Women*, New York, 1931.

John Boardman, Jasper Griffin, Oswyn Murray, *Greece and the Hellenistic World*, Oxford University Press, 1988.

Jan N. Bremmer, *Greek Religion*, Oxford University press, 1994.

W. Burket, *Greek Religion*, Basil Blackwell Ltd, 1985.

Eva Cantarella, *Pandora' s Daughters*, The Johns Hopkins University Press, Baltimore and London, 1987.

Averil Cameron and Amelie Kuhrt, *Images of Women in Antiquity*, Wayne State University Press, *Detroit*, 1993.

Paul Cartledge, '*Spartan Wives*: *Liberation Or Licence*? ', *Classical Quarterly* 31, (1981)

K. J. Dover, *Greek Homosexuality*, Harvard University Press, 1989.

Georges Duby and Michelle Perrot (General Editors), *A History of Women in the West*, The Belknap Press of Harvard University Press, 1992-1994.

E. Fantham, H. P. Foley, N. B. Kampen, S. B. Pomeroy, and H. A. Shapiro, *Women in the Classical World*, Oxford University Press, 1994.

J. Ferguson and K. Chisholm, *Political and Social Life in the Great Age of Athens*: *A Source Book*, The Open University, 1978.

M.I.Finley, *The Ancient Economy*, London, 1985.

——*Economy and Society in Ancient Greece*, London , 1981.

——*The Legacy of Greece*, Oxford University Press, 1984.

——*The World of Odysseus*, Penguin Books, 1962.

R. Flaceliere, *Daily Life in Greece at the Time of Pericles*, New York, 1974.Susan Gbell, *Women*: *From the Greeks to the French Revolution*: *An Historical Anthology*, Belmont, California, 1973 .

John Gould, 'On Making Sense of Greek Religion', *Greek Religion and Society*, Edited by P. E. Easterling and J. V. Muir, Cambridge University

Press, 1985.

Johannes Hasebrook, *Trade and Politics in Ancient Greece*, Chicago, 1933.

A. H. M.Jones, *Athenian Democracy*, Oxford, 1957.

R. Just, *Women in Athenian Law and Life*, London and New York, 1989.

F.P.E.Keisinger and R.Wagner, *The Culture of Ancient Greece and Rome*, Boston, 1926.

R. S. Kraemer, *Her Share of the Blessing*, Oxford University Press, 1992.

Amelie Kuhrt and Susan White, *Hellenism in the East*, London, 1987.

K. Lacey, *The Family in Classical Greece*, Cornell University Press, Ithaca, 1968.

M. R. Lefkowitz and M. B. Fant, *Women' s Life in Greece and Rome : A Source Book in Translation*, The Johns Hopkins University Press, Baltimore, 1992.

M. R. Lefkowitz, *Women in Greek Myth*, London, 1986.

D .M. MacDowell, *The Law in Classical Athens*, London, 1978.

P. B. Manville, *The Origins of Citizenship in Ancient Athens*, Princeton University Press, New Jersey, 1990.

I. Morris, 'The Early Polis as City and State' , *City and Country in the Ancient World*, Edited by John Rich and Andrew Wallace-Hadrill, London and New York, 1992.

The Oxford Classical Dictionary, The Clarendon Press, Oxford, 1949.

S. B. Pomeroy, *Goddesses*, *Whores*, *Wives and Slaves*, Schocken Books, New York, 1975.

A. Powell, *Athens and Sparta*, London and New York, 1988.

J. Redfield , 'The Women of Sparta' , CJ 73(1977)

K. A .Roberts, *Religion in Sociological Perspective*, The Dorsey Press, Chicago, 1984.

E. Simon, *Festivals of Attica*, The University of Wisconsin Press, 1983.

G. E. M. de. Ste. Croix, *The Class Struggle in the Ancient Greek World from the Archaic Age to the Arab Conquest*, Duckworth, London, 1981.

主要参考书目

Reay Tannahill, *Sex in History*, Scarborough House, 1992.
T. Zielinski, *The Religion of Ancient Greece*, Chicago, 1975.

后　记

本书是以笔者的博士论文为基础，经扩展和修改而成的。本书的选题和思想观点萌发于1992-1994年笔者在美国马里兰大学作访问学者的时候。在这期间，美国的妇女史研究在女性主义运动和新社会史蓬勃发展的推动下达到了新的高潮，成为历史研究中最有活力的新领域。美国许多大学开设了妇女史课程，成立了妇女研究机构，众多的学者和研究生加入了研究行列，出版了大量的专著和论文。在这一学术潮流的影响下，笔者结合自己的专业，搜集了不少有关西方妇女史，尤其是古希腊和罗马妇女史的资料。与此同时，笔者选修了马里兰大学历史系蒙西（Muncy）教授的"欧洲妇女史"和"美国妇女史"课程以及其他教授开设的文化史课程，该校妇女研究机构主任摩西（Moses）教授为笔者的研究提供了许多方便条件，这些都为笔者后来的研究奠定了基础。

回国后不久，笔者赴复旦大学攻读博士学位。在博士论文的提纲拟定、写作和定稿的过程中，笔者受到了导师庄锡昌先生的悉心指导，并得到了张广智先生和黄洋博士的热情帮助，他们对论文提出了许多极有价值的修改意见，使笔者获益匪浅。

后记

在本书即将出版之际，笔者要向世界古代史专家刘家和、廖学盛、王敦书、陈唯声等先生表示诚挚的谢意。自从80年代初步入古希腊罗马史研究领域以来，笔者始终受到了他们的指点和帮助，没有他们的鼓励，笔者很难在这荆棘丛生而又十分寂寞的领域中坚持下来。徐善伟博士、常绍民先生及许多师友、同行、同窗对本书的形成和出版给予了真诚的帮助和大力支持，在此一并向他们表示由衷的感谢。

裔 昭 印

2000年11月